FRIEDHELM WERREMEIER

HAARMANN

Der Schlächter von Hannover –
die grauenvollen Verbrechen
des berüchtigten Serienmörders

WILHELM HEYNE VERLAG
MÜNCHEN

HEYNE ALLGEMEINE REIHE
Nr. 01/8577

Copyright © 1992 der deutschen Ausgabe by
vgs verlagsgesellschaft, Köln
Wilhelm Heyne Verlag GmbH & Co. KG, München
Printed in Germany 1995
Umschlaggestaltung: Atelier Ingrid Schütz, München,
unter Verwendung des Originalumschlags
der Papen-Werbeagentur, Köln
Satz: Compusatz GmbH, München
Druck und Bindung: Presse-Druck, Ausburg

ISBN 3-453-08907-3

Dort, wo von Haarmanns Opfern Spuren gefunden wurden, geschah das fast immer durch Privatdetektive.

> Theodor Lessing

Gott schuf ihn, also laßt ihn für einen Menschen gelten.

> William Shakespeare

INHALT

PROLOG
Ein Massengrab wird besichtigt 9

1. DER EILIGE SEBASTIAN
   Plötzlich der Wolf im Fadenkreuz 19

2. WAT MUTT, DAT MUTT
   Wofür hast du eigentlich eine Pistole? 41

3. EINER NACH DEM ANDEREN
   Der Alptraum des Jakob Hannappel 63

4. BITTERER LORBEER
   Was Lange mauert, wird endlich gut 87

5. AKTENZEICHEN 11 J. 687/24
   Ich bin der beste Mensch von Hannover 118

6. ZWEI WOCHEN IM SPÄTHERBST
   Die Durststrecke ins Tal der Tränen 138

7. EIN VATERUNSER UMS ANDERE
   Auf Wiedersehen, meine Herrschaften! 159

8. EINE FRAGE DER KOSTEN
   Bauen Sie sich doch ein Hermanns-Denkmal! 178

EPILOG
Das Gipfeltreffen auf Wolke sieben 199

DANKSAGUNG 212

BIBLIOGRAPHIE 214

Prolog

Ein Massengrab wird besichtigt

Ich ging in Stöcken so für mich hin, ich suchte, wie weiland Goethe, der dann doch was fand, rein gar nichts. Sicher keine Heide- oder Heckenrose und auch sonst nichts an Totschlag und Mord; totzuschlagen war nur die Zeit vor einer privaten Verabredung, zu der ich zu früh erschienen war, und dazu ist ein Friedhof wie der von Hannover-Stöcken todsicher ein idealer Ort.

Aprilwetter. Leichter Regen, auch mal zwei, drei schwächliche Sonnenstrahlen auf den Zinnen des wuchtigen, ziegelroten Eingangs- und Kapellengebäudes. Eine blasse, verwaschene Tafel: *Gräber bedeutender Persönlichkeiten*. Hinrich Wilhelm Kopf, Ministerpräsident. Dr. Curt Emmrich, alias Peter Bamm, Schriftsteller und Arzt. Julius Trip, der erste Stadtgartendirektor Hannovers, der frühe Grüne, der diese Oase der Ruhe und Vögel gestaltet hat, und, und, und.

Père-Lachaise im Volksformat, im ersten Grün des aufblühenden Frühlings. Steinerne Engel an den Wegen, sehr lokalpatriotisch die ganze Anlage, fromm und bürgernah und dazwischen, erstens, ein Teich. Zweitens, zehn Minuten Fußmarsch über geharkte Alleen, Bamm und Kopf bleiben links und rechts liegen, ein Massengrab.

Ein steinerner Flügelaltar mit einer langen Liste von Namen in erhabenen Lettern. Ich mußte zweimal, ich mußte dreimal zählen, um sicher zu sein: 27 männliche Namen, auf einem einzigen Grabstein.

Eine immergrün kriechende Zwerg- oder Felsenmispel, Cotoneaster dammeri, ein etwas trister, jedoch gepflegter Bodendecker. Eine anscheinend aus Zement gegossene, auf den Stein gesetzte Flammenschale, dem olympischen Feuer keineswegs unähnlich. Sowie, außer den Namen, eine sachliche und dennoch zu Herzen gehende Inschrift:

*Dem Gedächtnis unserer lieben
von September 1918 bis Juli 1924
verstorbenen Söhne*

Die Söhne hießen, Nummer 1 bis 8, Friedel Rothe, Fritz Franke, Wilhelm Schulze, Roland Huch, Hans Sonnenfeld, Ernst Ehrenberg, Heinrich Struß und Paul Bronischewski; keine weiteren Daten daneben, keine alphabetische Reihenfolge, aneinandergereiht wie willkürlich.

Sie hießen, 9 bis 15, Richard Gräf, Willi Erdner, Hermann Wolf, Heinz Brinkmann, Adolf Hannappel und Adolf Hennies sowie Ernst Spieker.

Sie hießen, 16 bis 25, Heinrich Koch, Willi Senger, Hermann Speichert, Alfred Hogrefe, Hermann Bock, Wilhelm Apel, Robert Witzel, Heinrich Martin, Fritz Wittig sowie Friedrich Abeling.

Sie hießen, 26 und 27, als vorletzter und letzter, Friedrich Koch und Erich de Vries. Und irgendeiner hatte an einen von ihnen gedacht.

Ich mußte dreimal lesen und dreimal hinsehen: in der Tat, irgendeine Seele hatte zwischen zwei Mispelblätter eine einzelne Blume gelegt. Keine Heckenrose, es wäre zu billig gewesen – nur eine kleine, blaue, glockenförmige, beinahe unansehnliche Blume. So versteckt, daß man glauben konnte, die Seele habe sich dessen geschämt.

Es kam ein alter, adretter Herr des Weges und fragte mich wie einen alten Bekannten: Ist das nicht ein Ding?

Das sei wirklich ein Ding, nickte ich.

Das gehöre doch in den Stadtplan, meinte der Herr. Jeder Botanische Schulgarten, jeder Fischteich und jedes Hügelgrab stehe im Stadtplan, und das hier nicht! Er werde jetzt, was er schon lange plane, endlich eine Eingabe an den Oberstadtdirektor richten.

Das sei sicherlich eine gute Sache, sagte ich. Und meinte es, da schon, durchaus wörtlich.

Immerhin wußte ich, wovon er redete. Und selbst, wenn ich die Tafel am Hauptportal übersehen und den alten

Herrn nicht getroffen hätte, wäre es keine große Detektivarbeit gewesen, herauszubekommen, wer – oder was – hier begraben liegt. Denn jeder uniformierte Friedhofsgärtner, jeder, der im Stöckener Friedhofspark die letzten Ruhestätten seiner Lieben besucht, weiß, wer diese Söhne sind, die hier liegen: der Flügelaltar aus Stein ist ein Denkmal, wie man es in Deutschland und sicherlich weit darüber hinaus meines Wissens nur einmal findet. Ein Denkmal, eben tatsächlich auf einem inzwischen längst historischen Massengrab.

Die Grube, etwas tiefer als normal, wurde vor nahezu sieben Jahrzehnten für 27 Opfer des hannoverschen Massenmörders »mit dem Hackebeilchen« ausgehoben, und der Gedenkstein wurde ein paar Jahre danach aufgestellt. Eine Grube, ein Stein für 27 Opfer des schrecklichen Friedrich Heinrich Karl Haarmann, Fritz, Fritze oder Onkel Fritz genannt, wahrscheinlich eines Kannibalen.

Der alte Herr legte für zwanzig, dreißig Sekunden wie ein normaler Friedhofsbesucher die Hände ineinander, ohne sie zu falten, und ich störte ihn nicht. Dann lächelte er, fast wie ertappt, und ging mit einem freundlichen guten Tag des Wegs. Ich hatte ihn leider nicht nach seinem Namen gefragt.

Es war gerade die Zeit, in der die Welfenstadt Hannover vom Streit um ein anderes Massenmord-Mal wie von einem Erdbeben durchgeschüttelt wurde: ein volles Menschenalter nach Haarmann regten sich die Leute womöglich nicht zu Unrecht darüber auf, daß ihre Politiker dem Wiener Bildhauer Alfred Hrdlicka, einem scheinbar von aller Gewalt faszinierten Künstler, einen makaberen Bronzefries abgekauft und ins Museum gestellt hatten; das Kunstwerk zeigt den nackten Haarmann beim transportgerechten Zerteilen einer Leiche, wenn ich es richtig interpretiere. Sozusagen als Kontrast zu jenem Fries der Gewalt wurde immer wieder auf das würdige Massengrab in Hannover-Stöcken hingewiesen, das *Ding*, das auch ich dann verließ – nachdenklich und neugierig und bereits da mit dem Gefühl, es könne ein interessantes Hobby sein, mehr über diese friedliche und bedrückende Gedenkstätte zu erfahren. Selbst, wenn sie tausend Jahre und nicht nur knapp sieben Jahrzehnte alt wäre: wie war sie zustande gekommen? Wer hatte die Idee, den Stein zu setzen? Wer hatte 27 Elternpaare, aus Hannover, aber auch von nah und fern, davon überzeugt, ihre ermordeten Söhne nicht im jeweiligen heimatlichen Familiengrab, sondern hier – und gemeinsam, im Tode vereint – zu ihrer letzten Ruhe zu betten?

Ich erfuhr in den Wochen darauf, nachdem ich anfing, mich zu erkundigen, als erstes, die Stadt Hannover werde die eher bescheidenen Kosten für die gärtnerische Pflege des Stöckener Mals auf unbefristete Zeit weiter übernehmen. Zuvor hatte sie sich, freiwillig, bis zum Ablauf des Jahres 1990 dazu durchgerungen.

Das städtische Grünflächenamt teilte mir auf Anfrage mit, schon seit Jahrzehnten seien Hinweise darauf, Angehörige der Opfer würden auf dem Stöckener Friedhof noch Blumen ablegen, nicht mehr feststellbar; das, mittlerweile, wußte ich womöglich besser.

Dann wurde es ernst wie oft bei Hobbys; dann spielte ich, nachdem ich die »Geschichte eines Werwolfs«, des Schriftstellers, Reporters und Philosophen Theodor Lessing gelesen und darin mehrfach Hinweise auf die Arbeit von Privatdetektiven im Fall Haarmann entdeckt hatte, selbst Detektiv. Es waren seinerzeit natürlich, sagte man mir unter der Hand, nicht etwa 27 Särge mit 27 vollständigen Leichen begraben worden, sondern nur ein einziger, wenngleich nicht zu kleiner Sarg: er hatte ausgereicht für einen wirren Haufen nur schwer zu definierenden menschlichen Abfalls. Und ein gewisser, naturgemäß ebenfalls interessierter Mensch, flüsterte man mir zu, nämlich Haarmann selbst, habe im übrigen auch schon mal eine andere Inschrift vorgeschlagen. Und dies, wiederum, sei wie folgt zustande gekommen:

Friedrich »Fritz« Haarmann, bis in unsere Zeit eine blutige

Legende, wurde am 25. Oktober 1879 in Hannover geboren, nachts am 23. Juni 1924 in Hannover festgenommen, am 4. November 1924 in Hannover siebenundzwanzigmal des Mordes angeklagt, am 19. Dezember 1924 unter Freisprechung in drei Fällen in Hannover vierundzwanzigmal zum Tode verurteilt sowie am 15. April 1925 früh um sechs geköpft, auch in Hannover – nach Ansicht der überwältigenden Mehrheit aller deutschen Staatsbürger leider bloß einmal. Nach Ansicht einer ernst zu nehmenden Minderheit wurde er zu Unrecht geköpft, weil er geisteskrank war; nach meiner Ansicht starb er, im Zustande der hysterischen Euphorie, wenn's so was denn gibt, immerhin glücklich und freute sich »auf Muttern da oben«. Und kurz vor dem unfreiwilligen gewaltsamen Tod unter der Fallschwertmaschine hatte er sich in seiner krakeligen Schrift aus Sütterlin und Latein diesen selbstbewußten Grabtext gewünscht und überdies einen weitergehenden Vorschlag gemacht:

Zum Ewiegen Andenken an den Massenmörder Fritz Haarmann und seine Opfer. Die Knochen sollen alle mit mir beerdigt werden und alle Welt soll noch in tausend Jahren von mir sprechen.

Letzteres mag ja sein, dachte ich, erfuhr aber gleichzeitig, daß der eigentliche, der wichtigste Wunsch des Massenmörders schon aus rein technischen Gründen unerfüllt bleiben mußte.

Friedrich Heinrich Karl Haarmann selbst bekam nämlich überhaupt kein Grab, sondern verschwand, wie man mir mitteilte, größtenteils unter den Händen angehender Mediziner auf den Sektionstischen der Berliner Anatomie; es könnte, hörte ich anderen Ortes, auch die Anatomie der Georg-August-Universität zu Göttingen gewesen sein. In deren rechtsmedizinischem Institut jedenfalls befindet sich nach wie vor Haarmanns vom Rumpf getrennter Kopf, der nach der Exekution angeblich von einem Göttinger Rechtschemiker aufgehoben, eingepackt und mitgenommen wurde: über der gezackten Schnittkante das blasse Gesicht eines Mannes, der mit einem kaum noch erkennbaren Schnurrbart, den er zu Lebzeiten trug, auch ohne seine Augen und das angeblich in München verwahrte Gehirn seltsamerweise aussieht, als schliefe er.

Außerdem schläft da noch was in einer Akte. Schläft tatsächlich nur, wird spontan lebendig, sobald man es aufweckt. Noch ein Grabtext in Sachen Haarmann. Ein Klagelied, das zugleich eine Verwünschung ist.

Kein Wunder, auch die Eltern der Haarmann-Opfer hatten den Überresten ihrer toten Kinder – es waren tatsächlich nur Knochen – ursprünglich ein paar steinerne Worte mehr in die Ewigkeit nachrufen wollen. Die jedoch hatte der Magistrat der Stadt Hannover, in seiner denkwürdigen Sitzung am Freitag, dem 24. Juli 1925, als »viel zu persönlich« mit Hinweis auf die Friedhofsordnung rundweg abgeschmettert.

Akkurate Beamte des Friedhofsamts, einer erstaunlich großen Behörde in einer Halbmillionenstadt, haben der Nachwelt den im Frühsommer 1925 vorgeschlagenen Text überliefert:

> *Jünglinge, kaum der Schule entwachsen,*
> *rein wie die Lilie,*
> *riß ein entarteter Kreis*
> *fort euch aus sittlichster Bahn.*
> *Nimmer kehrtet ihr wieder,*
> *ihr fandet ein grausames Ende*

durch ein Werkzeug,
das Henker und Massenmörder zugleich.
Schmerzen, Liebe und Tränen,
geweint von Vätern und Müttern
um den gemordeten Sohn,
schufen dies steinerne Bild.

Wahr und wahrhaftig, die allenfalls auf den ersten Blick komische hymnische Verzweiflung ging mir ans Herz, die Schmerzen, die Liebe und die Tränen des unbekannten Verfassers waren unüberhörbar. Unübersehbar aber waren auch die Rätsel, die der Text enthielt: *Ein entarteter Kreis. Ein grausames Ende durch ein Werkzeug, das Henker und Massenmörder zugleich.* Warum sollte der Massenmörder ein Henker gewesen sein?

Da, zum ersten Mal, kam mir ernsthaft der Gedanke, über meine persönliche Neugier hinaus einen »Nachruf« auf diesen »Werwolf« zu schreiben, wie Haarmanns zeitgenössischer Biograph Theodor Lessing den sonst immer nur als »Bestie«, als »minderwertig« bezeichneten Massenmörder genannt hatte – den aus meiner Sicht ultimativen Nachruf auf einen in einen Wolf verwandelten, Menschen reißenden Mann. Einen Nachruf auf eine Zeit zugleich, aus der wir viel lernen könnten, falls wir überhaupt noch lernen können. Einen Nachruf, auch, auf die Jäger, die ihn einsperrten und töteten, und einen Nachruf auf die Opfer. *Schmerzen, Liebe und Tränen, geweint von Vätern und Müttern, schufen dies steinerne Bild.*

Da aber gleich auch die Skrupel: muß man denn wirklich nun auch noch ein Bild aus Papier geben? Muß es in einer von der Mafia gebeutelten, von den angeblich ungelösten Rätseln der Ermordung Kennedys erschütterten, von Umweltverbrechen und täglich neuen Untaten, auch Massenmorden, geängstigten Welt ein Buch geben, das den verwehten Spuren eines so monströsen Mordfalles von anno dazumal nachgeht?

Fragen über Fragen, aber am Ende nur eine Antwort: ja.

Was genau war geschehen, bevor sich am Samstag, dem 21. Februar 1925, in der früh hereinbrechenden Dämmerung ab 16.30 Uhr in Hannover-Stöcken die Angehörigen von 27 toten Jugendlichen, Pastor Dr. Beimes, einige leitende Herren der Polizei in unauffälligem Zivil sowie ein unscheinbarer kleiner, beinahe zierlicher Privatdetektiv versammelten, um präzise 323 menschliche Knochen unter die Erde zu bringen? Diesen ungeheuerlichen und erschütternden Haufen von Rippen und Röhren- und Beckenknochen, Schulterblättern, Schlüsselbeinen und Kniescheiben, Wirbelkörpern, Schienbeinen, Ellen, Speichen, fünf Schädeln sowie einer einzelnen Zehe? All das, was von Friedrich Haarmanns Opfern, gewiß mehr als 27, je gefunden worden war? Gewiß auch zufällige Funde, die mit Haarmann gar nichts zu tun hatten?

Was war dieser Totenfeier vorausgegangen, die immer wieder von lautem Weinen unterbrochen und von deutlichen, nahezu erbarmungslosen Worten des wackeren evangelischen Geistlichen geprägt wurde – kein Wort zwar über die Mitschuld der Polizei, die, wie wir sehen werden, längst den Rahmen eines »normalen« Skandals sprengte, dafür aber ernste Mahnungen an die Opfer, zum zusätzlichen, überflüssigen Schmerz der Leidtragenden?

Warum wurde die Veranstaltung von dem bei jeder Gelegenheit kettenrauchenden Detektiv, der mit seinem auffallenden Trippelschritt an dieser Stelle in die Geschichte eintritt, ebenso aufmerksam wie grimmig beobachtet? Wirklich nur wegen eines Pastors, der kein Hirte war, sondern ein Strafprediger schlimmer denn Jeremia?

Weshalb wurden alle »normalen« Friedhofsbesucher vertrieben, als der schwarze Heerwurm anrückte? Weshalb – falls man den offiziellen Begründungen, es seien massive Störungen der Totenfeier durch Kommunisten und anderes vaterlandsloses Gelichter zu befürchten, nicht so rasch glauben will – weshalb wurde zur Beerdigung zerfallener, morscher Knochen ein starkes, schlagkräftiges Polizeiaufgebot, sogar zu Pferde, abkommandiert, um das Stöckener Friedhofsgelände und selbst die Umgebung total abzusperren?

Weshalb, schließlich, war zumindest einer der Polizeiführer in Zivil – ein großer, stattlicher Mann, ein gewisser Herr Lange, auch er wird uns noch beschäftigen – offenbar keineswegs recht glücklich über den martialischen Vormarsch seiner uniformierten Kollegenschaft?

Die Antwort auf alle Fragen führte in engen, unübersichtlichen Serpentinen auf ein Gebirge aus Akten, Dokumenten, Protokollen und lange vergessenen Schlagzeilen. Einen Weltkrieg nach Friedrich Haarmann ist vieles verbrannt, aber außer der »Geschichte eines Werwolfs« des scharfsichtigen Theodor Lessing, einer sorgsamen Broschüre meines frühen Kollegen Hans Hyan und einer Reihe anderer, eher zusammengenagelter Druckwerke haben aus hundert und mehr Ordnern der Polizei und Justiz erstaunlich umfangreiche Brocken die Phosphorbrände der alliierten Bombenangriffe überdauert; die, übrigens, mochten so vielen, die damals beteiligt waren, hellichte Freudenfeuer gewesen sein, hätte Theodor Lessing womöglich gesagt – im Hinblick auf die damit zwangsläufig verbundene Spurenvernichtung. Aber da liegen sie doch noch, jene kantigen Klötze, über Deutschland verteilt, hingeworfen oft wie zufällig und eben doch zusammengetragen, ein Gebirge.

Die Wege nach oben führten vorbei an schroffen Abgründen, solchen der menschlichen Seele. Ein Massiv, in dem auf sämtlichen Seiten, in jeder Ecke, hinter jeder Kurve der Skandal und in jeder Nische der Tod hockte. Ein Gebirge des Grauens; die Zeitzeugen, die noch leben und die mir die Schrecken beschrieben, schüttelt's noch heute.

Die Zeitzeugen aber sind alt. Und sie waren, damals, noch sehr, sehr jung. Sie haben von ihren Müttern und Vätern gehört, was passiert war, sie haben es erst Jahrzehnte danach an mich weitergeben können, meist in wörtlicher Rede. Auf die werde ich konsequent verzichten, andererseits allerdings den Zeugen eher glauben als den gedruckten Worten, gerade denen von damals. Denn die, Papier war immer geduldig, sind manchmal ebenso unwahrhaftig wie schöngefärbt.

Bleiben wir beim Gebirge.

Oben angekommen auf dem Gipfel des Massivs, ereignete sich ein Wunder. Urplötzlich strahlte überraschend die warme Sonne einer tiefen, zu Herzen gehenden Menschlichkeit. Es war, sobald ich sie sah und spürte, erstens meine Absicht, gerade sie einzufangen. Zweitens, ich will auf meine Weise eine Geschichte erzählen, wie ich sie nur selten gehört und gelesen und noch niemals geschrieben habe.

1. Der eilige Sebastian

Plötzlich der Wolf im Fadenkreuz

Der eilige Sebastian betritt, bei strahlendem Altweibersommersonnenschein, den Zigarrenladen von Gustav Dittmer in der Friesenstraße unweit vom Hauptbahnhof Hannover, als der Massenmörder ihn ereilt. Schleichwerbung hin, Schleichwerbung her, er kauft sich acht Päckchen Roth-Händle, seine Ration für zwei Tage und Nächte. Denn der eilige Paul Sebastian, Telefon 7642, arbeitet Tag und Nacht.

Paul, gerade 48 geworden, fällt einem auf gleich beim ersten Hinsehen, und man weiß nicht, warum. Ein nettes, freundliches Wiesel, falls es denn ein nettes, freundliches Wiesel gibt, eine Menge Schalk in den Augen, in Schuhen ganze 1,65 Meter groß, der immer eilige Trippelschritt, der ihm seinen Spitznamen eingebracht hatte. Wenig zuerst, zum Beispiel, von Philip Marlowe, dem berühmtesten Detektiv der Weltliteratur, der in Kalifornien im kobaltblauen Anzug mit blauem Hemd und blauem Ziertuch, schwarzen Sportschuhen und passend schwarz-blauen Wollsocken erscheint, wenn er mit einem Multimillionär verabredet ist; aber immerhin, Raymond Chandler hat Marlowe einige Jahre später erschaffen, und Vergleiche, zum einen, hinken, und mit Millionären, zum anderen, hat Sebastian sowieso nie zu tun. Scharf rasiert, sauber und nüchtern wie später Marlowe ist der eilige Paul Sebastian jedoch allemal, und wie der Große aus Los Angeles und Poodle Springs, Kalifornien – Private eye, Schnüffler, Einzelkrieger, wie man ihn, aber auch den Mann aus Hannover, nennen mag – liebt er alle Mandanten, die es verdient haben. Auch sonst, darüber hinaus, haben die beiden erstaunlich viel gemeinsam: beide verdienen nie viel an irdischen Gütern, beide werden – mit jener einen Ausnahme, die Paul Sebastian nie preisgeben würde, sowie mit der Ausnahme Bernie Ohls, jenes Detective, der Marlowe zumindest gelegentlich einen Stein in den Garten warf – von den Bullen geprügelt und gehaßt wie die Pest. Sie sind zäh, tapfer und selten auf den Mund gefallen. Sie sind dreist und penetrant, also, auf gut deutsch, hard-boiled. Was heißt's da schon, daß Philip Marlowe erst sehr spät heiraten darf und Paul Sebastian schon sehr früh acht eigene, letztendlich gar zehn Kinder ernähren muß?

Während Marlowe dem Schauspieler Humphrey Bogart erstaunlich ähnlich sieht, erinnert Paul im Grunde an einen Jockey, der sich möglichst feingemacht, aber schon lange nicht mehr auf dem Treppchen gestanden hat. In der Farbe undefinierbare kurzgeschorene Haare, nahezu wie Hindenburg, der andere Paul jener Zeit, den der eilige Paul gar nicht schätzt – braune, wieselflinke Augen. Sein Anzug ist abgetragen, die zweifach gebundene Krawatte gehört zur Dienstkleidung. Der Zigarrenhändler Dittmer will leutselig wissen, wie's ihm denn so gehe, dem Herrn Meisterdetektiv, ihm und seinen Ganoven. Paul donnert ihn an: Merde! Halt's Maul! Salaud – wie so oft französisch und sehr laut. Sein Vater und ein Pate waren immerhin Stabstrompeter.

Pardon! sagt der Händler. Er kann sich das Grinsen allerdings nicht ganz verkneifen.

Drohend: Noch einmal, Gustav! Noch ein einziges Mal! Paul ist vorübergehend wirklich stocksauer. Eine einzige Silbe, und er werde sich seine Roth-Händle ab sofort woanders kaufen! Und die bunten Pfefferminzlinsen – gib mal drei Tütchen! – auch!

Die Pfefferminzlinsen kauft er, weil er glaubt, durch sie habe er als Raucher und gesundheitsbewußter ständiger Knoblauchesser einen frischeren Atem. Dittmer sieht ihm lächelnd und wenig beeindruckt nach, als er den Laden verlassen hat; dabei nickt er einem Herrn zu, der die ganze Zeit im Hintergrund gestanden und zugehört hat. Das, sagt der Händler, sei er, der große, kleine Schnüffler von Hannover, aber der Teufel soll den Herrn holen, wenn er ihn, Dittmer, in die Pfanne haut und Paul sagt, daß er's ihm gesagt hat! Paul ist und bleibt nun mal ein scheues Reh, der läßt sich doch nicht mal fotografieren, nicht mal mit der Familie – irgendwo hat eben jeder seinen Tick.

Der Herr nickt, deutlich nicht ganz bei der Sache. Der Herr macht einen todtraurigen Eindruck und hat tiefe Falten um den Mund, wie vom Magen her. Er geht sofort, ohne etwas gekauft zu haben.

Der Herr mit den traurigen Augen steht auf der Straße und traut sich erst mal nicht weiter. Paul hält, momentan scheinbar gar nicht in Eile, hier ein Schwätzchen und da eins, und der Herr, der ihn sprechen will, hat abermals dieses Gefühl, gleich ersticken zu müssen – zu ersticken an einem Namen. An diesem strahlenden Sommertag 1921 und sicher auch später: sehr oft, wenn er ihn ausspricht, tut er es, wie unter Zwang, laut und zuweilen fast schreiend.

FRIEDRICH HAARMANN – damals schon, 1921.

Der große kleine Schnüffler von Hannover, der eilige Paul Sebastian, ist inzwischen zu seinem Dienstfahrzeug getrippelt, einem bereits leicht angerosteten Fahrrad, als er drei fußballspielende Jungen sieht, die wütend mit ihnen schimpfende Nachbarin Dingskirchen sowie eine junge Frau, die eine Kinderkarre schiebt. Das Kleinkind in der Karre ist sein Enkel Albert, der praktisch schon sein Sohn ist, aber das ist eine Geschichte für sich. Paul sagt ei, ei zu dem gerade zweijährigen Albert, ermahnt die Jungen, der Frau Dingskirchen den Ball nicht schon wieder ins Fenster zu feuern, und holt eine Handvoll Pfefferminzlinsen aus der Tasche, vermischt mit unappetitlichen Roth-Händle-Krümeln. Die undankbaren Jungen hauen angeekelt ab, statt sie anzunehmen, und wie so oft, Paul schüttelt verständnislos den Kopf.

Dann tritt der Herr aus dem Laden auf ihn zu.

Herr Sebastian? Oui, patron. Er heiße Hermann Koch, meint der Herr, werde allerdings von seinen Freunden nur Georg genannt, falls es da mal Mißverständnisse geben sollte; jedenfalls, er habe einen Auftrag für ihn. Ah, oui, sagt Sebastian, und was für einen? Mord, sagt darauf Hermann Georg Koch, kann sein, daß es sogar zwei Morde sind. Paul winkt ab: damit habe er nichts am Hut, das sei ausschließlich Sache der Kriminalpolizei.

Eben nicht! sagt Koch, und genau das sei es. Kurz darauf hat Paul doch was mit dieser Sache am Hut – viel mehr sogar, als er sich's träumen läßt. Der berufsmäßig so scheue Detektiv ist im Grunde ein ebenso zugänglicher wie sensibler Mann, und irgendwas an diesem Koch rührt ihn an; er will an diesem Vormittag im Hafen- und Zementviertel Misburg, dem Dorado der Strolche, einen Einbrecher überführen, aber jetzt zwingt es ihn förmlich zurück in das fünfstöckige Haus, das er Minuten zuvor verlassen hat.

Friesenstraße 21. Im Parterre der Laden des gut betuchten Fritz Gesemann, des größten Klempners der Stadt. An der massiven Haustür, von der Straße her lesbar, hängen zwei Emailleschilder, eins mit einer Klingel:

HEBAMME BERTA SEBASTIAN – BITTE LÄUTEN
AUSKUNFTS- UND DETEKTIV-BUREAU
SEBASTIAN – II. STOCK.

Es ist die linke von zwei Wohnungen auf der Etage. Koch wird in einen großen Flur gebeten, sieht links und rechts schwarze Mahagonischränke und sonst nichts, denn die Bürotür links neben dem Eingang geht so auf, daß der Klient wie durch eine Schleuse direkt in Pauls Allerheiligstes kommt. Aktenschränke an allen Wänden wie eiserne Tresore. Koch nimmt auf einem Lederstuhl vor dem großen Schreibtisch Platz, auf dem nichts steht außer einem riesigen Aschenbecher. Paul kommt mit zwei Gläsern und einem Steinguttopf nach.

Was ist das denn? fragt Koch.

Er brauche das, sagt Paul. Und er, Koch, sehe auch danach aus, als könne er einen brauchen.

Paul schenkt Herrn Koch ein großes Glas Erdbeerbowle ein, denn die trinkt er immer, niemals einen Korn und niemals ein Bier, ersatzweise allenfalls Pfirsichbowle, sagt er, wenn es mal keine Erdbeerkonserven gibt. Koch nippt und druckst und druckst herum, und Paul läßt ihn kommen und läßt ihm Zeit. Der eilige Paul hat eigentlich nie Zeit, sagen die Klienten, die ihn besser kennen, aber er nimmt sie sich, wenn er meint, daß es sein muß, grenzenlos.

Friesenstraße 21. Als Koch endlich redet, nimmt Paul aus demselben Schreibtischfach, in dem auch seine Pistole liegt, Bleistift und Papier. Dann knüpfen er und Koch, buchstäblich zum ersten Mal, die Fäden eines monströsen Kriminalfalls. Im Moment allerdings wissen weder der eine noch der andere, wie monströs er tatsächlich ist.

Der Massenmörder hat den eiligen Sebastian ereilt, und er ahnt es zwar schon, will's aber noch nicht wissen. Noch, betont er, habe er Kochs Auftrag nicht angenommen. Ja, ja, ja, sagt Koch ungeduldig. Und redet, redet und redet fortan zwar häufig stockend, aber so beschwörend auf Paul Sebastian ein, als ginge es um sein Leben statt um das von zwei wahrscheinlich schon längst vermoderten Halbwüchsigen.

Der Fahrradhändler Koch erzählt Paul Sebastian eine traurige Geschichte, die seines hübschen Sohnes Hermann, der vor etwa drei Jahren verschwunden und ebenso wie ein zweiter, kaum älterer Junge, todsicher ermordet worden sei. Und diese verdammte Kriminalpolizei läßt den Herrgott seit Jahren einen guten Mann sein, behauptet Koch erregt, und kümmere sich praktisch gar nicht mehr um den Fall.

Es war ja immerhin noch Krieg damals, gibt Paul zu bedenken, die Polizei habe gewiß eine Menge anderer Sachen zu tun gehabt. Ja gut, sagt Koch, aber im Jahr darauf war der Krieg vorbei, und die Kripo behandle diesen mörderischen Fall dennoch immer noch, als sei ihm kein Sohn, sondern sein Rad abhanden gekommen.

Die Zeit ist auch nach dem Krieg nicht viel besser geworden, sagt Sebastian, die Polizei ist unterbesetzt und steckt über die Ohren im Dreck, und was die da verdienen, da lachen doch die Hühner. Ja, ja, sagt Koch ungeduldig, dauernd diese Ausreden; die »Kriminaler« haben ja auch behauptet, der Hermann sei schwul, und das Ganze sei nur eine unübersichtliche Homo-Geschichte, die sich von selber klären werde, aber ehrlich, Hermann sei gar nicht richtig schwul, das sei wirklich ein Witz!

Also nicht richtig schwul, sondern nur etwas?

Nur Geduld, sagt Koch, er komme gleich drauf zu sprechen. Auf jeden Fall – er sagt's am eigenen Schicksal nachdenklich geworden und gereift, immer wieder – könne man die Sache doch nicht einfach in den Papierkorb werfen; auch Homos seien Menschen unter dem Schutz des Staates! Das, sagt Sebastian, sei sicher richtig. Also noch mal von vorn und en détail. Aber jetzt duzt Paul seinen Besucher; damit ist er immer rasch bei der Hand. Und nennt ihn ebenfalls Georg, auch, damit es sich besser von Hermann unterscheidet.

Hermann Koch, 16 Jahre alt, hat am Montag, am 16. September 1918 sein Zuhause Weidendamm 3 verlassen; inzwischen ist man umgezogen – Welfenstraße 17. Das Datum vergißt der Vater schon deshalb nicht, weil die dünn gewordenen Zeitungen gerade voll davon standen, daß die Entente sich zu einer kriegsentscheidenden Offensive im Westen rüstete und außerdem auch die Sommerzeit zu Ende ging, uhrmäßig. Hermann ist die Nacht nicht nach Haus gekommen, und Vater Georg ist gleich am Montag zu Hermanns Freund Kurt gegangen, wo ihn zugegebenermaßen der Schlag traf: Kurt gestand zögernd, sich manchmal als Amateur-Strichjunge ein paar Zigaretten und ein paar Mark zu verdienen, und auch der wohlerzogene Hermann habe gewußt, wo und wie – und mit wem – man's machen kann. Nämlich mit einem obskuren Menschen aus der Gegend, nicht allzuweit vom Nikolaifriedhof. Das, sagt Koch, sei die reine Wahrheit über die angebliche Homosexualität Hermanns.

Und wie heißt der obskure Mensch?

Da schreit Georg Koch, bis dahin eher leise, Paul den Namen ins Gesicht. Zum ersten Mal. HAARMANN! FRIEDRICH HAARMANN, CELLER STRASSE 27. Von der Friesenstraße aus zehn, zwölf Minuten zu Fuß.

Gleich am 17. September ist Georg Koch stracks zum 5. Polizeirevier am Engelbosteler Damm gelaufen, hat ein Foto des Sohnes sowie die Adresse Haarmanns auf den Tisch gelegt und ist mit dem Versprechen wieder weggeschickt worden, man werde sich um den Fall kümmern und gegebenenfalls die Kriminalpolizei im Präsidium Hardenbergstraße 1 benachrichtigen. Als er jedoch nach einigen unruhigen Tagen und schlaflosen Nächten wieder vorsprach, erfuhr er, daß man sich weder um Haarmann oder die Celler Straße noch um Hermann gekümmert hatte. Wütend nahm er daraufhin das Foto von Hermann wieder an sich und brachte es selbst ins Präsidium, wo er offiziell Vermißtenanzeige erstattete.

Sag bloß! sagt Paul. Ob die auch nix gemacht hätten?

Doch, doch. Nicht irgend jemand, erzählt Koch, sondern immerhin angeblich eine Leuchte der hannoverschen Polizei, der Kriminalschutzmann Heinrich Rätz, habe den Auftrag erhalten, die Wohnung Celler Straße zu durchsuchen. Als Rätz dann aber ins Präsidium zurückgekehrt sei, habe er abgewiegelt: zusammen mit einem Kollegen habe er Haarmann die Bude völlig auf den Kopf gestellt, Hermann Koch aber weder lebendig noch tot gefunden. Zwar gebe es da den Verdacht, Haarmann sei homosexuell, und er habe auf eine Lichtbildvorlage hin auch eingeräumt, den verschwundenen Hermann Koch zu kennen; das allein allerdings sei ja wohl kaum ein schlüssiges Indiz dafür, daß er ihn umgebracht habe.

Ende dieser Aktion. Homos, hat einer von der Polizei Koch gesagt, gäb's viel zu viele, vor allem hinter Café Kröpke und am Bahnhof, dreißig- oder vierzigtausend, nicht zu glauben, aber meistens seien sie harmlos. Rätz, inzwischen mit anderen Aufgaben betraut, und der Kollege zuckten jedenfalls bloß noch die Achseln, wenn Koch dauernd mit seinen Lamentos und Vorwürfen angelaufen kam.

Und dann kommt's. Georg Koch hat, irgendwann, den grandiosen Einfall, in Hermanns Schule zu gehen und mit dem Lehrer zu reden. Und dort zeigt man ihm doch tatsächlich einen Entschuldigungszettel für den 17., 18. oder 19. September: Hermann habe aus Gründen, die er, der Vater, vor Aufregung vergessen hat, an dem betreffenden Wochentag leider nicht zur Schule kommen können.

Das hast du vergessen? fragt Sebastian ungläubig. Das erzähl, wem du willst!

Doch, sagt Koch. Viel wichtiger sei doch, daß er nach wie vor hundertprozentig davon überzeugt ist, der Zettel sei von diesem, diesem Verbrecher geschrieben worden!

Und wo ist der Zettel?

Verschwunden! sagt Koch. In der Hardenbergstraße, bei der Polizei, spurlos verschwunden, nachdem er ihn dort abgegeben hat! Und er sei sich wirklich absolut sicher, daß der Zettel von HAARMANN geschrieben wurde, und er habe dies der Polizei auch gesagt. Aber die habe sich nicht mal dazu bequemen können, die Handschrift aus dem Zettel mit der polizeibekannten Schrift HAARMANNS zu vergleichen!

Paul sieht Koch fast verträumt an. Eins wolle er ihm besser gleich sagen, sagt er; so was sagt sich in der Tat besser per du. Wenn er einmal merke, daß er ihn anlüge, sei's definitiv aus – denk an den Zettel, Georg! Das sei nun mal sein Prinzip, davon gehe er nie ab.

Koch nickt. Dann sagt er, daß er das, was er sagt, jederzeit beschwören könne.

Der momentan, wie gesagt, gar nicht eilige Paul gießt dem Besucher ein zweites Glas Erdbeerbowle ein. Er geht mal kurz raus und trifft draußen die Hebamme Berta, seine um einen Kopf größere Ehefrau, die grade zu einer Wöchnerin gehen will. Er erzählt ihr diesen neuen Fall Koch in Stichworten und sagt jetzt doch schon, er werde ihn aller Voraussicht nach übernehmen.

Ob Herr Koch denn womöglich ein Saxophon habe? fragt Berta, schon halb in der Tür. Paul grinst etwas schief und antwortet nicht. Immerhin hat er von einem Klienten, der pleite ging, tatsächlich schon mal ein vergoldetes Saxophon in Zahlung genommen.

Er kommt zurück. Georg Koch berichtet, eines Tages sei er wieder mal ohne jede Hoffnung in die Hardenbergstraße gegangen, und dort sei er zufällig einem Herrn Rothe über den Weg gelaufen, der haargenau denselben Kummer habe wie er selbst.

Der hübsche Fritz Rothe, Friedel gerufen, ist neun Tage nach Hermanns obskurem Verschwinden, am Mittwoch, dem 25. September, vormittags aus dem Haus gegangen und hat mittags in der Eilenriede, Hannovers grüner Lunge, Bucheckern gesucht – eine nützliche Tätigkeit in jenen Tagen, in denen die deutsche Reichsregierung beschließt, alle Bäcker anzuweisen, das Brot ab sofort mit Kartoffelmehl zu strecken, die Eisenbahn nicht mehr zu heizen und das Fett noch weiter zu rationieren. Niemand hat zunächst gewußt, wo Friedel denn die Ölfrüchte verkauft hat; verkauft jedoch hat er sie mit Sicherheit, wie im übrigen alles, was nicht niet- und nagelfest war, hinter dem Rücken seiner Mutter Hermine auch die Zivilanzüge seines im Felde stehenden Vaters.

Ein Früchtchen, auf deutsch gesagt, ein mit 17 Jahren total aus dem Ruder gelaufenes deutsches Kriegskind. Läuft mit graugrünen Schlapphüten, Streifenhose und greller Zeitgeistkrawatte herum. Frau Hermine Rothe, die dem aufsässigen Jungen wegen Schuleschwänzens grade mal wieder »Wichse« verpaßt hatte, erhielt zwei Tage nach dem Bucheckernsammeln, von dem er nicht heimgekommen war, eine Ansichtskarte: *Liebe Mutter, komme erst wieder, wenn du wieder gut geworden bist!* Und damit hat sie für immer den Schwarzen Peter. Ihr Mann Oswald, der zufällig gerade Kurzurlaub bekam, konnte ihr da auch nicht helfen.

Koch berichtete, er und Oswald Rothe, dem sein Truppenführer gleich einen unbefristeten Nachurlaub gewährte, hätten sich kurzgeschlossen. Rothe sei, wie er, erst mal zur Polizeiwache und dann zur Kripo gegangen. Er, Koch, sei aber wie elektrisiert gewesen, als auch Rothe urplötzlich Kurt erwähnt habe, denselben Kurt und sogar noch ein paar Jungen mehr, die auch mit Hermann befreundet waren. Und wie vor den Kopf gestoßen sei er gewesen, als ihm Oswald Rothe gesagt habe, nach Auskunft von Kurt und den anderen Halbstarken sei auch der verschwundene Friedel bereits beim Bucheckernsammeln mit diesem zwielichtigen Herrn ...

HAARMANN! schreit Koch.

... aus der Celler Straße gesehen worden.

HAARMANN und Friedel seien zur hannoverschen Herbstkirmes gegangen, die trotz des so gut wie verlorenen Krieges stattfand, dann in ein Café, dann zu Haarmann, den er durch Kurt kannte, nach Hause. Dort habe Friedel, so Kurt, sonstwas mit Haarmann gemacht und ihm mit einigen unappetitlichen Schweinereien einiges Geld aus der Tasche gezogen. Außerdem war er, fast eine Woche lang, mehrmals mit HAARMANN spazierengegangen; ein Wunder, daß er dem Vater, der ihn überall suchte wie eine Stecknadel, nie über den Weg gelaufen war.

Aber die Polizei muß was getan haben! sagt der eilige Sebastian kopfschüttelnd.

Hat sie ja auch, sagt Koch. Folgendes.

Erstens, auch Oswald Rothe erstattete am 4. Oktober, nach manchem form- und nutzlosen Palaver mit der Kripo, offiziell Vermißtenanzeige. Das Datum ist bekannt, weil die hungernden Deutschen an diesem Tag erstmals auf Frieden hofften; soeben hatten sich die Mittelmächte, die immer noch Krieg führenden Deutschen mit ihren Verbündeten, bereit erklärt, die auf dem Tisch liegenden Friedensvorschläge des amerikanischen Präsidenten Wilson wenigstens mal zu überdenken. Der Kriminalist, der Rothes Anzeige sehr unlustig aufnahm, hackte widerwillig Rothes Erklärung in die Schreibmaschine: *Der derzeit Vermißte wird vermutlich durch den Kaufmann Fritz Haarmann, Celler Straße 27, verborgen gehalten.* Dann jedoch fiel ihm offenbar ein, daß der Kollege Rätz in der Celler Straße in der Sache Koch ja bereits vergebens herumgestochert hatte, und er fügte aus eigener Amtsvollkommenheit eine *Anmerkung* hinzu: *Ist nicht zutreffend.*

Sebastian will erst mal wissen, warum Rothe seine Anzeige nicht früher erstattet hat. Koch sagt, man habe ihm abgeraten, weil sein hübscher Knabe dadurch ja erst recht ins Gerede kommen würde, genau wie ihm vorher. Aber jetzt sei Rothe alles egal gewesen, und genau wie zuvor er, Koch, habe er endlich wissen wollen, was los sei.

Bien. Sie waren also beide hübsch. Und zweitens?

Zweitens habe sich Rothe, zu dieser Zeit noch der Aktivere von ihnen beiden, erinnert, daß er aus der Gastwirtschaft den Kriminalschutzmann Brauns kennt, einen sehr energischen, selbstbewußten Beamten. Herr Brauns, von Rothe um Hilfe angefleht, setzte sich bei der Behörde dafür ein, Haarmanns Wohnung doch noch ein weiteres Mal zu durchsuchen, am sinnvollsten abends, wenn das Gelichter sich um die Lampe versammelte. Und dann landete Brauns in der seltsam muffig riechenden Wohnung einen Treffer: neben »Onkel Fritz« Haarmann lag, als Brauns und ein Kollege ankamen, ein minderjähriger nackter Knabe, und Haarmann wurde mitsamt dem Jungen, der sich gerade mal anziehen durfte und fürchterlich schämte, in Handschellen abgeführt.

Parbleu! sagt Sebastian. Immerhin!

Merde, meint Koch, als zeitweiliger Kriegsteilnehmer gleichermaßen sprachgewandt, das Ganze ging aus wie das Hornberger Schießen. Der Junge durfte wenig später nach Hause gehen, aber Haarmann blieb auch nicht viel länger in Haft. Dreimal habe man seine Wohnung auf Betreiben von Herrn Brauns sogar durchsucht, aber in die Zange genommen habe man ihn gerade mal wie einen Schuljungen, der einen Apfel geklaut habe: Rothe kenne er zwar flüchtig, behauptete er, »gemacht« habe er kaum was mit ihm, jedenfalls nichts Strafbares. Und mit diesem Koch, Hermann, dessen Foto man ihm bei der Gelegenheit noch mal zeigte, sei sogar überhaupt nichts gewesen; den kenne er zwar auch, aber er habe ihm auf dem Jahrmarkt bloß ein bißchen Geld gegeben, weil er ihm leid tat. Ein solcher Unsinn, sagt Koch, Hermann hatte ALLES, was er brauchte!

Dazwischen verwirrten andere Spuren das Bild. Während von Hermann nie wieder ein Lebenszeichen kam, hieß es irgendwann plötzlich, Friedel Rothe sei in Köln gesehen worden; die angeblich heiße Spur verlief indessen im Sande. Dann wurden in der Leine zwei menschliche Füße und Tage später auch die dazu passenden Hände gefunden, und Hermine Rothe mit ihrem ungeheuren Schuldkomplex bestand darauf, sich die Menschenteile im Leichenschauhaus anzugucken. Sie kam zitternd heraus: es seien, sagte sie mühsam, nicht die Hände ihres Friedel. Und irgendwann ging sie mit einer Nachbarin tapfer in die Celler Straße und traf einen Mann, den sie für HAARMANN hielt: er möge es ihr doch sagen, flehte sie, falls er denn was zu sagen habe. Der Mann jedoch, der wahrscheinlich Haarmann war, brummelte bloß, er habe nichts zu sagen, und rannte davon.

Irgendwann sagte ein mitfühlender Kriminaler zu Rothe, er möge HAARMANN wegen Beleidigung anzeigen; die Schweinereien mit Friedel erfüllten doch einen Tatbestand der Beleidigung. Und Rothe tat es.

Sag bloß! sagt Paul. Er ahnt, was kommt. Ein Treppenwitz der Kriminalgeschichte.

Am 24. Februar 1919 ist Friedrich Haarmann wegen Beleidigung des minderjährigen Friedel Rothe angeklagt worden, weil er ihn sowie einen anderen verführte und mißbrauchte. Am 28. April ist Haarmann, wegen Beleidigung Friedel Rothes, den er doch wahrscheinlich umgebracht hat, man muß sich das nur mal vorstellen, zu neun Monaten Gefängnis verurteilt worden. Hat natürlich Revision eingelegt, ist wegen eines neuen Verdachtes nach Paragraph 175 nochmals kurz in Haft gekommen, sitzt also gerade im Knast, als am 10. Juli 1919 das Reichsgericht in Leipzig seine Revision verwirft, und steckt's weg: am 19. Juli wird nicht nur das neue Verfahren mangels Beweises eingestellt, sondern auch die Ermittlung Koch! Haarmann ist den Mordverdacht los und bleibt zunächst auf freiem Fuß, weil im Kittchen kein Zimmer frei ist.

Er ist aus der Celler Straße verschwunden und hat seitdem

mehrfach die Wohnung gewechselt, sagt Koch, zuletzt ohne An- und Ummeldung; er galt als untergetaucht. Irgendwann kriegte ihn die Polizei aber zufällig in die Finger; daraufhin wurde er gleich festgehalten und mußte jetzt doch jene Rothe-Strafe absitzen. Frei kam er im Dezember 1920; weiß der Henker, wo er sich jetzt rumtreibt.

C'est ça! sagt Koch. Er wirkt erschöpft.

Sebastian überlegt. Durchsucht haben sie ihn also, aber was heißt durchsucht?

Koch, als habe er Pauls Gedanken erraten: nur, damit Herr Sebastian merke, daß er hier nichts unterschlage und beschönige, man habe HAARMANN sogar mal die Kohlen umgeschaufelt, weil Vater Rothe es verlangt habe, aber auch da keine Leiche gefunden.

Bien. Weißt du denn, ob sie nach Blutspuren gesucht haben? Nach Fingerabdrücken? Diese serologischen Untersuchungen, all dieser Kram?

Nie! sagt Koch. Und nun ist Haarmann weg, und wir stehen da!

Genau da wird er ansetzen müssen, denkt Paul. Schauen, wo sich der Typ rumtreibt. Gleich morgen, wenn er den Misburger am Wickel hat. Du, ich mach's, sagt er.

Danke. Ob er eine Anzahlung will?

Nee, nee, sagt der eilige Paul, seiner Zeit voraus, im Moment steigt der Dollar schon wieder, das geht schwer auf die Mark – dem Geld ist zur Zeit nicht zu trauen, wir regeln das besser von Tag zu Tag. Aber noch eine Frage: Weshalb bist du allein gekommen? Weshalb ist Rothe nicht hier, wenn ihr euch so gut kennt?

Oswald Rothe, sagt Koch bekümmert, hat eines Tages effektiv die Schnauze voll gehabt. Hat resigniert und die Klamotten hingeschmissen. Hat sich entschlossen, seine Schankwirtschaft aufzugeben, Hannover den Rücken zu kehren und gemeinsam mit Hermine nach Gremsdorf im Kreise Bunzlau in Schlesien zu ziehen. Rothes sprechen nur noch mit ihrem Herrgott.

Privatdetektive, die es zur Zeit wie Sand am Meer gibt, und Polizisten kommen im Herbst 1921 in Hannover eigentlich ganz gut miteinander aus. Das Kommissariat für Diebstahl und Einbruch in der Welfenstadt ist mit zwölf Leuten und einem Kommissar bejammernswert unterbesetzt; niemand im Präsidium hat was dagegen, wenn sich ein Bestohlener direkt an einen jener Detektive wendet und der ihnen gegen gute Belohnung, oft auch für die Ganoven, die Beute wiederbeschafft, was eher die Regel als die Ausnahme ist. Der eilige Sebastian hat mit solchen »Kommissargeschäften« wenig am Hut und womöglich grade deswegen gut zu tun, und wenngleich ihn außerhalb seines Reviers zwischen der Celler Straße und dem Hauptbahnhof, der Lister Meile und der Eilenriede wohl niemand erkennen würde, so kursiert doch einiges an Geschichten, vielleicht auch Legenden über ihn in der Stadt.

Wie er mit einem Zwirnsfaden, einem Kilogewicht und einer Porzellanschüssel eine Falle baute, in der sich, laut scheppernd, ein seit Monaten gesuchter Seriendieb fing. Oder wie er, in Misburg, mit einer Dachlatte einen Verbrecher verprügelte, der ihn mit einer Pistole bedrohte; es war in der Tat eine Schreckschußwaffe, wie sich herausstellte, und Paul behauptete natürlich, er habe es sofort erkannt. Wie er eines Tages einem Betrüger so lange so herzzerreißend ins Gewissen redete, bis der ein Geständnis ablegte, sich an Pauls schmaler Brust ausschluchzte und mit ihm zusammen per Fahrrad ins Präsidium Hardenbergstraße fuhr.

Paul hat Kaufmann gelernt und ist ein erfolgreicher Buchmacher gewesen, bevor er sich 1913, nach langen Debatten mit seiner Frau Berta, als Detektiv selbständig gemacht hat. Der Beruf seines Lebens, von dem er immer geträumt hatte; gerade allerdings hatte er angefangen, sich die Ganeffs zu greifen, als man ihn rief, das Vaterland zu verteidigen. Von 1914 bis 1918 hatte er bei den Potsdamer Jägern so manchen Kriegsschauplatz gesehen; ein pures Wunder, daß er alle mit heiler Haut verlassen hat. Heute ist er ein weißer Rabe unter all diesen vielen Exoffizieren und Expolizisten, die sich auf der Szene der Detektive tummeln.

(1) Selbst beim Fotografieren wird Haarmann (links) von Beamten bewacht. Die Kamera steht heute im Polizei-Museum.

(2) Fritz Haarmann mit und ohne Hut – ein »feiner« Herr wie auch der Mitangeklagte Grans (rechts).

*(3) Oben: Paul Sebastian mit Adoptivsohn Albert und Frau Berta.
Unten: Der Hafen Misburg, Sebastians Jagdrevier.*

(4) Heinrich Rätz, Chef der Haarmann-Mordkommission, beschäftigte wie viele seiner Kollegen den Massenmörder vor der Verhaftung als Spitzel.

(5) Kripo-Vizechef Hermann Lange (rechts) mit Heinrich Rätz auf einem Betriebsausflug der Polizei Hannover in die Lüneburger Heide.

(6) Mordopfer 13, Adolf Hannappel, wenige Wochen vor seinem Tod – mit der Breecheshose, die ihm zum Verhängnis wurde.

(7) Erna Koch mit ihren Söhnen. Der jüngere, Georg, fiel im Zweiten Weltkrieg, der ältere Friedrich, war Haarmanns Opfer 26.

Klar hat Paul einen Waffenschein und natürlich eine Neunmillimeterpistole, die er dauernd sorgsam reinigt; benutzen jedoch würde er sie wahrscheinlich eher nie als selten. Ein Halsabschneider, im übrigen, ist Paul auch nie – das spricht sich schnell rum. Acht eigene Kinder haben Berta und er, wie gesagt, bei zwei anderen überlegt er gerade, ob er sie adoptiert. Und wenn die üppige, nahezu einen Kopf größere Berta, zwischen deren Brüsten beim Brotanschneiden noch jeder Laib verschwunden ist, wenn die Hebamme Berta nicht Jahr für Jahr und oft Nacht für Nacht bis zu 240 hannoverschen Babys ins Leben helfen würde, wär's manchmal sehr eng. Manchmal fragt man sich, wie manche Menschen zusammenpassen – wo die Liebe hinfällt. Aber vor allem ja auch, was manche Menschen nicht alles schaffen.

Am Sonntag nach dem Besuch von Koch stellt Paul Sebastian sich wie immer den Kaffee an den Frisierspiegel und entfernt die in der letzten Woche nachgewachsenen zwei Millimeter vom kurzgeschorenen Haupt. So kurz, daß er dann aus einiger Entfernung aussieht wie einer, der eine Glatze hat. Seine Miene ist düster.

Du hast ja mal wieder eine Laune, zum Fürchten! sagt Berta, die gerade mal nicht entbindet. Alle Kinder sind draußen auf der Friesenstraße und spielen oder sind in der Stadt, um zu gucken, was es Neues gibt.

Diese verdammten Feiertage! räsoniert Paul. Nicht einmal arbeiten kann man. Wenn ich daran denke, daß schon bald wieder Weihnachten ist!

Also bis dahin kannst du dir die Haare aber noch oft genug schneiden!

Ja und? Da kommst du doch um vor Langeweile!

Du meinst nicht, daß es an diesem Koch liegt?

Ja, es liegt an Koch! gibt Paul zu. Und grinst unfroh.

Dieser Fall Hermann Koch ist tatsächlich ein Novum. Erstens für Paul, der allerdings oft davon geträumt hat, sich einmal um andere Dinge zu kümmern als um die ewigen Gaunereien. Zum anderen, als es sich rumspricht, daß Paul sich um die beiden angeblichen Morde kümmert, auch für die Polizisten. Aber bis die dahinterkommen, hat Paul seinen Misburger Dieb schon geschnappt und die halbe Miete Haarmann zusätzlich im Sack.

Zuerst, mit Bertas tätiger Hilfe, das Standesamt. Der eilige Sebastian verschafft sich, man muß wissen, mit wem man es zu tun hat, die Geburtsurkunde des Mannes, den Koch und Rothe, inzwischen allerdings auch er, des Mordes verdächtigen. Eine Geburtsurkunde seltsamerweise ohne einen Vornamen (s. Faksimile).

Aber er heißt ja nun mal Friedrich, sagt Paul, abgesehen davon, daß jeder Mensch einen Vornamen haben MUSS. Des Rätsels Lösung steht in einem ebenfalls von Berta beschafften *Zusatz* zur Urkunde, über den man nur staunen kann. Der

Geburtsurkunde.

Nr. 3584

Hannover, am 28. October 18 79.

Vor dem unterzeichneten Standesbeamten erschien heute, der Persönlichkeit nach

be kannt,

die Hebamme Julie Knoke, geborene Brunke,

und zeigte an, daß von der Johanne Auguste Charlotte Harmann, geborenen Claudius, Ehefrau des Lokomotivheizers Karl Friedrich Harmann, _____ beide lutherischer Religion, wohnhaft bei ihrem Ehemanne, zu Hannover, Werderstrasse 17, zu Hannover, in der Wohnung ihres Ehemannes, in ihrer, zu der Anzeigenden, Gegenwart, _____ am **fünfundzwanzigs**ten _____ October des Jahres tausend achthundert**sieben**zig und **neun**, _____ Abend s um _____ **sechs** Uhr ein Kind **männ**lichen Geschlechts geboren worden sei, welches _____ **einen** Vornamen **noch nicht** erhalten habe.

alte Scherz, daß ein Vater unterwegs zum Standesamt einen Freund nach dem anderen trifft. Aber doch nicht zwei Monate lang! (s. Faksimile)

```
    Zu Nr. 3584

Hannover, am 31.                motivheizer Karl
Dezember 1879. Vor              Friedrich Harmann,
dem unterzeichne-               wohnhaft zu Hanno-
ten Standesbeamten              ver, Werderstrasse
erschien heute, der             Nr. 17, und zeigte
Persönlichkeit                  an, daß das ihm von
nach durch Wieder-              seiner Ehefrau am
vorlegung der ihm               25. October 1879
zugestellten stan-              geborene Kind männ-
desamtlichen Straf-             lichen Geschlechts
verfügung aner -                die Vornamen:
kannt, der Loko-                Friedrich Heinrich
                                Karl   erhalten habe.
```

Sie wollten ihrem Knaben anscheinend gar keinen Namen geben, denkt Paul, als hätten sie es geahnt. Und dann staunt er noch mehr, als ihm ein nervöser Freund und Informant aus der Hardenbergstraße auf einer Bank in der Eilenriede eine Liste zusteckt und er sie in Ruhe durchliest: Haarmann, am Ende doch auf Friedrich H. K. getauft, ist sage und schreibe 14mal vorbestraft, und das 15. Verfahren hat er auch bereits am Hals. Dabei gibt es wirklich schlimmere Familien als seine: die Mutter, Johanne, hat dem Lokheizer eine gutgehende kleinere Zigarrenfabrik mit in die Ehe gebracht, und warum Friedrich, das jüngste von sechs Kindern, derartig aus dem Ruder lief, weiß der Teufel. Zehn Jahre seines bisher 42jährigen Lebens hat er hinter Gittern verbracht, meist wegen Diebstahl, darunter auch Grabräuberei, aber auch mal wegen Körperverletzung und Beleidigung – der Beleidigung des vermutlich ermordeten Friedel Rothe wahrscheinlich. In dem jetzigen Verfahren ist er gefaßt worden, als er gutbetuchten Bürgern ihre frisch gewaschenen Tischtücher und Dessous von der Leine klaute.

Schwachsinnig ist Haarmann angeblich auch. Es gibt da eine merkwürdige Kette merkwürdiger Kopfleiden; genau weiß man es nicht. Denn ehe ein Arzt in der Irrenanstalt Langenhagen 1897 der Sache auf den Grund gehen konnte, ist Haarmann abgehauen, und später hat es sich im Sande verlaufen. Und als schwul gilt er, sagt Pauls Informant, seit 1918, obgleich er zuvor sogar schon mal verlobt war.

Ob es tatsächlich stimmte, daß Sebastian dem verschwundenen Hermann Koch einen Entschuldigungszettel für die Schule mitgegeben habe? will Paul wissen. Doch, doch – da sei was dran. Angeblich jedoch habe nicht Sebastian selbst jenen Zettel geschrieben, sondern seine Wirtin; darauf hätten die Beamten gesagt, der könnten sie beim besten Willen ja nun nicht auch noch Mitwisserschaft unterstellen. Genaueres allerdings wisse er auch hier nicht, auch nicht, ob der Zettel tatsächlich weg sei.

Paul schüttelte den Kopf, als er allein ist und nach Hause radelt. Als ob es einen Unterschied macht, wer diesen Zettel geschrieben hat; entscheidend ist doch eigentlich, ob er aus dem Umfeld Haarmanns stammt!

Immerhin, er freut sich für Koch. Ein Mann, mittelgroß, mit stabilen Handwerkerhänden – ein Kumpel. Eigentlich war der Zettel der Punkt, an dem Paul immer noch drauf und dran war, ihm nicht zu glauben. Aber Georg ist wirklich goldecht.

Haarmanns momentane Adresse gibt's bei der Meldebehörde. Die Neue Straße 8. Das Haus gehört den Erben Rehbock, sie werden von Fräulein Klara Rehbock vertreten. Es hilft, wenn man einen Draht zum Kataster und Grundbuch hat.

Paul streicht, um Haarmann erst mal zu Gesicht zu kriegen, tagelang und mehrere Nächte über die »Insel«, das Viertel zwischen zwei Armen der Leine. Über dessen Brücken und durch die Gassen jenes altstädtischen Kleinvenedig sowie auch am Kröpcke herum und durch den Bahnhof und die Wartesäle dritter und vierter Klasse, wo Haarmann normalerweise am ehesten zu finden ist, wie man ihm immer wieder sagt. Aber seine Hoffnung wird enttäuscht: Fritz Haarmann läßt sich nicht blicken, und zuviel Wirbel will Sebastian noch nicht machen.

Nochmals die Polizeiquelle. Paul und der Gewährsmann versammeln sich abermals konspirativ in der Eilenriede, da, wo sie noch stiller ist. Und bei der Gelegenheit bekommt der Detektiv gleich einiges mehr an Information.

Der Polizeimensch bestätigt, was der eilige Sebastian zumeist schon weiß. Haarmann lebt von Gelegenheitsarbeiten im Zigarrengeschäft seiner Schwester Emma, vom Betteln, bei dem man ihn erwischt, und von der Hehlerei, bei der man ihn bisher nicht erwischt hat. Außerdem kriegt er Militärrente, obwohl er, wie gesagt, zwangsläufig nie im Krieg war; er hat bei den Breisacher Jägern oder so, bei denen er mal war, eine Art Hitzschlag erlitten und war als wehruntauglich entlassen worden. Jedenfalls lebt er gar nicht mal schlecht, sondern, unter dem Strich, ha, ha, eher sehr gut. Und dann, und dann – diesmal zögert er – sei da ja auch noch mehr. Ein Staatsgeheimnis, eine Verschlußsache.

Sag bloß!

Kann sein, daß er sogar das eine oder andere Geld von UNS kriegt. Von der Hardenbergstraße. Genau allerdings weiß er's auch nicht.

Wofür denn Geld, fragt Paul fassungslos. Dafür, daß er Jugendliche ermordet? Dafür, daß er mordet?

Dafür, daß er Tips gibt. So gute Tips, daß unsere Beamten nur hingehen müssen und die Leute verhaften. Mord sei natürlich eine Sache für sich, da gäb's keinen Pardon, aber sonst könnt's schon sein, daß man ihm dann und wann was durchgehen lasse, diesem sauberen Herrn Haarmann. Ihm und seinem nicht minder sauberen Kumpel, dem jungen Hans Grans.

Erstens, fragt Paul, immer noch ungläubig. Ist das wirklich dein Ernst?

Herrgott, ja. Aber er würde es nicht überbewerten.

Zweitens. Wer ist Hans Grans?

Ein Früchtchen, sagt die Polizei. Wahrscheinlich ein Sexualfreund von Haarmann, aber andererseits hat er's auch mit Mädchen – nicht gerade denen mit dem allerbesten Ruf. Außerdem steht er im Verdacht, Haarmann zu jenem Wäscheklau angestiftet zu haben, bei dem er erwischt und geschnappt worden ist, weil's gar nicht mehr anders ging; Grans selbst ist davongekommen, weil er gelogen hat wie gedruckt und von Haarmann geschützt worden ist, aber Haarmann selbst, der hat mal wieder fünf Monate kassiert, in der Tat reichlich preiswert, bei seinen Vorstrafen. Gerade eben übrigens.

Da dämmert es Paul auch in diesem Punkt. Wann?

Gerade eben, sagt der Polizist, sag' ich ja, am 24. Oktober – am Tage vor seinem 42. Geburtstag. Und damit sie nicht wieder ewig hinter Haarmann herrennen müssen, hat die Justiz ihn diesmal schon im Gerichtssaal verhaftet und zur sofortigen Strafverbüßung abgeführt.

Aha, sagt Paul. Dann hätte er ja noch fünf Monate vergeblich nach Herrn Haarmanns Visage suchen können.

Reg dich ab! meint der Mann, denn soviel wisse er: Haarmann wohne nach wie vor bei Rehbock. Einer der Kollegen meine, er habe die Wohnung, vorübergehend, bis zur Strafentlassung Grans zur Verfügung gestellt. Außerdem sei er auch bloß ein Rädchen im Getriebe und nicht der Kriminaldirektor. Dann gibt er Paul eine Fotografie von Haarmann.

Ein feixender Mann mit Hut. Der kann alles sein – Händler und Mörder. Oder, auch das, beides.

Na schön, sagt Paul. Und wo sitzt Herr Haarmann? Hier, im Knast in Hannover?

Verschubt hätten sie ihn. Verlegt in einen anderen Knast.

Mensch, wohin?

Wohin, werde er noch erfahren. Reg dich ab, Paul!

Paul wäre nicht Paul, wenn er's nicht in kürzester Zeit selber rauskriegen würde.

Das uralte Haus Neue Straße 8 liegt tatsächlich mitten im hannoverschen Gängeviertel; Haarmann, der schon immer schräge Geschäfte im schrägen Inselviertel tätigte, muß glücklich gewesen sein, als er die Wohnung fand. Gleich hinter dem nur auf den ersten Blick idyllischen Haus fließt, wie Paul Sebastian unauffällig feststellt, träge die Leine, die aber von dem zur Straße hin gelegenen Wohnraum Haarmanns nicht direkt zu erreichen ist. Dann sagt eine dünne scharfe Stimme hinter ihm: Sie wünschen?

Paul dreht sich um. Sebastian, sagt er. Ich müßte eigentlich mal Herrn Haarmann sprechen.

Der sei nicht da. Kurz und kraß. Mit der Rehbock ist allgemein schlecht Kirschen zu essen, hat Paul gehört. Aber er lächelt, und da, anscheinend, ist das ältliche Mädchen spontan sterblich.

Ob sie denn wisse, wo der Herr Haarmann sei?

Klara Rehbock, mager und klein, oberhalb 40, die dennoch eben eine Verlobung mit einem Herrn Daniels eingegangen ist, wie Paul weiß, nickt und geht wieder ins Haus; Paul geht ihr unaufgefordert nach. Er sei in einem Sanatorium zur Kur, erklärt Klara Rehbock, grade eben habe sie einen Brief von ihm gekriegt. Hier – bitte!

Paul darf die Unterschrift lesen. Friedrich Haarmann, zur Zeit Jägerheide, Haus 2.

C'est ça. Paul kennt dieses Sanatorium. Und weiß auch einiges über die dort praktizierte Therapie. Und über die Therapeuten. Und über die Patienten ebenso.

»Fritze« Haarmann befindet sich in der Gefangenenaußenarbeitsstelle Jägerheide im Müggenburger Moos unweit der Haftanlage Celle. Die Therapie ist probat und einfach: Arbeiten und nicht verzweifeln.

Georg Koch kommt in diesen Tagen öfter, aber nicht allzuoft in die Friesenstraße und erkundigt sich, wie's so läuft. Inzwischen hat er doch etliches an Vorschuß gezahlt, kein vergoldetes Saxophon, und höchstpersönlich Pauls altes, angerostetes Dienstrad auf Vordermann gebracht. Inzwischen ist Georg Koch ebenfalls soweit, daß er Paul duzt. Eigentlich sind sie schon Freunde.

Es läuft, sagt Paul, strahlend wie bislang nie. Der Wolf ist im Fadenkreuz.

Dann schieß ihn tot! meint Koch. Wenigstens köpfen müßte man ihn. Vierteilen.

Gut Ding will Weile haben, sagt Paul; erst einmal startet er morgen einen Direktangriff. Morgen geht er in die Löwengrube und sagt Haarmann alles auf den Kopf zu. Ehrlich, morgen watet er vom Moor in den Sumpf.

Er erzählt es Georg Koch en détail. Es ist nicht anzunehmen, daß Haarmann, wie jeder Betrüger, schluchzend zusammenbricht und ein umfassendes Geständnis ablegt. Aber er möchte ihn wenigstens aufs Glatteis führen.

Ja und? sagt Koch. Er verstehe den Sinn nicht. Was bringt das? Was kann es bringen?

Irgendwas, sagt der Draufgänger Paul, bringe es immer, in aller Unschuld jemandem einen Kinnhaken zu verpassen und ihn zu fragen, ob's weh tue. Und wenn es nicht im ersten Anlauf klappt, gebe es immer noch Mittel und Wege. Vielleicht sogar MENSCHEN, die einem dann helfen, anders als in den vergangenen Jahren.

Also, was genau er den Kerl denn fragen werde?

Da meint Paul, daß er Haarmann wenigstens an einer Stelle nageln will: er soll sich dahingehend äußern, daß er Freunde bei der Polizei hat – und daß er womöglich deshalb jedesmal, wenn es wirklich brenzlig wurde für ihn, derart glimpflich davonkam.

Koch bleibt skeptisch. Das weißt du doch schon!

Aber nicht von ihm selbst! sagt der eilige Sebastian.

2. Wat mutt, dat mutt

Wofür hast du eigentlich eine Pistole?

Der Mensch ist üppige einsachtzig groß, vor Weihnachten 1877 geboren, im Moment also knapp 44 Jahre alt. Er ist in Magdeburg geboren, war zwölf Jahre, darunter im Ersten Weltkrieg, Soldat und Offizier hauptsächlich in Rußland und ist hinterher zur Polizei gegangen, wo er rasch Karriere gemacht hat. Er lebt und arbeitet in Bochum, wo er sich eigentlich recht wohl fühlt; immerhin hat er das ungute Gefühl, daß er dort nicht bleiben kann. Die Franzosen könnten ihre Drohung wahrmachen und das ganze Ruhrgebiet besetzen, heißt es, weil die Deutschen mit ihren Reparationszahlungen im Rückstand sind, und in dem Fall, da weiß er bereits jetzt, würde er als guter Deutscher eine Menge Ärger bekommen. Von den Ereignissen um »Onkel Fritz« Haarmann, den eiligen Sebastian sowie die Familien Koch und Rothe hat er keine Ahnung, wenngleich er zu Hannover einen guten Draht hat.

Adolf Hermann Lange, Hermann gerufen, ist Kriminalinspektor, in der Beamtenhierarchie ein kleiner Herrgott. Er leitet mehrere Kommissariate, erfreut sich des Wohlwollens der noch Höheren, nimmt oft an überörtlichen Konferenzen teil und hat beste Verbindungen zu auswärtigen Behörden bis hoch zum Preußischen Ministerium des Innern. Er ist, das erkennt jeder an, Profi.

Alle Menschen von Bedeutung haben bekanntlich ihre Ticks, irgendwelche in der Regel keineswegs unliebenswürdige Eigenschaften: Hermann Lange verbraucht Papier in unvorstellbarem Umfang. Vier Zeilen, und die Seite ist voll. Vielleicht ist er kurzsichtig und weiß es nicht. Weitsichtig ist er auf jeden Fall. Sollte es im Ruhrgebiet tatsächlich irgendwann den ganz großen Ärger geben, wird er eine ähnlich gute Position in Hannover besetzen.

Hermann Lange hat nur die Volksschule besucht. Ein Schinderhannes, sagen viele Untergebene; auch ein Tick, er leidet offenbar an akuter Bettflucht und mag nie Feierabend machen. Aber auch jemand, der sich jederzeit vor einen stellt, wenn es mal brenzlig wird, und der nichts verlangt, was er nicht auch von sich selber verlangen würde.

Er hat einen Spruch, der oft belächelt und oft gefürchtet wird, weil Lange dauernd bereit ist, ihn in die Tat umzusetzen: Wenn Ihnen meine Nase nicht paßt, kann ich gern wieder gehen. Zudem vertritt er ein eisernes Prinzip: Als Polizist mußt du politisch immer absolut unabhängig sein. Damit fährt einer in Bochum sicherlich ebensogut wie, falls es denn dazu kommt, in Hannover.

Noch ein Spruch aus Langes Repertoire, im Grunde eher einer aus Hamburg. Wat mutt, dat mutt.

Der eilige Sebastian seinerseits sagt es »Kurti«, als er den trifft; wat mutt, dat mutt – sicher mit anderen Worten, aber es läuft auf dasselbe hinaus. Er muß sich fast den Mund fusselig quatschen, bis er ihn überzeugt hat, daß er ihn weder in die Pfanne hauen noch ihm an die Karre fahren noch ihn überhaupt in Kalamitäten bringen will. Kurt, der älter gewordene Junge, dessen derzeitige Adresse ihm Georg Koch besorgt hat und der sowohl Hermann als auch Friedel gekannt hatte, wird dann allerdings sehr kooperativ: er bringt Paul auch noch mit einigen anderen Ex-Strichern zusammen. Sie sind beruflich voll auf die Füße gefallen und wollen von der peinlichen Vergangenheit nichts mehr hören. Aber dazu beitragen, Morde unter den Tisch zu kehren, wollen sie gewiß auch nicht – wat mutt, dat mutt eben, sozusagen.

Merveilleux. Also wie war er, der Onkel Fritz?

Eigentlich immer großzügig. Lacht viel. Wenn er nicht ein im Grunde feiner Kerl gewesen wäre, hätte sich ja keiner mit ihm eingelassen. Konnte allerdings auch ziemlich fünsch werden, ziemlich wütend, wenn einer mal nicht so wollte wie er. Dann kriegte man richtig Angst. Weil er ja mit der Kriminalpolizei zu tun hatte.

Wie kam er eigentlich dazu, zur Kriminalpolizei? Zu den Kriminalern von der Hardenbergstraße und der Kriminalwache auf dem Bahnhof, von anderen Revieren womöglich auch?

So genau weiß es keiner. Es waren ja auch nicht alle Kriminalen. Aber manchmal hat man wirklich gemeint, daß er Hinz und Kunz kennt bei der Polizei. Bestimmt eine Menge Fürsprecher, wenn er selbst doch mal was gemacht hatte. Die Beamten zogen den Hut vor ihm.

Vor diesem Vorbestraften? Paul kann es nach wie vor nicht glauben. Fragt sich abermals, ob es tatsächlich daher kommen kann, daß sie ihn mit Samthandschuhen angefaßt und bloß eingesperrt haben, wenn's unumgänglich war.

Ja, ja – dieser Vorbestrafte, sagt Kurti nachdenklich. Wußte ja niemand, daß er es war. Wo er doch, ob Sie's glauben oder nicht, mit einer Reihe von Kriminalen sogar auf du und du war und manches Gläschen zu leeren pflegte.

Bien. Merci.

Ne rien.

Paul ist inzwischen regelrecht neugierig auf den Menschen und Polizeifreund im angeblichen Sanatorium Jägerheide.

Der Mensch Haarmann hat tatsächlich ein Händchen für die Beamten, die ihn bewachen, die ihm auf die Finger gucken sollen. Im Moment, an dem Tag, an dem von ganz hinten der kleine Mann über das Moor gestiefelt kommt, ist keiner von ihnen zu sehen – sie vertrauen Fritz. Aber der ist an diesem Tag trotzdem hundsmiserabler Stimmung.

Schuld an allem, räsoniert Haarmann, sind die heimtückischen Weiber. Nix zu tun haben sie – bloß den ganzen Tag aus dem Fenster gucken, ob einer die Wäsche klaut. Und wenn dann einer die Wäsche klaut, von der sie doch mehr als genug haben, sagen sie gar nix und holen heimlich den Schutzmann.

Sie haben noch andere Fehler, sagt der Gefangene, mit dem sie ihn hier zusammengetan haben. Seine Frau beispielsweise ist einfach abgehauen.

Das sei ihm auch schon passiert, sagt Haarmann, und nicht bloß das. Man kann sich sonstwas von ihnen holen, weißt ja, was ich meine. Aber wenn wir draußen sind, kommst du mich ja mal besuchen. Dann zeig' ich dir was. Jungs sind viel netter und nicht so heimtückisch.

Wie überall im Deutschen Reich ist es in der Provinz Hannover im November 1921 viel zu kalt. Haarmann, das reine Arbeiterdenkmal, stützt sich frierend auf seine Schaufel; nie, nie wieder werde er sich erwischen lassen. Sein Kumpel meint grinsend, das habe er sich auch schon öfter gesagt, aber geholfen habe es nie. Haarmann verflucht ihn und schließlich die ganze Welt.

Haarmann war am Donnerstag, dem 10. November, im Arbeitslager Jägerheide am Rande des Großmoors nördlich der Gemeinde Ehlershausen eingetroffen. Eigentlich sei Jägerheide ein ganz manierlicher Knast, hatte ihm einer in Hannover gesagt, der schon mal da war. Stimmt ja auch irgendwo: er hat mieseres erlebt, wo es überhaupt keinen Schnaps gab; auf den konnte er ja immer noch am ehesten verzichten, nur, Zigarren gab es auch nicht, für Geld und gute Worte nicht. Aber geschuftet wird hier, mehr als im Bergwerk von Rawitsch, in dem er tatsächlich mehrere Jahre abgerissen hat, mit lauter Russen, stell dir vor.

Es klingt wie eine Sage, es sind nur noch sechsundachtzig Tage. Kann allerdings passieren, daß sie ihm die drei Wochen anhängen, die noch offen sind, und dann sind's über hundert. Und immer diese Angst, daß sie ihm, wenn er zurückkommt, das Bett unterm Hintern weggezogen haben. Manchmal ist Haarmann das dauernde Umziehen, kaum daß er seinen Krempel ausgepackt hat, so leid, daß er heulen könnte.

Sie fangen wieder an zu arbeiten. Viel hilft's auch nicht gegen die bestialische Kälte. Dann stolpert einer, eben dieser Kurze, tatsächlich mit Schlips und Kragen und inzwischen ganz nah, über die Gräben auf sie zu. Ein eiliger, von Stolpern und Laufen schwitzender Mann – der eilige Sebastian hat keine Mühe gescheut und den Mörder ereilt.

Der Detektiv Paul hat sein derzeit ungewöhnlich gepflegtes Rad vor dem Hauptbahnhof an den bronzenen König Ernst August gelehnt und es nicht abgeschlossen; wer's klauen will, klaut's ja doch. Dann hat er sich eine Rückfahrkarte, Dritter Klasse ausnahmsweise, nach Ehlershausen gekauft und ist dort sofort losmarschiert; nach der warmen Fahrt fühlt er sich, als habe es ihn nach Sibirien verschlagen.

Eine elende Strecke vom Bahnhof bis Jägerheide; sie zieht sich, vor allem, wenn man zu Fuß ist. Wo die Strafgefangenen arbeiten, wußte jeder, und wo sich Fritze mit seinem Beitrag zur Trockenlegung des Müggenburger Mooses abmüht, sagten ihm zwei, die momentan Zigarettenpause machten. Es ist wirklich wie in Sibirien oder Feuerland: wenn hier einer flitzen geht, wo will er hin?

Den Vorteil hat die Gegend tatsächlich: man kann anscheinend machen, was man will, man muß nicht lange erklären, was man will.

Man geht einfach nur auf den verfrorenen Friedrich Haarmann zu, der dem Besucher neugierig entgegenschaut, und sagt: Tag, Haarmann!

Was willste? fragt Haarmann.

Mit dir reden! sagt Sebastian. Alleine!

Der viel jüngere andere Knasttyp, ein hübscher Junge, geht sofort weg. Worüber willste denn mit mir reden? fragt Haarmann.

Über Hermann und Friedel. Hermann Koch und Friedel Rothe, die Jungs, die du totgemacht hast.

Ich doch nicht! sagt Haarmann. Hau ab!

Nee du, sagt Paul Sebastian, dafür ist die Eisenbahn viel zu teuer! Du bist dran, Haarmann.

Das beweis mir mal.

Bin schon dabei.

Wie denn?

Ich werd' mich über dich erkundigen.

Hau ab! sagt Haarmann nochmals.

Hör zu, sagt Paul, ich bin Detektiv, und ich werd' nächste Zeit nichts machen, als dich dranzukriegen. Und du BIST dran – ich sag's dir, gegen mich haste keine Chance. Ich gehe hinterher gleich zur Polizei. Haarmann, du hast bloß EINE Chance. Eine einzige.

Haarmann sieht ihn an, grinst und schüttelt den Kopf. Immerhin fragt er: Welche denn?

Wenn du sagst, wo du die Jungs hingebracht hast, kriegste womöglich mildernde Umstände. Wenn du mir gleich 'n Geständnis ablegst, mein' ich.

Bangemachen gilt nicht! sagt Haarmann grinsend.

Genau wie auf dem Foto. Ein Unterschied jedoch ist es schon, wenn der Verbrecher plötzlich da steht.

Das dauernde Grinsen, tatsächlich. Das starke Gebiß, sein seltsam unsicherer Blick. Graue Augen. Ziemlich große Hände, ziemlich große Ohren. Außerdem, erschrocken war Fritz Haarmann überhaupt nicht, als er ihn »überfallen« hat. Und diese merkwürdig helle, manchmal, wenn er sich womöglich doch aufregt, piepsige Stimme. Und daß der Mann nicht unbedingt fett ist, aber seltsam feist. Seltsam auch, daß er selbst mit dem Moorarbeitszeug und der Häftlingskappe adrett wirkt. Und daß er redet, obgleich er andauernd HAU AB sagt und bloß brüllen müßte, und der nächste Aufseher käme gleich angerannt.

Haarmann, der nicht schreit, und Paul Sebastian reden mindestens eine halbe Stunde. Rühren sich nicht vom Fleck, drehen sich aber dauernd im Kreis.

Hau nur endlich ab! sagt Haarmann. Der Mordverdacht ist eingestellt, wirste noch hören.

Weiß ich doch, sagt Paul. Kann man aber immer wieder aufnehmen, das Ermittlungsverfahren.

Wieso denn? Ich bin's ja gar nicht gewesen – ich bin auch nicht verurteilt.

Du bist ein *cochon*, meint Sebastian, und ein Schlaumeier. Aber wenn ich meine Beweise hab' und damit zum Staatsanwalt geh', ist der Satan los. Der sagt bestimmt, die Polizei hat dich immer geschont.

Die? staunt Haarmann. Ausgerechnet die? Die haben mir

das Leben sauer gemacht wie nix. Statt daß sie nur mal danke gesagt hätten! Hätten sie allen Grund gehabt!

Das ist es! sagt sich Paul. Nix haben sie dir getan, sagt er. Haste mal was von Begünstigung gehört?

Haarmann lacht, diesmal nahezu meckernd. Da brauchste etwas mehr als Gequatsche!

Krieg' ich auch noch. Jede Menge.

Ja, was denn?

Glaubste, das sag' ich dir?

Dann behalt's doch für dich!

Haarmann, sagt Paul, du hast die Jungs totgemacht, und du hast sie versteckt. Und wenn's dir bis jetzt keiner bewiesen hat, ich werd's dir beweisen.

Mensch, hau ab!

Du hast EINE Chance.

Ja, ja, ja – ich geb's zu, dann komm' ich wenigstens hier aus dem Dreck raus! Nä, is' nich'! Außerdem hättste ja nicht mal Zeugen. HAU AB! Ich kann deine Visage nicht mehr sehen!

Als der nächste Aufseher nicht etwa angerannt, sondern angeschlendert kommt, ist auch der Kumpel wieder da und fängt an zu rackern. Der eilige Paul läßt Haarmann einfach stehen. Am Ende war er doch beinahe so weit, daß er ihm mitten in sein fettiges Grinsen geschlagen hätte.

Der Aufseher kommt gar nicht mal seinetwegen, kapiert Sebastian im Weggehen, sondern will den beiden nur sagen, daß sie sich vor nassen Füßen ich acht nehmen sollen. Irgendeiner hat ein Kommando gegeben – Wasser marsch. Es fließt in die Gräben, die sie hier anlegen.

Es fließt in der Tat, sagt sich Paul auf dem Rückweg, es hat mehr gebracht, als er gehofft hatte. Es würde, in einer Dienstaufsichtsbeschwerde, einschlagen wie eine Granate; es fällt auf, daß der begünstigte Verdächtige glaubt, die Polizei müsse ihm dankbar sein. Nur, ein Privatdetektiv, der die Kriminalen so anpinkelt, kann seinen Laden gleich dichtmachen.

Im Zug nach Hannover – wenn wir sowieso dauernd vom Bahnhof reden – beschließt Paul immerhin guter Dinge, ab sofort dreigleisig zu fahren.

Gleis 1. Haarmanns komplette Wohnadressen beschaffen, die Leute dort ausfragen. Aber RICHTIG.

Gleis 2. Alles aufschreiben, was dabei rauskommt. Und das Dossier dann gleich an der RICHTIGEN Stelle abgeben. Wer die richtige Stelle ist, werden wir sehen.

Gleis 3. Bei Klara Rehbock einheizen. Dem Teufel Haarmann endlich mal RICHTIG die Hölle heiß machen. Schwachsinnig, im übrigen, ist der Teufel bestimmt nicht. Im Gegenteil; er ist eher verdammt gerissen.

Erst mal muß er nachtanken an der Polizeiquelle. Und die, zum Glück, sprudelt weiter; so schlecht ist die Polizei offenbar auch wieder nicht, wenn sie will. Pauls Gewährsmann hat wiederum eine stattliche Liste in die Eilenriede mitgebracht.

Im April 1918, als auch Guatemala dem Deutschen Reich den Krieg erklärte und der Rote Baron Manfred von Richthofen den Heldentod starb, ist der Zuchthäusler Haarmann aus dem westpreußischen Knast Rawitsch entlassen worden, der letzten von mehreren Strafanstalten, in denen er den gesamten Krieg über »gewohnt« hatte. Er kam nach einem kurzen Aufenthalt in Berlin, wo es ihm allenfalls mäßig gefiel, zurück in seine über alles geliebte Heimat Hannover und mietete noch im gleichen Monat diese Wohnung Celler Straße 27, in der er allerhöchstwahrscheinlich Koch und Rothe umgebracht hat. Hausbesitzerin ist eine Witwe Schildt.

Im Dezember 1918 war ihm, vermutlich auch wegen der zwar flüchtigen, aber mehrfachen Besuche der Polizei, der Aufenthalt dort verleidet, und er verzog zu einer Frau Hederich in die Seydlitzstraße, etwas nördlicher, am Rande von Hannover-Vahrenwald. Dort hat seine Schwester Emma, noch die einzige, mit der er Kontakt hat, ein Zigarrengeschäft; beinahe alles, was von der bescheidenen Zigarrenfabrik der früh gestorbenen und von Haarmann heißgeliebten Mutter übriggeblieben ist, nachdem sein verhaßter Vater angeblich das meiste versoffen und verhurt hat.

Eine mühsame Geschichte, die sich da ankündigt. Dabei beginnt sie im Grunde erst. Aber es muß sein: jede Hausnummer, jeder Name, jedes Datum und jede scheinbar noch so spärliche Information kann wichtig sein. Wenn's bei Dieben so ist, der Hauptkundschaft des eiligen Sebastian, weshalb sollte es bei Mördern anders sein?

Am 5. August 1919 wechselte Haarmann abermals die Wohnung und wohnte bei Frau Kröll in der Nicolaistraße – nur für wenige Monate allerdings, denn schon am 8. Dezember quartierte er sich bei einer Witwe Birnstiel, Füsilierstraße, ein; dort vergaß er, sich anzumelden. Er tauchte unter, genau gesagt, weil ihm der Strafantritt in Sachen Rothe-Beleidigung drohte und er nicht schon wieder hinter Gitter wollte. Zum Verhängnis aber wurde ihm sein manchmal zügelloses Temperament: er kriegte Krach mit Frau Birnstiel, wurde auf ihre Anzeige hin festgenommen und dann gleich dabehalten: Bis zum 3. Dezember 1920 mußte er diese Rothe-Strafe, die Beleidigung eines mutmaßlichen Toten, aber abbrummen.

Vorübergehend wurde Haarmann anschließend unstet, verglichen mit früher. Beziehungsweise noch unsteter: eine Wohnung nur für einen Monat, zwei Aufenthalte in Gasthöfen, drei Wochen Aufenthalt doch wieder im Gefängnis wegen Bettelns, was damals noch streng bestraft wurde. Und dann, endlich, der 1. Juli 1921 – Haarmanns bislang letzte Eintragung im hannoverschen Melderegister.

Haarmanns Wohnung bei Klara Rehbock auf der Insel besteht aus einem Parterreraum, der im Grunde nur als Geschäfts- und Lagerraum dienen sollte, sagt der Gewährsmann. Aber sie gab ihn dem Menschen, der dauernd lächelt und immer einen derben Schnack auf den Lippen hat, wohl gerade deswegen, weil er so lächeln kann.

Paul weiß ja selbst, daß Klara es gern sieht, wenn jemand

lächelt. Aber so was steht doch normalerweise nicht im Melderegister?

Natürlich nicht, sagt der Gewährsmann. Einer von den Kollegen habe es ihm erzählt, der Haarmann kenne und immer den Kopf schüttle, wenn die Rede auf ihn komme. Aus Friedrich Haarmann werde niemand schlau, nicht mal ein erfahrener Polizeibeamter.

Einer von den Kollegen, für die Haarmann arbeitet? erkundigt sich Paul. Als Spitzel?

Nun reite nicht dauernd darauf rum! Es ist nun mal geheim und geht wirklich keinen was an.

Das werde man sehen, orakelt Paul. Im übrigen sei es hoffentlich nicht so geheim, daß es hinterher überhaupt keiner mehr weiß, fügt er ahnungsvoll hinzu.

Also, er müsse jetzt los, meint Pauls Gewährsmann, mäßig pikiert, aber nervös wie immer gegen Ende dieser konspirativen Waldgänge.

Und du bist diesmal sicher, daß du nicht schon wieder die Hälfte vergessen hast?

Auf alle Fälle, er habe nach wie vor nichts davon gehört, daß Haarmann aus der Neuen Straße auch schon wieder weg sei, obgleich es angeblich Ärger gebe. Viel Glück, Monsieur! Rue de nouvelle huit, aber treib's mal nicht zu toll mit der alten Jungfrau!

Fort ist er. Gut Ding will Weile haben, denkt Paul; Klara Rehbock kann warten. Er zieht seine Taschenuhr und geht auf die Strecke. Beziehungsweise, er fährt.

Celler Straße 27. Mit dem Fahrrad natürlich, womit sonst?

Paul kommt also gegen Abend, in aller Gemütsruhe – er trifft die Eheleute Seemann gemeinsam an. Beide machen besorgte Gesichter, als Sebastian sagt, daß er was über Friedrich Haarmann wissen will; Heinrich sagt schließlich, er sei als Vorarbeiter in einer Maschinenfabrik ja nun nicht immer zu Haus gewesen, wisse allerdings eines genau: es seien dauernd junge Burschen bei Haarmann aus und ein gegangen, und Haarmann sei dann oft mit schweren Paketen aus dem Haus gegangen hinterher, am Morgen danach. Seine Frau habe immer geglaubt, er bringe die Jungen um, aber seiner Ansicht nach sei das purer Weiberklatsch.

Und warum sie das geglaubt habe? fragt Paul die merkwürdig verängstigte Frau Seemann. Bloß wegen dieser Pakete?

Sie druckst herum. Haarmann habe damals einen Laden nebst Hinterzimmer gemietet, in dem er wohnte; vorne wollte er ein Zigarrengeschäft aufmachen, aber das klappte wohl nicht. Direkt daneben hatte sie ein Gemüsegeschäft.

Paul wartet ab.

Also schön – Haarmann handelte damals mit Hühner-, Kaninchen- und anderem Fleisch, sagt sie schließlich. Zweimal hat sie ein Huhn von ihm gekauft, und einmal gab er ihr kleingehackte Knochen, angeblich vom Kalb. Und das war ja genau die Zeit, in der dieser Rothe verschwand. Sie habe Sülze von den Knochen gemacht, die war aber merkwürdig weiß, und sie hatte einen ziemlichen Ekel davor.

Ob sie genau wisse, daß es die Zeit war? Und daß es Friedel Rothe war?

Die Polizei hat ihr ein Bild gezeigt – sie ist eigentlich sicher, daß er es war. Er war eine ganze Woche bei Haarmann, und dann war er plötzlich weg. Ja, und außerdem dieses ständige Klopfen und Hacken.

Fleisch klopfen? Knochen hacken?

Frau Seemann nickt. Sie hat's oft gehört, sehr oft, tagsüber, aber auch nachts. Sie habe Haarmann gefragt, was er da mache, und er habe geantwortet: Man käuft, und man verkäuft! Und die vielen Jungen, hat sie ihn gefragt? Die seien leider etwas auf die schiefe Bahn geraten und würden von ihm wieder auf den richtigen Weg gebracht. Dabei seien aber auch welche mit bunten Schülermützen darunter gewesen, ganz ordentliche, im Gegensatz zu den meisten.

Ob sie das denn nicht der Polizei gesagt habe?

Ja und nein. Gesagt habe sie einiges, aber so richtig sei sie nie gefragt worden. Eigentlich habe sie immer darauf gewartet, richtig gefragt zu werden, aber die Herren hatten es immer sehr eilig.

Paul verabschiedet sich.

An der Tür sagt Auguste Seemann, sie habe Haarmann immer auch schon mal mit *Hallo Menschenschlachter!* begrüßt, und er habe darüber gelacht.

Paul hat urplötzlich den abscheulichen Gedanken, ob er es hier womöglich mit einem Menschenfresser zu tun hat. So abwegig ist das heutzutage ja gar nicht: gerade eben haben sie in Berlin einen gefangen, der offensichtlich regelmäßig junge Mädchen verwurstet und die Ware dann verkauft hat.

Friedrich Niemeyer war in dieses mutmaßliche Mordhaus Celler Straße gerade erst eingezogen, als die Sache mit Hermann und Friedel Rothe passierte. Auch zu seiner Zeit aber war alles haargenau so wie das, was Sebastian von Seemanns gehört hat. Niemeyer erzählt's, ehe Sebastian die erste Frage stellen kann: die vielen jugendlichen »Gäste« bei Haarmann, das Hacken und Klopfen bei Haarmann, das Fortschleppen der schweren Pakete am nächsten Morgen. Alle nasenlang: man mochte nahezu annehmen, er habe einen dieser Jugendlichen nach dem anderen getötet und zerkleinert, um ihn aus dem Hause schaffen zu können.

Der noch junge, selbstbewußte, anscheinend nicht gerade arme Friedrich Niemeyer sei eines Nachts sogar auch zum Polizeirevier Rundestraße 8 gegangen, erzählt er, weil er mit einemmal Angst hatte, Haarmann bringe gerade einen in der Wohnung befindlichen Jungen um; Haarmann habe so irre geguckt vorher, als der junge Mensch ankam. Aber bei der Polizei sei er, Niemeyer, ja anscheinend an der völlig verkehrten Adresse gewesen.

Er sehe nicht aus wie einer, der sich ins Bockshorn jagen lasse, meint Paul verbindlich.

Nein, nein, sagt Niemeyer, aber es habe ihm da doch wirklich die Sprache verschlagen. Er kommt hin und meldet, vielleicht werde gerade jemand totgeschlagen, und der Wachhabende habe ihm bloß geantwortet, das sei nicht seine Angelegenheit, sondern die der Kriminalpolizei, und die müsse ja auch mal Feierabend haben. Trotzdem, er sei nach einer schlaflosen Nacht auch dorthin gegangen und habe so lange insistiert und gedrängt, bis mehrere Beamte zu einer »Wohnungsbesichtigung« bei Haarmann mitgekommen seien. Gefunden wurden am Ende zwar ein Messer und ein auf dem Tisch liegendes Hackbeil, aber weder eine Leiche noch Blut, und das war's dann. In die Schränke oder Kabuffs habe niemand geguckt; er sei sich vorgekommen wie blöd, sagt Niemeyer. Aber er würde trotzdem immer wieder so handeln.

Paul will schon gehen; allzuviel hält er bis dahin nicht von Herrn Niemeyers Erzählungen. Da meint Niemeyer plötzlich, ganz anders und ganz ernst, den armen Vater Rothe habe er ja damals auch kennengelernt. Der habe eines Abends im Oktober, als Haarmann wieder mal nicht zu Hause war, fast dessen Türe eingetreten – der sei felsenfest überzeugt gewesen, daß sein Sohn dort umgebracht worden sei. Bloß mit Mühe habe er, Niemeyer, ihn davon zurückhalten können und ihm versprochen, er werde ihm sofort Bescheid geben, wenn Haarmann ausnahmsweise mal anwesend sei.

Und? fragt Paul gespannt.

Er habe Herrn Rothe sofort benachrichtigt, als es soweit war, aber als er ankam, war's schon zu spät: Haarmann hatte den Laden wieder verlassen. Danach hat Oswald Rothe ihn doch wohl mal gesprochen, genau weiß er's nicht. Inzwischen frage er sich, ob's nicht besser gewesen wäre, er hätte sofort beim ersten Mal mitgetreten und mitgesucht.

Da sagst du was! denkt Paul. Womöglich hätte Oswald Rothe wirklich besser gesucht als die Kriminalen, die wahrscheinlich nicht mal richtig unters Bett guckten.

Er möge doch bloß mal zwei und zwei zusammenzählen, meint Niemeyer, schon auf der Straße. Da hat einer dauernd Besuch, der dann von jetzt auf gleich nicht mehr wiederkommt, hackt dauernd rum, schleppt Pakete weg und steht auch zweimal unter Mordverdacht. Aber niemand, der ihm auch nur mal richtig auf die Finger klopft!

Da sagst du was! sagt sich Paul nochmals. Immerhin plagen ihn gerade zu diesem Zeitpunkt Skrupel: ob er nicht doch einem Phantom nachjagt und nur Geschwätz zusammenträgt anstelle handgreiflicher Indizien? Aber dann denkt er an Niemeyers guten Ratschlag, und sobald er zwei und zwei zusammengezählt und alles rekapituliert hat, stimmt die Rechnung wieder.

Eine nicht uninteressante Beobachtung steuert die Hausbesitzerin, Frau Schildt, bei, die sonst nicht viel weiß: Ab Ende September 1918 habe Haarmann praktisch kaum noch hier in der Celler Straße gewohnt, sondern sich fast nur noch bei seiner Schwester Emma einquartiert, ganz im Gegensatz zu den Zeiten davor, wo er immer dagewesen sei.

Paul macht sich seine Gedanken, nachdem ihm schon Niemeyer diesen Floh ins Ohr gesetzt hat. Nämlich die: Wer schläft schon gerne direkt auf einer Mordstelle, selbst wenn er selber der Mörder ist?

Ob sie etwas über einen Entschuldigungszettel für Hermann Koch für die Schule wisse? fragt Haarmann. Ob sie einen solchen Zettel selbst geschrieben habe?

Sie wisse gar nicht, wovon er rede, erwidert Frau Schildt. Es hört sich glaubhaft an, entscheidet Sebastian.

Da erlebt man ein blaues Wunder nach dem anderen, sagt Sebastian später zu Berta. N'est pas possible, mais vrai – traurig, aber verdammt wahr. So viele Leute auf einmal können eigentlich nicht lügen.

Seydlitzstraße 15 – Frau Hederich. Es gab bloß zwei Möglichkeiten, erzählt sie: entweder war Herr Haarmann nachts nicht zu Hause, oder seine Bude war rappelvoll, immer neue Jugendliche. Sie seien entwichene Fürsorgezöglinge, habe einer von ihnen ihr mal gesagt, und Fritz Haarmann kaufe ihnen die Sachen ab, die sie geklaut hätten; sie habe mehrfach überlegt, ob sie es nicht der Polizei sagen müsse, dann jedoch Abstand davon genommen. Immerhin seien die Kriminalers ja auch schon von sich aus dagewesen, weil Haarmann Schweinereien mit seinen Jungen gemacht habe; bei der Gelegenheit hätte sie gewiß nicht den Mund gehalten, wenn sie gefragt worden wäre. Überdies sei ein verschwundener Junge gesucht worden – irgendein Name mit O wie Otto.

Rothe? fragt Paul.

Nein, nein, sagt sie – jetzt fällt's mir ein: Koch!

Hermann Koch?

Also, das weiß sie beim besten Willen nicht mehr so ganz genau. Jedenfalls war sie heilfroh und regelrecht glücklich, als sie Friedrich Haarmann wieder los war.

Nicolaistraße 18a – Frau Kröll. Wie gehabt: ständig Besuch, ständiges lautes und oft auch nächtliches Klopfen. Neu für Paul ist die Tatsache, daß Haarmann diese Wohnung nicht, wie ihm der Gewährsmann gesagt hat, freiwillig und quasi fluchtartig aufgab, sondern ausziehen mußte. Frau Kröll berichtet, daß sie diejenige war, die Haarmann eines Tages fristlos gekündigt hat. Indigniert und geheimnisvoll: aber sicher nicht nur wegen des Klopfens!

Sondern?

Sie habe mit eigenen Augen gesehen, daß Herr Haarmann mit einem Kind widernatürliche Unzucht getrieben habe, sagt Frau Kröll tapfer. Näheres möge er ihr ersparen. Mit einem derart hemmungslos triebhaften Menschen könne sie keinesfalls unter einem Dach leben.

Wie gehabt. Paul erspart es ihr, kriegt kurz darauf freiwillig mitgeteilt, es habe sich um sogenannte Fellatio gehandelt, und ist erheblich mehr daran interessiert, ob sie es denn auch der Polizei gesagt habe?

In diesem Fall nicht. Haarmann war, nach ihrer Kündigung, überraschend schnell verschwunden, sagt Frau Kröll. Er sowie auch dieser Dauerfreund, den er sich im Herbst 1919 zugelegt habe, dieser Hans Grans.

Wieder dieser Name. Woher kam er denn plötzlich? erkundigt sich der eilige Sebastian.

Aus dem Nichts, meint sie – wahr und wahrhaftig: aus

dem Nichts. Auf einmal war er da, und dann war er wirklich dauernd da.

Diesmal läßt Paul sich den Namen buchstabieren.
HANS GRANS.

Schließlich Füsilierstraße 7: die ehemals wohl recht attraktive, mittlerweile etwa 60jährige Witwe Birnstiel. Sie habe immer wieder gehört, kaum daß Haarmann im Haus war, dem Menschen dürfe man hinten und vorn nicht trauen, er sei nämlich ein Mörder! Sie dagegen, sagt sie Paul, habe ihn zuerst ganz nett gefunden, bis sie hörte, er habe herumerzählt, sie habe ihm Geld geboten, um, also um geschlechtlich mit ihr in Verbindung zu treten. Da sei sie natürlich ganz schön wütend gewesen und habe ihrerseits den Leuten gesagt, sie habe sich da ja offenbar ein wunderschönes mörderisches Paradiesvögelchen eingefangen.

Anfang Januar kam's zum Knall. Haarmann besprach sich mit Grans und stellte sie seinerseits wütend zur Rede: wieso sie solche Sachen verbreite?

Sie blieb dabei. Mittlerweile hatte ja auch sie mitbekommen, daß er ständig diesen merkwürdigen Verkehr mit den vielen Jungen hatte, und das Klopfen und Hacken – es begleitet, denkt Sebastian, den Weg Haarmanns wie ein ständiger dumpfer Trommelwirbel – hatte sie ebenfalls gehört. Er sei ja offenbar tatsächlich ein Mörder, habe sie ihm gesagt, und daraufhin schlug er sie mehrmals auf den Mund; ein Wunder, daß sie nicht schwer verletzt worden sei.

Die Witwe Birnstiel erstattete am 2. Februar 1920 Anzeige wegen Mißhandlung. Sie wurde zwar auf den Weg der Privatklage verwiesen, aber als der oft aushäusige Haarmann mal anwesend war und die Kriminalen ihn erwischten, war sie ihn los.

Der Name Grans taucht jetzt, wahrhaftig, immer häufiger auf, registriert Paul. Und noch ein weiterer Gedanke, bereits in Gedanken an dieses Dossier, das er in aller Kürze schreiben wird, geht ihm durch den Kopf. Die nächtlichen Trommelwirbel beziehungsweise das Klopfen und Hacken lassen im Grunde bloß einen Schluß zu, falls man nicht davon ausgehen will, Haarmann betreibe ausschließlich nachts eine gutgehende Fleisch- und Wurstwarenfabrik. Nämlich bloß jenen Schluß, daß bei ihm in der Tat Leichen anfallen und daß er die dann zerkleinert und später im Gelände verteilt.

Weder die Leiche Koch noch die Leiche Rothe ist je gefunden worden. Aber gibt es derzeit nicht Dutzende von jungen Vermißten im Nachkriegs-Hannover, die zu Haarmann passen würden und ein ähnliches Schicksal erlitten haben könnten?

Am Ende von Gleis 1, am Anfang von Gleis 2 geht Sebastian in aller Ruhe wieder mal zu Klara Rehbock, und dieses Mal nimmt er sich mehr Zeit. Diesmal sagt er ihr auch halbwegs, was da los ist: er sei Privatdetektiv und ermittle in einer bestimmten Sache gegen Herrn Haarmann. Zunächst ist's nur ein Schuß ins Blaue, der aber ins Schwarze trifft: ab sofort hat er Klara Rehbocks volles Vertrauen, und sie sagt spontan, es gebe da einen ziemlichen Ärger.

Ob er Herrn Haarmanns Zimmer nicht mal sehen könne? fragt Paul. Da es im Augenblick sowieso leer stehe, sei ja sicherlich nichts dagegen einzuwenden.

Es stehe ja nicht leer, sagt Fräulein Rehbock, das sei ja eben der Ärger. Herr Haarmann habe es ursprünglich als Lager gemietet, das sei schon richtig, aber auch gesagt, daß er dort auch schlafen müsse, um seine Waren zu bewachen. Und da er nun fort müsse, solle sein Freund, Herr Grans, diese Waren bewachen. Nur habe der inzwischen sonstwas daraus gemacht. Ein richtiges Bordell!

Dann zögert sie nicht mehr lange. Sie schaut nach, ob wenigstens im Moment keiner da ist, und läßt ihn rein. Den eiligen Sebastian trifft beinahe der Schlag.

Ein armseliges, ungemachtes und unsauberes Bett. Halbleere Gläser und Flaschen auf dem wackligen Tisch, Essensreste, schmutzige Herren- und Damenwäsche auf dem Boden. Ein normales Bordell ist dagegen ein Luxushotel.

Zwei große Fenster zur Straße hin. Gegenüber ein Schrank, in die Wand eingebaut, eine sogenannte Butzenklappe, die man abschließen kann. Ein Gasofen, eine Gasuhr, ein drittes Fenster zum Treppenhaus hin. Alles, was an halbwegs brauchbaren Möbeln im Raum steht, gehöre ihr, sagt Frau Rehbock, die angewidert die Nase rümpft. Reicht's?

Ja, es reicht. Er, sagt Paul Sebastian ehrlichen Herzens, hätte sich längst beschwert.

Habe sie ja auch, meint Klara Rehbock. Darum sei es ja in dem Brief gegangen, dessen Unterschrift sie ihm neulich erst gezeigt habe.

Sie gibt Sebastian, als sie wieder in ihrer Wohnung sind, den Brief vertrauensvoll ganz zu lesen. Einen langen handgeschriebenen Brief – Paul hat zum ersten Mal einen ausführlichen schriftlichen Text von Haarmann in der Hand. Einen Text voller primitiver Rechtschreibfehler, aber es ist wahrhaftig kein schwachsinniger Brief. Man muß ihn vorlesen – dann stimmt der Text. Fritz Haarmann entschuldigt sich aus dem Sanatorium für das von Fräulein Rehbock beanstandete Treiben seines »Beauftragten« Hans Grans und versichert, er werde ihn, wenn er wieder da sei, unverzüglich zur Rechenschaft ziehen.

Da genüge nicht, meint Paul mit seinem treuesten Augenaufschlag zu Fräulein Rehbock – da helfe kein noch so energischer Briefwechsel.

Geholfen hat's ja schon wenigstens etwas, sagt Klara. Der Raum sei ja im Vergleich zu früher inzwischen schon das reine Idyll, aber Zustände wie im alten Rom seien's ja nach wie vor. Grans und ein weiterer Mann, ein gewisser Herr Wittkowski, ebenfalls ein Bekannter von Herrn Haarmann, trieben nach wie vor ständig Unzucht mit gleich mehreren liederlichen Frauenzimmern, einer Dora, einer Elli, einer Anni vor allem.

Und sie glaube, sagt Paul hinterhältig, der Herr Haarmann wisse davon nichts?

Langsam habe sie da ihre Zweifel, sagt Klara Rehbock.

Eben. Da müsse sie irgendwann einfach mal vollendete Tatsachen schaffen!

Ja, aber welche denn?

Er werde sich was überlegen, meint Paul. Und dann, sobald ihm was eingefallen sei, komme er wieder.

Das letzte Gleis, Gleis 3, ist das am schwersten befahrbare. Paul schreibt sein Dossier und stellt dabei fest, daß es wenig Schlimmeres gibt, als tagelang auf einer Schreibmaschine herumzuhacken. Fast kriegt er sogar Mitleid mit den Beamten, die das dauernd tun müssen; kann ja sein, daß er auch deshalb tatsächlich keine DIENSTAUFSICHTSBESCHWERDE zu Papier bringt und keine STRAFANZEIGE WG. BEGÜNSTIGUNG gegen bestimmte Polizeibeamte. Aber vor allem: vielleicht soll man als freischaffender Detektiv die Kirche wirklich im Dorf lassen.

Ende November 1921 ist das Dossier fertig.

Der eilige Sebastian und Georg Koch gehen nicht, was nach wie vor das Vernünftigste wäre, zur Staatsanwaltschaft, sondern doch nur zur Polizei. Zu Kriminaldirektor Eggert immerhin, einem aufrechten, knorrigen Mann Mitte Fünfzig, und der bedankt sich und schickt sie zu seinem bewährten Mitarbeiter Heinrich Rätz.

Ach, der Herr Koch! sagt Rätz.

Ja, Herr Rätz. Wir haben inzwischen selbst einiges unternommen. Sie sollten's mal lesen.

Er werde es unverzüglich tun, verspricht Rätz, könne sich allerdings verständlicherweise nicht um jedes Detail selber kümmern. Jedenfalls bedankt er sich ebenfalls und sagt, seine Leute, irgendwelche, würden von sich hören lassen. Sicher habe man Verständnis dafür, daß es eine Weile dauern werde.

Das lange Warten beginnt. Damit mußt du leben, sagt der eilige Sebastian zu Georg Koch. Das reine Geduldsspiel. Unser täglich Brot meistens.

Wofür hast du eigentlich eine Pistole? fragt Georg eines Tages aus scheinbar heiterem Himmel.

Ob er meine, er solle Haarmann umlegen, wenn er wieder in Hannover sei? fragt Sebastian.

Ja, und?

Wie er sich das denn so vorstelle?

Nehmen wir mal an, sagt Koch, der Mann macht wirklich nur das, was er angeblich macht. Klauen, mit Fleisch und Klamotten handeln, schwarzhandeln – so einer lebt doch gefährlich! Da kommt doch keiner drauf, daß wir es getan hätten, wenn er tot wäre!

Also, du meinst, du würdest mitmachen?

Aber heute am Tag! Schmiere stehen, dir ein Alibi besorgen, was du willst!

Auch schießen?

Auch schießen – natürlich!

Was aus ihm bloß geworden sei, sagt Paul bekümmert. Besser wäre es ja wohl, er würde den Ballermann vorsichtshalber in den Tresor schließen.

Ja wieso denn? sagt Koch. Paul möge sich nur mal vorstellen, was er tun würde, wenn der Kerl eins von seinen Kindern totgemacht hätte.

Paul schüttelt den Kopf. Er wisse nicht, was er dann täte. Aber umbringen würde er den Mörder vermutlich trotzdem nicht. Vergiß es!

Im übrigen geht Paul wieder öfter in den Misburger Hafen, und Berta kann's nur recht sein. Auch sie schätzt Herrn Koch sehr, aber die Honorare anderer, vermögenderer Leute fließen doch üppiger und regelmäßiger.

Von Rätz, Eggert oder irgendwem sonst aus der Hardenbergstraße 1 hört und sieht man inzwischen wochenlang nichts. Er halte es trotzdem für sinnvoll, sagt Paul, den Leuten im Moment noch nicht auf den Wecker zu fallen. Immerhin erkundigt er sich zwischendurch mal bei seinem Gewährsmann und ist etwas beunruhigt, als er erfährt, daß Rätz zur Eisenbahnüberwachung versetzt werden soll und das Mordkommissariat alles mögliche tut, bloß nichts in punkto Haarmann. Aber kann ja sein, daß sie das tun, was man verdeckte Ermittlungen nennen könnte; eigentlich hat ja der Kriminaldirektor, dieser Herr Eggert, einen ganz vernünftigen Eindruck gemacht.

Rein zufällig erfährt in dieser Zeit Herr Eggert, der vor längerem aus Magdeburg nach Hannover kam, daß der Bochumer Kriminalinspektor Lange auch aus Magdeburg stammt. Ein hervorragender Mann, was man so hört. Und auch, daß er nichts dagegen hätte, eines Tages an die Leine zu ziehen und hier, in Hannover, zu arbeiten.

Lange indessen, der sich im Westen mittlerweile ganz wohl fühlt, glaubt im Moment selbst nicht mehr, daß es im Ruhrgebiet noch größeren politischen Ärger gibt. Zwar hört man aus Frankreich, seit einiger Zeit auch aus Belgien gelegentlich scharfe Töne, aber im Grunde zahlen die Deutschen ihre Reparationen ja doch recht korrekt. Es gebe keinen Grund zu einer politisch-militärischen Strafaktion, sagt er häufig im Kollegenkreis. Man mache doch auch Geschäfte auf Gegenseitigkeit: gerade habe die Reichsregierung die Einfuhr von mehreren Millionen Litern französischen Weines beschlossen, und die Idee der französischen Regierung, deutsche Arbeitslose als Gastarbeiter am Wiederaufbau ihres Landes zu beteiligen, sei doch auch eher positiv.

Kriminalinspektor Hermann Lange ist immer noch dieses Arbeitstier, das abends kaum ein Ende findet. Seine Frau, Hedwig Minna, meint häufig, daß sie und ihr Sohn Erich ihn viel zu selten sehen. Lange lächelt dann und verspricht, er werde ihre Beschwerden unverzüglich an die Herrn Ganoven weitergeben. Aber wat mutt, dat mutt. Und unter dem Strich: in diesen nach wie vor schlimmen Zeiten sei polizeilicherseits leider nun mal jede Menge zu tun; es komme immer häufiger sogar zur Plünderung von Geschäften.

Und über diesem allen wird's dann Weihnachten, in Bochum wie in Hannover. Dann Silvester: Georg Koch in Hannover hat sich was einfallen lassen und bringt Blumen für Berta sowie einen Topf Pfirsichbowle für Paul vorbei. Seine Frau selbst hat sie angesetzt, sagt er; Erdbeerkonserven gab es beim besten Willen nicht.

Die Glocken der Welfenhauptstadt bimmeln, als gäbe es was zu feiern. Unter anderem, immerhin, Georg Kochs 45. Geburtstag; er ist ausgerechnet am Neujahrstag 1877 in Osterode im Harz geboren worden. Aber sein Sohn Hermann und Friedel Rothe sind nun doch wohl schon drei Jahre und drei Monate tot.

3. Einer nach dem anderen

Der Alptraum des Jakob Hannappel

Gleich zu Beginn des neuen Jahres 1922 sprechen in der sogenannten Wohnung des immer noch abwesenden Friedrich Haarmann die Waffen. Es habe anscheinend, jeder gegen jeden, eine Art Messerstecherei stattgefunden, meint Klara Rehbock hinterher zu Paul, wenngleich ohne zählbare Verluste. Das, jedenfalls, gehe endgültig zu weit.

Der eilige Sebastian stärkt der entrüsteten Dame abermals den Rücken und rät ihr zu handfesten Maßnahmen. Und als grade mal niemand da ist, holt Klara Rehbock alle Möbel heraus, die sie Haarmann nur leihweise zur Verfügung gestellt hatte, läßt ein Sperrschloß anbringen und verbietet Grans nebst Genossen, Männlein wie Weiblein, jeglichen Zutritt. Wohl oder übel, sie halten sich daran.

Am Mittwoch, dem 1. März wird Fritz Haarmann, dem man tatsächlich noch die Reststrafe angehängt hat, endlich aus Jägerheide entlassen. Er will seine Wohnung aufschließen, was nicht geht, und bricht wütend die Tür auf. Er sieht perplex, daß der Raum leer ist, dreht sich auf dem Absatz um und geht zur Rehbock. Ein Wort gibt schnell das andere, und plötzlich schlägt Haarmann zu.

Fräulein Rehbock geht zu ihrem Hausarzt Dr. Ludewig. *Das Gesicht sieht entstellt aus*, stellt er fest – *Druck auf die rechte Nasenseite ist schmerzlich (mögl. Bruch?) – geschwollen (Bluterguß) – die angegebenen Verletzungen sind zweifellos auf eine Mißhandlung zurückzuführen.*

Mitte März erfährt die Polizei von den Vorfällen; auf Betreiben von Paul Sebastian geht eine förmliche Strafanzeige von Klara Rehbock ein. Das Attest ist beigefügt, und die Polizei ist anscheinend der Ansicht, damit sei ihr die Ermittlung ja eigentlich schon abgenommen worden. Jedenfalls gibt sie den Vorgang an die Staatsanwaltschaft ab, und von da erfährt Fräulein Rehbock nur wenig später, nach Lage der Dinge gebe es keinerlei öffentliches Interesse an einer Strafverfolgung, zumal Haarmann behaupte, zuerst von ihr, Klara Rehbock, beleidigt worden zu sein.

Kein Wort von den Dingen, die Klara auf Anraten von Paul in ihrer Anzeige ebenfalls aufgeführt hatte – Herr Haarmann habe einige Gewohnheiten, die ihr schon früher mitgeteilt worden seien, verstärkt wieder aufgenommen. Er beherberge andauernd junge Männer, offensichtlich zu unzüchtigen Zwecken, was auch andere Hausbewohner bezeugen könnten. Und gleichermaßen beweisbar klopfe und hacke er ständig so laut, daß man meine, der Putz falle von den Wänden und es würden Menschen massakriert, bei Tag und Nacht.

Paul, mehrfach selbst Ohrenzeuge des »Trommelns«, hat den sicheren Eindruck, Haarmann sei nach seiner Haftzeit geradezu ausgehungert nach frischem Fleisch, wie immer man es verstehen mag. Er schickt Klara Rehbock ins Präsidium, um ihre Beobachtungen selbst mitzuteilen, und sie gerät an den wenig verbindlichen Kriminalschutzmann Wickbold, der sie auf seine Weise schnell wieder los wird und den Vorfall brühwarm sogar Haarmann selbst verpfeift. Und Haarmann, einmal mehr, greift zur Feder:

Fräulein Klara – machen Sie sich doch nicht lächerlich! Ich traf dieser Tage Wachtmeister Wickbold, der erklärte, daß er Sie recht freundschaftlich aus der Tür gewiesen habe. Ihr getreuer Mieter Fritz Haarmann. Man wird doch alles wieder gewahr!

Georg Koch wirkt in dieser Zeit gelegentlich mutlos. Verstehen kann man es: aus dem Präsidium, den Räumen des Mordkommissariats, hört und sieht man immer noch nichts. Unser täglich Brot, das lange, endlose Warten.

Auch Paul zweifelt, was er im Grunde gar nicht kennt, hin und wieder an sich selber, und eines Tages nimmt er die Pistole nicht nur zum Reinigen in die Hand. Kann sein, daß Georg gar nicht so unrecht hat – daß man Haarmann tatsächlich umlegen sollte, ehe er noch mehr Unheil anrichtet. Dann

(8) Schloß (unten) und »Wasserkunst« (oben): die Fundstellen der ersten Schädel von Haarmanns Opfern. Mit der Entdeckung dieser Leichenteile begann eine mehrwöchige nervenaufreibende Menschenjagd – bis zum Geständnis des Massenmörders.

(9) Eine trügerische Idylle: der heute unterirdisch verlaufende Fluß Leine, 1924 in der Innenstadt von Hannover. Auf seinem Grund wurden die meisten Knochen gefunden.

(10) Sorgfältig registriert und gemeinsam begraben: ein Teil der Überreste von Haarmanns Opfern.

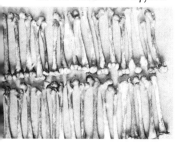

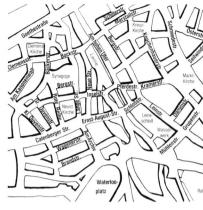

(11) Schauplätze zahlloser Morde: die in der Altstadt (Skizze oben rechts) gelegenen Mordhäuser Neue Straße 8 (unten links) und Rote Reihe 2 (oben links). Hinter dem »Ausguck« in der Roten Reihe (Mitte links) lag Haarmanns primitive Dachkammer (Mitte rechts).

(12) Trutzburg und Alptraum: das Polizeipräsidium Hannover, 1924. In einer auf dem Hof stehenden Baracke, dem »Basar«, wurden die Kleider der Opfer ausgestellt.

(13) Paul von Hindenburg auf seiner einzigen Wahlveranstaltung in Hannover 1925.

aber legt er die Waffe gesichert und fast erschrocken wieder weg, noch etwas weiter als sonst.

Düstere Stimmung allenthalben. Aber als Paul bei Fräulein Klara den Wachtmeister-Wickbold-Brief in die Finger bekommt, packt ihn wieder eine richtige, ehrliche Wut.

Der verfluchte Haarmann habe einfach zu viele Freunde bei der Polizei, sagt Sebastian, vor allem solche, die wirklich Einfluß hätten. Aber nur Mut: eines Tages fängt er sich selbst, wenn er, Paul, ihn nicht fängt. Der sei einer von denen, die nie aufhören könnten.

Was soll man denn NOCH machen? fragt Koch. Als er das Dokument gelesen habe, das sie dem Kriminaldirektor überreicht hätten, habe er wirklich geglaubt, Haarmann werde sofort gegriffen. Und nun?

Nun, sagt Paul, singen wir das bekannte Lied: Steter Tropfen höhlt den Stein. Morgen geht er wieder zur Rehbock.

Inzwischen ist Paul Sebastian, abgesehen von Klaras Bräutigam, ihr einziger Vertrauter. Er trifft sich vorsichtshalber auch außerhalb mit ihr, natürlich mit Wissen des Bräutigams, und immer wieder mal bekommt er auch das neuerdings überraschend aufgeräumte Zimmer Haarmanns zu sehen. Er spielt mit der Idee, eines dieser großen Messer auszutauschen, die dort rumliegen, und es auf menschliche Blutspuren untersuchen zu lassen. Er kennt den Gerichtsarzt Dr. Schackwitz jedoch nur flüchtig, und ob dem zu trauen ist, weiß er nicht.

Um diese Zeit hört Sebastian im Präsidium, als er, wieder mal vergeblich, zu einem der leitenderen Herren vorzudringen versucht, es sei ein Siebzehnjähriger aus der Südstadt spurlos verschwunden, angeblich ein recht gut aussehender Junge, ein gewisser Gustav Keimes.

Paul macht lange Ohren. Aber bevor er mehr erfährt, haben die beiden Beamten, die sich auf dem Flur über die Sache unterhalten hatten, ihre Tür hinter sich zugemacht.

Pauls Gewährsmann muß abermals her. Und der signalisiert zunächst Entwarnung: Gustav Keimes sei Banklehrling und habe einige tausend Mark vom Postscheckamt holen müssen; offenbar sei er dann damit abgehauen. Dafür, daß er ermordet worden sei, spreche momentan nichts.

Und so steht's dann auch kurz in der Zeitung, wenngleich ohne die angebliche Unterschlagung, die anscheinend aus Rücksicht auf die Familie totgeschwiegen wird. Paul legt, sozusagen, die Information zu den Akten, behält sie aber im Hinterkopf.

Er geht, mit einer großen Idee, abermals zu Fräulein Rehbock. Die erzählt ihm, Haarmann habe gesagt, er habe ja nun mal einen Mietvertrag und bestehe auf seinem Recht; offenbar wolle er in der noch so vergifteten Atmosphäre wohnen bleiben. Dieser Tage sei er sogar gekommen und habe gemeint, man möge sich doch wieder vertragen, was sie natürlich entrüstet abgelehnt habe.

Auf Sebastians Vorschlag hin strengt Fräulein Rehbock nun beim Mieteinigungsamt eine Räumungsklage an. Eigentlich müsse das was bringen, meint Sebastian; seine Absicht, Haarmann nicht so sehr zu einem neuen Umzug zu verhelfen, sondern ihm in erster Linie die Hölle heiß zu machen, behält er auch diesmal klugerweise für sich.

Und eines Tages schlägt er wieder mal die Zeitung auf und bleibt an einer der sogenannten *Die-Polizei-schreibt-uns*-Preß-Notizen hängen.

Der südstädtische Banklehrling Keimes ist sieben Wochen nach seinem ominösen Verschwinden, unbekleidet und stranguliert, den Strick noch um den Hals, in einem Leinearm gefunden worden, liest der eilige Sebastian, eine Stunde von Hannover entfernt. Im Mund habe noch ein Taschentuch mit dem eingestickten Buchstaben G als Knebel gesteckt, liest er – und urplötzlich wird er sehr nachdenklich. Erstens, dieser Junge war 17 und sah angeblich sehr gut aus, von daher ein typisches Haarmann-Opfer. Zweitens, Haarmann hat ja einen Kumpel mit G!

Hans Grans. Er wird höchste Zeit, sich auch mal näher mit ihm zu beschäftigen.

Schon wieder muß die Polizeiquelle her – jener Mann, der leider nur ein kleines Rädchen ist.

Es stimmt schon, Haarmann und sein über 20 Jahre jüngerer Freund haben sich in der Zeit kennengelernt, in der Haarmann in der Nicolaistraße wohnte. Er bot sich Haarmann als »Stricher« an, aber Haarmann war, sozusagen, mehr an seiner Seele interessiert: er brauchte Grans fürs Herz, wie er rumerzählt hat. Und er bestritt den Lebensunterhalt von Grans, wenn der klamm war, völlig.

Sie haben zusammen geklaut, gehehlt oder geschoben, sprudelt die Quelle, sie wohnten zusammen oder zwei, drei Ecken auseinander. Grans hatte, zu Haarmanns Ärger, öfter mehr mit Weibern und Knobeln um Geld im Sinn als mit ihm, aber sobald es ernst wurde, hingen sie sofort wieder zusammen wie Pech und Schwefel. Eine merkwürdige und ungewöhnliche, eine durch und durch kriminelle Beziehung.

Ich versteh's langsam wirklich nicht mehr, sagt Paul, sobald die Rede von Friedrich Haarmann ist, Grans hier mal außen vor, fällt das Wort kriminell. Weshalb steht er trotzdem unter Naturschutz?

Er wisse es doch, sagte der Polizeimensch unglücklich. Er sei eben, na, nützlich, der Herr Haarmann. Daß er ein Mörder sei, glaube niemand, er als Polizist übrigens auch nicht. Aber zurück zu Grans.

Grans hat im Frühjahr 1922 eine gestohlene teure Uhr verkauft und eine seiner federleichten Damen angestiftet, einem schwer betrunkenen Freier die Brieftasche zu klauen. Deshalb war er in Haft, als Keimes umgebracht wurde – er kann's beim besten Willen also nicht gewesen sein. War's das wieder mal, für heute?

Das war's. Paul Sebastian geht am selben Abend zum Hauptbahnhof, kauft die billigste Fahrkarte, die's gibt, damit er die Wartesäle betreten darf, und hat Glück. Er trifft, ohne, daß der es merkt, Grans – mal ohne Haarmann.

Ein Früchtchen, wie gesagt. Aber nicht unattraktiv und in seinem ganzen Auftreten auch keineswegs unsympathisch. Mittelgroß, schlank, auffallend helle Augen. Grans kann lächeln – im Gegensatz zu Haarmann, der nur grinsen kann. Genau der Mensch, der Taschentücher mit Monogramm benutzt.

So oder so, beschließt der eilige Sebastian noch am gleichen Abend, es kann sicher nicht schaden, der Familie Keimes mal einen Besuch abzustatten.

Er ruft Georg Koch an, der seit einiger Zeit Telefon hat, und erzählt ihm von der neuen Situation. Koch meint, er könne doch eigentlich mitgehen. Non, non, meint Paul, laß mich mal. Er werde ihn auf dem laufenden halten. Und dann nichts wie hin.

Nette Leute. Hilfsbereit – schon im eigenen Interesse. Sebastian trifft Mutter Marie und Schwester Elisabeth Keimes an, und er erfährt folgende beinahe groteske Geschichte.

Die Familie hat nach dem Verschwinden ihres Sohnes sofort Vermißtenanzeige erstattet, ist aber immer wieder vertröstet worden; die polizeiliche Suche ist erst vier Wochen später angelaufen. Wenige Tage nach dem Verschwinden des Jungen jedoch hat man selbst Suchanzeigen aufgegeben und eine größere Belohnung ausgesetzt. Und drei Tage nach der Zeitungsanzeige ist ein Mann gekommen, angeblich ein »Kriminalist«, und verlangte ein Bild des Verschwundenen zu sehen; wenn der Junge noch in Hannover sei, sagte er dann, könne er die Sache binnen drei Tagen klären. Ja, aber wie denn? fragte die Mutter, wer sind Sie überhaupt? Der Mann redete sich heraus: das tue nichts zur Sache – er komme in wenigen Tagen wieder. Aber wissen Sie denn was von meinem Sohn? fragte die verzweifelte Mutter. Könnte sein, meinte der Mann. Daraufhin ging er, und er kam nie wieder.

Paul feuert wieder mal einen seiner Schüsse ins Blaue ab, zeigt den Damen das Foto Haarmanns und trifft wieder mal ins Schwarze. Marie und Elisabeth Keimes, fast außer sich, sagen spontan: Ja, das ist er.

Zusammen mit Elisabeth geht Paul am 1. Mai zur Kriminalpolizei – und wird ausgelacht, sobald er sagt, dieses G-

Tuch könne Haarmann doch dem bei ihm wohnenden Hans GRANS entwendet haben.

Das vergessen Sie mal schnell, Herr Sebastian!

Und warum?

Weil Haarmann kurz vorher selbst hier war und gesagt hat, das sei tatsächlich ein Taschentuch von Grans! Man sei drauf und dran gewesen, Grans festzunehmen, habe dann aber erfahren, daß Keimes gleich nach seinem Verschwinden getötet worden sei und daß Grans es deshalb ...

Daß er's nicht gewesen sein kann, sagt Paul, ich weiß! Weil er um die Zeit in Haft war.

Eben – danke für den Besuch. Vergessen wir's.

Eben nicht, sagt Paul. Und auf sein Anraten hin erstattet Elisabeth Strafanzeige wg. Mordes zum Nachteil ihres Bruders gegen Friedrich Haarmann. Sie begründet es, mit Pauls Hilfe, keineswegs unlogisch:

Erstens, das Taschentuch stamme von Grans. Zweitens, Herr Grans ist zwar in Haft gesessen, als Keimes umgebracht wurde, drittens aber, Herr Haarmann kann das Tuch jederzeit an sich genommen haben. Und viertens, bevor die Kriminalen noch fragen können, weshalb er das getan haben sollte: um Grans, den er offenbar haßte und liebte zugleich, von dem er aber nicht loskam, endlich doch loszuwerden – immerhin hatte Herr Grans Herrn Haarmann in dessen Zeit in Jägerheide jede Menge Ärger gemacht, und das war ja gerade passiert, als das mit ihrem Bruder Gustav passierte.

Die Beamten stöhnen. Einmal mehr eine Menge Schreibarbeit und Scherereien. Paul meint, es könne ja auch ganz anders gewesen sein – daß Haarmann das Foto von Keimes bloß deswegen haben wollte, um sich zu vergewissern, ob Keimes nicht zufällig eines seiner »normalen« Opfer war.

Also entweder – oder: soll er nun den Mord begangen haben, um ihn Grans anzuhängen? Oder soll er ihn aus anderen, unbekannten Gründen begangen und nicht mal gewußt haben, wer der Tote war? Und dann neugierig geworden sein? Das widerspricht sich doch hinten und vorn!

Mon Dieu, meint Paul, allmählich stocksauer. Mal ehrlich,

ist das eigentlich meine Arbeit? Oder eure? Langsam kümmert ihr euch wohl um gar nichts mehr!

Nun mal langsam! Wie reden Sie überhaupt?

Wo ist Herr Eggert?

Herr Direktor Eggert – immer noch! Nicht da.

Wo ist Herr Rätz?

Herr Kriminalassistent Rätz – immer noch. Nicht da.

Da, plötzlich, geht ein Bruch durch den eiligen Paul, ein Riß von oben nach unten. Er habe, von früh bis spät, Klinken geputzt, sagt er gefährlich leise. Er habe ihnen einen Mehrfachmörder auf silbernem Tablett geliefert, sie hätten wirklich nur noch das Gewürz dran tun müssen sozusagen, dem Kerl die Fußbodenbretter rausreißen und sein Bettzeug ins Laboratorium stecken und ihn durch die Mangel drehen.

Aha. Was er, Sebastian, denn wohl sagen würde, falls ihm die Fußbodenbretter herausgerissen und die Betten ins Laboratorium gesteckt würden.

Ich mach' auch keine tot! sagt Sebastian wütend. Und dann steht er auf und geht mit Elisabeth Keimes weg. Es passiert selten, aber diesmal macht er die Tür nicht grade sehr leise hinter sich zu.

Die Verbindung zwischen dem eiligen Sebastian und der Familie Keimes bleibt auch nach diesem Vorfall bestehen. Immerhin, wenn Paul ehrlich ist, hält er es zwar nach wie vor für möglich, daß Friedrich Haarmann auch hier als Täter in Frage kommt, ist jedoch nicht so fest davon überzeugt wie bei Koch und Rothe. Im Grunde, gesteht er sich selbst, hat er sich um die Sache nur deshalb so intensiv gekümmert, weil er glaubte, auf diesem Umweg mit der Kripo wieder ins Geschäft, will sagen ins Gespräch zu kommen.

Eines Abends, als Berta nicht da ist und alle Kinder aushäusig sind oder schlafen, setzt er sich hin und zieht eine klarsichtige Bilanz.

Mal unterstellt, daß Georg und ich sich da nix als Humbug zusammenphantasieren, bleibt immer noch die Frage offen, wie dieser Haarmann, dieser Bettler, Schmarotzer und Tunichtgut, eigentlich lebt und von was er sich seine täglichen Brötchen kauft. Der Mann ist, soviel weiß Paul, offenbar nie einer in etwa geregelten Tätigkeit nachgegangen, hat vorgeblich Pferde- und Kalbfleisch und Kleider und Zigaretten und was nicht alles verschoben. Und so was hinterläßt Spuren, so was tut einer, wie man an seiner bizarren Justizkarriere erkennt, selten ungestraft.

Das Problem hat Paul schon Wochen und Monate beschäftigt. Klara Rehbock hat dazu beigetragen, es in den Griff zu kriegen, vor allem auch sein Polizeiinformant, und selbst Georg Koch kennt sich in der Altstadt längst so gut aus, daß er helfen konnte. Derzeit sieht die Sache so aus.

Haarmann hat sich, nachdem ihm Klara aus seiner Behausung Neue Straße 8 die Möbel weggeräumt hat, neue gekauft und ist rasch feudaler denn je eingerichtet gewesen. Es hat mit seiner Familie zu tun: die Mutter ist schon 1901 gestorben, der Vater, den er haßte, Weihnachten 1921, und sein Bruder Adolf hatte ihm vom verbleibenden mütterlichen Erbteil 20 000 Mark ausgezahlt, was damals durchaus noch Geld war. Dann ist Hans Grans wieder zu ihm gekommen, den er zuerst achtkantig rausgeschmissen hatte, und ist wieder sein Kumpan geworden, Hans Grans mit dem Hofstaat, den er sich zugelegt hatte: Dörchen, Elli, Anni, Hugo Wittkowski und wer nicht alles. Von diesem Grans scheint Haarmann nicht loszukommen; der ist, abgesehen vielleicht von einem gewissen Oswald aus früheren Jahren und wenn auch nach dem Motto *Sie küßten und sie schlugen sich*, Friedrich Haarmanns nach wie vor einziger Freund. Und mit Grans zieht Haarmann zur Zeit fast Nacht für Nacht durch das Revier zwischen dem Schwulenstrich hinter Café Kröpcke und noch öfter als bisher durch den Hauptbahnhof.

Dort, das weiß auch Paul, wartet die Beute darauf, erbeutet und von »Beauftragten« wie Grans neu verkauft zu werden. Schores, Rebbes – und vielleicht eben auch Menschen, die man bestehlen kann, womöglich ihres Lebens.

Zwischenzeitlich macht Haarmann wertvolle Bekanntschaften auf der Insel und überall dort, wo es dunkel oder wenigstens zwielichtig ist. Lernt, wie Paul bei manch einem Schwätzchen hört, den Friseur Fridolin Wegehenkel und seine Gattin Josephine kennen, wo er sich rasieren läßt und in aller Regel in Naturalien zahlt, vor allem mit Fleisch. Und trifft, irgendwo im Schlachterladen, eine Frau Engel, die einige Ecken von der Neuen Straße entfernt in der Roten Reihe Nummer 2 wohnt, ebenfalls einer Idylle dieser Unterwelt, die keine Unterwelt sein will. Frau Elisabeth Engel ist fast genauso geschäftstüchtig wie Haarmann selbst und hat überdies einen womöglich noch wichtigeren Vorteil: sie arbeitet, als Putzfrau, in einem Polizeirevier.

Nach wie vor aber die Frage, vor allem in dieser mehr und mehr grassierenden Inflation: Wovon lebt er? Womit macht der Mann seine Geschäfte welcher Art immer? Denn von nichts, wie man weiß, kommt nichts.

Im August 1922 stellt Friedrich Haarmann, dreist und gottesfürchtig, einen Antrag auf Erhöhung seiner seltsamen, umstrittenen Militärrente und wird auf Veranlassung des hannoverschen Versorgungsamts von einem Nervenarzt namens Bartsch untersucht. Bartsch diagnostiziert einen »Intelligenzdefekt, Urteilslosigkeit und eine hilflose Gutmütigkeit«; dann wird Haarmanns Rente auf 387,75 Mark pro Monat erhöht und dem jeweiligen Geldverfall automatisch angepaßt. Zudem bekommt der Rentenempfänger einen Ausweis als Militärinvalide, und damit startet er, wahrhaftig nichts bleibt ungenutzt, eine überaus erfolgreiche neue Karriere als Bettler. Im Gegensatz zu früher, wo er »nur« bettelte, tut er's jetzt per Ausweis. Und ein gutbetuchter Patriot versagt sich einem bedauernswerten angeblichen Kriegsinvaliden allgemein nur selten.

Und noch was. Genaugenommen zweierlei. Als einer Druckerei größere Mengen Papier gestohlen werden, aus dem man Geldscheine herstellen kann, beauftragt sie einen Privatdetektiv namens August Olfermann mit der Wiederbeschaffung der Beute; Olfermann wiederum, ein ehemaliger Polizeikommissar, heuert den Polizeispitzel Haarmann an, und mit dessen Hilfe wird der Auftrag erledigt. Ein paar andere gleich hinterher, und Haarmann kassiert von Olfermann, aber Olfermann wohl auch von Haarmann. Nicht genau beziffern lassen sich die Spitzel-Honorare, die Haarmann quasi durch direkte Vermittlung der Polizei kriegt; er arbeitet vorrangig für einen Kommissar Müller und, sieh einer an, den die Leiter zum Kommissar hinaufgefallenen Heinrich Rätz.

Man könnte sich die Haare ausreißen, denkt Paul; immerhin wäre es schwierig bei seinem Hindenburg-Kurzschnitt. Und dabei geht's immer noch weiter.

Irgendwann Ende 1922 macht Olfermann seinem Partner Fritz Haarmann den Vorschlag, ein eigenes Detektivinstitut zu etablieren. Man faßt den Namen »Lasso« ins Auge. Die Zeitläufe sind so verworren, daß es für clevere Menschen wie Olfermann und Haarmann bestimmt immer genug zu verdienen gibt.

Als Paul mit seinen Überlegungen bis hierher gekommen ist, nehmen die Zeitläufe eine dramatische Wendung. Franzosen und Belgier, die bereits seit 1921 Teile Westdeutschlands okkupiert haben, besetzen am Donnerstag, dem 1. Januar 1923, das komplette Ruhrgebiet und insofern auch Bochum. Sie wollen sich, mit den deutschen Reparationen trotz allem unzufrieden, an der Kohle schadlos halten; Frankreich möchte sich längerfristig wohl auch bis zum Rhein ausdehnen.

Kriminalinspektor Lange, der als einer der ersten das berühmte Gras wachsen hörte, in letzter Zeit aber, wie gesagt, an den Gewaltakt nicht mehr geglaubt hat, weiß nun, daß seine Tage in Bochum gezählt sind. Polizeioffiziere, die es ablehnten, die Trikolore zu grüßen, werden schon in den ersten Tagen des »Ruhrkampfs« disziplinarisch gemaßregelt. Lange in seiner bestimmten, oft herrisch wirkenden Art kann sich ausrechnen, wann auch er dran ist.

Im schon länger von Franzosen besetzten Düsseldorf werden im frühen Frühjahr 1923 die Eheleute Jakob und Marie Hannappel, angesehene Leute aus dem Stadtteil Flingern, von zwei schweren Schicksalsschlägen heimgesucht: ihr am 28. April 1906 in Montabaur geborener Junge Adolf wird mit einer lebensgefährlichen Bauchtuberkulose ins Marienhospital eingeliefert. Die Ärzte machen sehr bedenkliche Gesichter. Adolf wird operiert, den Eltern aber sagt man, sie müßten jederzeit mit dem Schlimmsten rechnen.

Das Schlimmste passiert dann tatsächlich, trifft allerdings nicht Adolf. Sein um ein Jahr älterer Bruder Hans ist eines Tages mit dem Fahrrad unterwegs, um den nach wie vor mit dem Tod ringenden Adolf zu besuchen, und prallt auf der Rheinbrücke schwer gegen ein Pferdefuhrwerk. Man bringt ihn ins Maria-Theresia-Hospital, und dort wird versäumt, ihm eine Spritze gegen Tetanus zu geben. Vier Tage später ist Hans Hannappel tot, während sein Bruder Adolf sich, ebenso mühsam wie überraschend, erholt. Adolf soll sich, beschließen die Eltern Hannappel, gleich im Anschluß an seine Entlassung aus dem Krankenhaus auf dem Land erholen, erst in einer Reha-Klinik, dann bei einem Bauern in Ostwestfalen in Richtung Hannover.

Um diese Zeit beginnt der leidgeprüfte Vater Hannappel schwer zu träumen, was er früher nie kannte.

Und dann kommt, wieder in Hannover, in den letzten Märztagen der deutlich erregte Georg Koch mit einem anscheinend schwerkranken Mann, den er als Otto Schulze vorstellt, zu Paul. Es brennt, sagt er. Folgendes.

Schulze arbeitet als Tischler bei der Eisenbahn und wohnt im Kreis Burgdorf; er, Koch, habe ihn grade im Polizeipräsidium getroffen, wo er eine Vermißtenanzeige aufgeben wollte. Alles übrige, bisher nicht sehr viel, berichtet Otto Schulze selbst: sein 16jähriger Sohn Wilhelm, sagt er, ist seit zehn Tagen verschwunden, und höchstwahrscheinlich ist er in Hannover verschwunden.

Er möge es ihm nicht übelnehmen, fragt Paul, aber es gehöre dazu. Ob Wilhelm eine, na, Neigung zu anderen Jungen oder Männern gehabt habe?

Man sei nicht immer dabei, sagt Otto Schulze nachdenklich

und bekümmert, aber seines Wissens habe er mit so was nichts im Sinn gehabt.

Paul nickt, ebenfalls sehr nachdenklich.

Paul sagt am Abend dieses Tages zu Berta, er habe seltsamerweise sofort gewußt, daß Wilhelm Schulze mit Haarmann zu tun hat. Es paßt alles zu gut, meint er: der Junge sieht gut aus, macht zu Hause, was er will, tanzt seinem kranken Vater auf der Nase herum, ist bereits mehrfach ausgerissen und hat sich genau wie damals Friedel Rothe nach einer heftigen Auseinandersetzung mit den Eltern von daheim abgesetzt. Schulze hat angeblich erfahren, daß er sich zuletzt am Hauptbahnhof Hannover rumgetrieben hat – in Haarmanns, wie Paul weiß, beliebtestem Jagdrevier.

Berta fragt wenig begeistert, ob er Schulze etwa als Klienten angenommen habe.

Er habe ihn ja schließlich nicht so ohne weiteres wieder fortschicken können, meint Paul. Außerdem, er habe irgendwie das sichere Gefühl, daß es jetzt blutig ernst werde. Blutiger noch als bisher.

Viel Neues allerdings ermittelt der eilige Sebastian, der noch am selben Abend zusammen mit Schulze und Koch durch die Wartesäle streicht, in diesem Fall nicht. Es gibt keine Zeugen, die den bis vor kurzem am Burgdorfer Finanzamt tätigen, dann aber wegen Unzuverlässigkeit entlassenen Wilhelm Schulze mit oder ohne Haarmann gesehen haben.

Wir bleiben in Verbindung, sagt Paul dem todkranken Vater vor dessen Rückkehr nach Burgdorf. Er ahnt aber, daß er zwar die Sache des Mannes weiterverfolgen, ihn selbst jedoch nie mehr wiedersehen wird. Er sagt es nur Georg.

Blutiger noch als bisher, wie Paul gesagt hat, obgleich bisher noch kein einziger Blutstropfen gefunden wurde: erstens, vor dem jungen Wilhelm Schulze ist, wie der eilige Sebastian erfährt, am Montag, dem 12. Februar, schon der ebenfalls 16jährige Fritz Franke aus Berlin verschwunden, ebenfalls

Ausreißer und zudem, besonderes Kennzeichen, ein guter Klavierspieler. Zweitens, während Paul sich noch um den Fall Schulze kümmert, kommt schon wieder ein Vater zu ihm, diesmal aus der Innenstadt Hannover direkt und wieder auf Empfehlung von Georg Koch.

Richard Huch ist Apotheker, wohnt in der Arnswaldtstraße, etwa zehn Minuten zu Fuß vom Hauptbahnhof, und sein 15jähriger Sohn Roland ist seit Mittwoch, dem 23. Mai, von zu Hause »abgängig«. Roland wollte unbedingt zur See fahren, was sein Vater gar nicht so gern wollte, und so kam es seit kurzem zu Reibereien: der Junge verkaufte sogar Wertsachen seiner Mutter, um seine Ziele rücksichtslos durchzusetzen. Dann, endlich, packte er einen Koffer mit dem Nötigsten und ging zum Bahnhof, um sich nach einem Zuge nach Hamburg oder Bremen zu erkundigen.

Eine Frage, Herr Huch, sagt Paul Sebastian, diesmal ziemlich direkt, war Ihr Roland das, was man schwul nennt? Homosexuell? Oder hatte er's mehr mit Mädchen?

Unsinn! sagt Vater Huch. Ein offensichtlich wohlhabender, ein souveräner Mann. Weder das eine noch das andere, so weit war er noch gar nicht.

Also weder richtig schwul noch etwas schwul?

Er verstehe seine Frage, sagt Huch, aber wirklich, es sei nichts dran. Man habe Schwierigkeiten mit Roland gehabt, wie man es ständig auch von anderen Eltern höre, Schwierigkeiten im Zusammenhang mit pubertierenden Heranwachsenden und deren krausen, verrückten Ideen. Das sei alles – er sei sich absolut sicher, daß normalerweise in aller Kürze wieder alles in Ordnung gewesen wäre.

Normalerweise, denkt Paul. Und plötzlich wandelt ihn eine ihm unbekannte, zum ersten Mal eine regelrecht depressive Stimmung an. Er werde sich gemeinsam mit ihm, Huch, um diese Geschichte kümmern, sagt er, aber er könne kein Wunder vollbringen. Er wolle im Moment kein Geld, er würde gern helfen, aber ihm seien die Hände gebunden. Es gebe einen Herrn Haarmann in der Bahnhofsszene, den er verdächtige, mit dem spurlosen Verschwinden von einem halben Dutzend Jungen zu tun zu haben, aber nichts und niemand könne den Polizeipräsidenten anscheinend zwingen, Haarmann zu verhaften.

Huch nickt nach dieser langen Rede. Die Polizei, meint er gleichermaßen zornig und verächtlich, möge man wirklich vergessen. Er sei auf der Bahnhofswache gewesen, nachdem Roland verschwunden war, und von einem Beamten namens Lonski regelrecht angeranzt und wieder weggeschickt worden.

Auch Paul nickt. Von Lonski, ein Mann von Adel. Einer von Haarmanns besonderen Spezis, hat man ihm gesagt – auf der Lonski-Wache im Bahnhof geht Onkel Fritze sowieso ein und aus. Der Beamte von Lonski trägt, was auch immer damit zum Ausdruck gebracht werden sollte, den wahrhaftig merkwürdigen Spitznamen *Kritze-Krutze*.

Immerhin, warum soll er Huch beunruhigen. Noch behält Sebastian es für sich, über welche gleichermaßen beeindruckenden wie ungewöhnlichen Polizeikontakte ein Mensch wie Friedrich Haarmann verfügt.

Koch, Rothe, Schulze, jetzt Huch. Den sechsten Fall, den eines 19jährigen Hannoveraners Hans Sonnenfeld, erfährt Paul nur von seinem Gewährsmann im Präsidium, aber den siebten und achten erlebt er wieder hautnah: die verzweifelten Eheleute Ehrenberg, die ihren erst 13jährigen Ernst vermissen, und die Eltern Struß aus dem hannoverschen Randgebiet, deren Sohn Heinrich spurlos verschwunden ist, erscheinen in seinem Büro. In diesen beiden Fällen gibt es, wie bei Schulze, scheinbar keine Verbindung zu Haarmann. Paul kann auch hier nur sagen, daß er sich um jede Information, die er kriegen kann, kümmern werde, aber den Eltern derzeit sehr wenig Hoffnung machen könne.

Andererseits, mit Huch unternimmt Paul etliches. Das ehemals so enge Verhältnis zwischen Klara Rehbock, die durch Heirat inzwischen Daniels heißt, und dem eiligen Sebastian ist im Moment zwar abgekühlt; Pauls Idee, Haarmann mit

Hilfe des Mieteinigungsamtes aus dem Haus zu klagen, hat leider nichts gebracht, und so bleibt Klara nur die Hoffnung, Haarmann werde von selbst ausziehen und zu Frau Engel ziehen. Aber sie läßt Paul Sebastian und den vornehmen Herrn Huch in Haarmanns Zimmer und macht beide Augen zu, als die beiden eine zwangsläufig kurze Durchsuchung vornehmen; der gerade abwesende Haarmann kann ja jederzeit zurückkommen.

Man unterhält sich anschließend im Wohnzimmer der Familie Daniels. Klara erzählt von einem Herrn Olfermann, Haarmanns neuem Geschäftspartner: es erstaune sie sehr, daß eine derart distinguierte Persönlichkeit wie Olfermann sich mit diesem Haarmann abgebe, aber die beiden hätten tatsächlich ein Detektivbüro gegründet, und Haarmann habe auch einen Ausweis als Detektiv. Jenes Detektivbüro »Lasso«, wie Paul weiß, das von der Polizei offenbar lizenziert worden ist – und auf die Weise erfährt, ein Wort gibt das andere, Huch nun doch, daß Haarmann mit der Polizei auf sehr vertrautem Fuß steht. Es gibt ihm ziemlich zu denken.

Irgendwann wird draußen Haarmann selbst sichtbar. Richard Huch springt auf und will ihn zur Rede stellen, aber der eilige Sebastian, wieder dieses seltsame Zaudern, hält ihn zurück: es bringe mit Sicherheit nichts, der Mann sei aalglatt und gerissen. Statt dessen hören sie Frau Klara, geb. Rehbock, weiter zu: Haarmann wohne teilweise jetzt schon bei der Frau Engel, räume nach und nach seine Sachen in eine Bodenkammer, die er in der Roten Reihe beziehen werde, und habe angeblich auch dort schon wieder Ärger mit einigen Hausgenossen. Aber, mahnt Klara, Vorsicht, Vorsicht: Frau Engel selbst sowie die Friseursleute Wegehenkel steckten mit Haarmann todsicher unter einer Decke – nur für den Fall, daß Herr Sebastian beabsichtige, sich dort zu erkundigen.

Er tut's dann tatsächlich nicht. Und die einzige, die was unternimmt, ist Roland Huchs Mutter Marie. Als sie von ihrem Mann hört, was er erlebt hat, lauert sie Fritze Haarmann auf und stellt ihn höflich, aber bestimmt zur Rede: wenn er wisse, wo Roland sei, möge er es ihr, der verzweifelten Mutter, doch bitte, bitte sagen!

Es ist, nach fast fünf Jahren, nach Mutter Hermine Rothe das zweite Mal, daß Haarmann auf solche Weise behelligt wird. Und er reagiert diesmal geschickter – natürlich würde er ihr alles sagen, aber er wisse nicht mal, wer Roland sei.

Paul wirkt zu Bertas Besorgnis immer resignierter und streift immer lustloser durch den Bahnhof; eines Nachts steht er direkt neben Haarmanns häufigem Begleiter Grans, als der irgendwem grüne Strickstutzen verkauft, und sieht nur zu. Die rätselhafte Vermißtenserie geht weiter, und Haarmann, inzwischen in der Roten Reihe wohnhaft, zieht nach wie vor von Wartesaal zu Wartesaal. Dennoch, weder Haarmann noch Grans werden je gefragt, ob sie irgend etwas über einen 17jährigen Richard Gräf wissen, der an einem unbekannten Tag Ende September 1923 am Bahnhof einen »feinen Herrn« kennengelernt hat und seitdem verschwunden ist.

Wilhelm Erdner, 16, aus Gehrden hört und sieht man am 12. Oktober zum letzten Mal. Er hatte, wie der Vater erfährt und der Polizei sagt, seit einigen Tagen mit einem Kriminalbeamten Fritz Honnerbrock zu tun; gewiß hätte nur ein kriminalistisches Genie auf die Idee kommen können, irgend jemand habe sich da verhört, und es handle sich bei dem Kriminalen Fritz Honnerbrock um Fritz Haarmann.

Ende Oktober erstattet der hannoversche Schlossermeister Christoph Wolf, Kleine Waldstraße, Vermißtenanzeige: vor einer Woche ist sein 15jähriger Junge Hermann am Bahnhof »eben mal austreten« gegangen und nicht zurückgekommen, und er habe zuvor Kontakt mit einem Kriminalen gehabt.

Schließlich ein Dreizehnjähriger, Heinz Brinkmann aus dem Harzstädtchen Clausthal, der am 27. Oktober seinen Bruder in Hannover besuchen will und nie in der Kaserne, in der dieser Bruder bei der Reichswehr dient, ankommt. In diesem Fall erfährt erst ein Kaufmann aus Clausthal, der sich, ähnlich wie Sebastian, als Detektiv etabliert hat, daß auch Heinz angeblich mit einem Kriminalbeamten gesprochen hatte.

Der 17jährige Adolf Hannappel aus Düsseldorf, an dessen komplizierte Bauchoperation nur noch eine lange Narbe erinnert, ist mittlerweile in Liesborn bei Lippstadt als Melkergehilfe tätig. Die Arbeit jedoch ist zu schwer, und am 10. November soll er bei einem Bauern bei Celle anfangen, wo er wohl weniger arbeiten muß. Am 9. November fährt der Junge über Hannover nach Celle, verpaßt dort den Anschlußzug und verschwindet von der Bildfläche.

In der Nacht vom 10. zum 11. November 1923, in der Nacht nach dem Hitler-Putsch in München, dem berüchtigten »Marsch zur Feldherrnhalle«, schreckt der Zimmermann Jakob Hannappel in Düsseldorf aus einem besonders schaurigen Traum. Er hat, wie er glaubt, gehört, wie Adolf in Todesängsten schrie und verstummte, nachdem ihm ein Wahnsinniger die Kehle durchgebissen hatte.

Jakob beschließt, den Traum zunächst für sich zu behalten.

In Hannover hat sich an Pauls Zustand, den man mittlerweile doch wohl eine Depression nennen muß, wenig geändert. Häufig brütet er dumpf vor sich hin, dann wieder ist er seltsam klar-, wenn nicht hellsichtig. Und so sagt er sich eines Tages beispielsweise, daß es hier, einerseits, zahlreiche mutmaßlich umgebrachte Vermißte, andererseits indessen einen Verdächtigen gibt, der ständig oder nahezu ständig mit einem anderen Mann zusammenlebt.

Mit Hans Grans. Einem Früchtchen.

Ist Haarmann womöglich gar kein Einzeltäter, überlegt der eilige Sebastian, sondern Chef einer aus zumindest zwei Leuten bestehenden Mord-Firma? Die womöglich die Wertsachen der Opfer verkauft oder sogar ihr Fleisch? Ist das der Grund dafür, daß dauernd vom Fleischhandel die Rede ist?

Die Idee der zwei Täter fasziniert ihn nur kurzfristig; wenig später ist Paul mit den Gedanken wieder woanders. Und im übrigen dauert es wieder mal nur wenige Wochen, bis im Präsidium die nächste Vermißtenanzeige eingeht.

Auguste Hennies aus der Perlstraße unweit des Hauptbahnhofs meldet, seit Donnerstag, dem 6. Dezember, sei ihr Sohn Adolf nicht nach Hause gekommen; der eben 19jährige Junge habe leidenschaftlich für eine Frau geschwärmt, aber sie nicht anzusprechen gewagt, und vielleicht sei er aus Liebeskummer verschwunden. Andererseits, so Frau Hennies, hätten Freunde erzählt, Adolf habe neulich einen »sehr großzügigen« Kriminalbeamten kennengelernt.

Es passiert, einmal mehr, nichts. Denn wieder geht es auf Weihnachten zu – das fünfte Weihnachtsfest im Fall Haarmann, der offiziell noch gar kein Fall ist.

Das fünfzigste Weihnachtsfest im Leben von Paul Sebastian und zugleich sein düsterstes.

Am Heiligen Abend führt er ein Gespräch mit einem Rechtsanwalt, dem er mal einen Gefallen getan hat. Es sei, wie er die Verhältnisse in Hannover kenne, ziemlich zwecklos, jetzt zum Staatsanwalt zu laufen, sagt der Jurist; das Material in Sachen Haarmann liege ja nun mal bei der Kripo, und die könne immer sagen, sie ermittle ja fortgesetzt, was dieser Querulant eigentlich wolle?

Aber es muß doch eine höhere Instanz geben? Der Anwalt schüttelt den Kopf. Instanzen gibt es die Menge, aber aus ähnlichen Gründen wie den genannten dürfte auch ein sogenanntes Klageerzwingungsverfahren oder was der gute Herr Sebastian sich da vorstelle nur sehr wenig Aussicht auf Erfolg haben.

Da schmeißt, am Morgen des ersten Weihnachtstags, der eilige Paul die Klamotten hin beziehungsweise dem Herrn Leiter der Staatsanwaltschaft von Hannover vor die Füße. Er schickt ihm das komplette Material gegen Friedrich Haarmann und sagt in einem kurzen Anschreiben sinngemäß, man möge nunmehr tun, was man wolle – er, Paul Sebastian zu Hannover, Friesenstraße 21, habe die Polizei informiert und lehne fortan jegliche weitere Verantwortung ab.

Das kannst du nicht machen, sagt Georg Koch, völlig fassungslos. Du bist verrückt!

Nein, sagt Paul. Nur mit den Nerven am Ende.

Am Montag, dem 6. Januar des neuen Jahres 1924, wird der 17jährige Hannoveraner Ernst Spiecker von seiner Mutter sowie seinem Stiefvater Hermann Flügge als vermißt gemeldet. Im Präsidium Hardenbergstraße tritt der zum Jahreswechsel tatsächlich nach Hannover versetzte Hermann Lange seinen neuen Dienst an.

Lange, in Bochum auf Betreiben der französischen Besatzer erwartungsgemäß seit einiger Zeit suspendiert, ist im Zusammenhang mit seiner Zwangsversetzung vom Preußischen Innenminister zum Kriminaloberinspektor befördert worden. Er wird in Hannover vom Polizeipräsidenten sofort mit der Leitung mehrerer Kommissariate, allerdings nicht dem Mordkommissariat betraut. Außerdem wird er Stellvertreter von Kriminaldirektor Eggert, der sich allmählich auf seine Pensionierung vorbereitet.

Hermann Lange hat naturgemäß keine Ahnung, was in den Abgründen seiner neuen Stadt vor sich geht. Den Namen des Kripo-Spitzels Fritz Haarmann hat er nach wie vor nicht gehört; von einer Vermißtenserie, die möglicherweise eine Mordserie ist, sagt dem neuen Mann keiner auch nur ein Wort. Und dabei geht sie nach wie vor weiter.

Für Heranwachsende, die Koch heißen, ist Hannover offenkundig eine besonders lebensgefährliche Stadt. Am Dienstag, dem 15. Januar 1924, nahezu fünfeinhalb Jahre nach Hermann Koch, schlägt der 18jährige Heinrich Koch die Tür der elterlichen Wohnung zu und kommt nicht zurück; der Sohn eines hannoverschen Werkmeisters war nachweislich mit Haarmann bekannt und mit ihm gesehen worden.

Hermann Speichert, ein erst 15jähriger Elektrikerlehrling, ebenfalls aus Linden, verläßt am Freitag, dem 8. Februar, die

Wohnung der Eltern und mutmaßlich diese Welt; auch er, hört Paul, war mit Haarmann bekannt.

Dann ist, kurzfristig, Pause. Und irgendwo wirkt es doch wie ein Aufatmen, auch für Paul.

Friedrich Haarmann, in Freiheit ein feiner Pinkel mit feinem Mantel mit Webpelzkragen, hegt seit kurzem den Verdacht, die Unterwelt Hannovers sei ihm auf die Spitzel-Schliche gekommen. Er besorgt sich eine Stahlwaffe, einen Totschläger, der ihm allerdings bald wieder abhanden kommt.

Mitte Februar 1923, bereits nach Einbruch der Dunkelheit, geht Haarmann nach Haus, als plötzlich zwei dunkle Gestalten auf ihn zuspringen. Bevor er reagieren kann, wird er in eine düstere Spelunke gezerrt und dort nach Strich und Faden aufgemischt. Er zieht den Totschläger aus der Tasche, aber er wird ihm sofort abgenommen. Gegen die Übermacht hat der keineswegs schwächliche Haarmann keine Chance.

Er wisse schon, wofür er die Prügel kriege, hört er, während er unsanft wieder auf die Straße befördert wird. Es sei zu hoffen, daß es ihm eine Lehre sein werde. Notfalls verfüge man noch über andere Mittel.

Haarmann schleppt sich blutend in seine Höhle und verarztet sich notdürftig selbst. Sein Gefühl hält ihn trotz aller Schmerzen davon ab, zu seinen Kripofreunden zu gehen. Am 18. Februar aber hält er es nicht mehr aus und fragt einen Beamten der Schutzpolizei um Rat; der gute Mann sorgt dafür, daß er, als Mittelloser, in der Poliklinik des kommunalen hannoverschen Krankenhauses I fachgerecht ambulant versorgt wird. Danach fehlt ihm leider ein kleines Stück seines linken Mittelfingers, und einige Wochen lang kann er kaum klopfen, geschweige denn hacken.

Bei Alfred Hogrefe aus Lehrte, 17, dem Sohn eines Lokomotivführers, ist der Tag, an dem seine Eltern ihn letztmalig sehen, ein Sonntag – der 6. April. Irgendwann in den folgenden Tagen erzählt er einigen Freunden in Hannover, er treffe in letzter Zeit öfter einen »Kriminal Fritz«; danach erzählt er keinem mehr was.

Am Donnerstag, dem 17. April, begrüßt der eher schüchterne 16jährige Speditionslehrling Wilhelm Apel aus Leinhausen zum letzten Mal seine Freunde. Am Tage vorher hatte er Ärger mit seinem Vater, weil der ihn beim Zigarettenrauchen überrascht hatte. Die Eltern geben bei der Vermißtenanzeige an, Wilhelm habe sich mit seiner Eisenbahnzeitfahrkarte regelmäßig im Bahnhofswartesaal aufgehalten.

Wiederum nur neun Tage später, am Samstag, dem 26. April, erwischt es offenbar den 18jährigen Robert Witzel. Vater Georg Witzel setzt Himmel und Hölle in Bewegung, um seinen anscheinend auf Abwege geratenen Sohn wiederzufinden, hat aber keinerlei Erfolg.

Und dann wieder einer von weiter her, der 17jährige Fritz Wittig aus Kassel, verschwunden am Montag, dem 26. Mai; auch er ein Ausreißer, der versucht hatte, sich als Vertreter durchzubeißen, und dabei irgendwo am Bahnhof in Friedrich Haarmanns Kreise geriet. Wenige Tage später erscheinen hilfesuchend die von Koch geschickten Eltern Wittig bei Sebastian, der derzeit mehr Bowle trinkt, als ihm guttut, und um den es ruhig geworden ist.

Sie kommen, zufällig, am richtigen Tag. Gerade eben nämlich hat Paul gehört, daß am selben Tag wie Wittig noch ein Junge verlorengegangen ist – und gerade der Fall hat ihn aus seiner Lethargie gerissen.

Den Angehörigen Fritz Wittigs sagt er, er werde ihnen voraussichtlich wenig helfen können, ebensowenig wie zuvor den Familien Schulze, Huch, Ehrenberg und Struß; dennoch erklärt er, daß er tun wird, was er kann. Und dann erzählt er ihnen, aus heiterem Himmel, daß er kurz davor stehe, Amok zu laufen und Selbstjustiz zu üben. Denn der andere Fall, der vom selben Tag, erschüttere ihn vor allem deswegen, weil es sich da um ein Kind handele – um einen Zehnjährigen namens Friedrich Abeling aus der Gegend um den Südbahnhof. Es bricht förmlich aus ihm heraus – das sei ja nun wirklich zuviel: zwei an einem Tag, dann noch das Kind!

Paul befreit sich, wie es in solchen Fällen häufig passiert, von jetzt auf gleich aus aller resignativen Depression. Seinem Gewährsmann, mit dem er sich für den nächsten Tag verabredet, erzählt er ebenfalls, er stehe dicht davor, Bomben zu werfen gegen dieses sogenannte Polizeipräsidium, dieses Amt, das einen Massenmörder schütze und einen Verbrecher, der an manchen Tagen zwei Menschen und sogar Kinder umbringe, immer noch frei herumlaufen lasse.

Er habe ja recht, sagt der Informant bedrückt. Inzwischen sei's ihm ja auch nicht mehr geheuer.

Geheuer? tobt Paul. Das ist UN-geheuerlich!

Dann erzählt ihm sein Freund eine Geschichte, die er ihm, wie er sagt, im Grunde nie erzählen wollte, weil er immerhin ja auch bei der Polizei ist. Eine sechzehn Monate alte Geschichte, die buchstäblich zum Himmel stinkt.

Kommt also Dörchen ... du weißt doch, wer Dörchen ist?

Paul nickt. Dora Mrutzeck, eine Grans-Geliebte.

Kommen also Dörchen und ihre Freundin Elli eines Tages zu Kommissar Müller, es müßte im Februar letzten Jahres gewesen sein ... du kennst Willi Müller?

Paul nickt, immer ungeduldiger. Ausgerechnet zu dem!

Also Dörchen wickelt zwei Fleischstücke mit Schwarte aus, gekocht und mit Härchen dran. Sie habe sie aus einem Topf in dem Zimmer von Haarmann genommen, es komme Elli und ihr nicht geheuer vor, und außerdem sei gerade ein junger Berliner, der prima Klavier spielen konnte, bei Haarmann gewesen und jetzt verschütt. Vorher aber hätten sie ihn regungslos wie tot auf dem Bett liegen sehen, und jetzt lägen bloß noch die Kleider und so dort herum – also, jedenfalls, sie bäten, das Fleisch mal zu untersuchen.

Müller und die beiden Mädchen gehen also ins Landgericht, zum Medizinalrat Schackwitz. Der schneuzt sich, beriecht das Fleisch und gibt's lachend zurück: falls sie glaubten, das sei vom Menschen – das sei nix als Schweinefleisch!

Er hat es also nicht untersucht?

Schlimmer. Er konnte gar nicht riechen. Er hatte Schnupfen.

Paul steht auf von der Bank im Grünen, kreidebleich. Nun ist Schluß, sagt er. C'est ne pas vrai!

Mach keinen Unsinn, warnt sein Freund.

Nun ist Schluß! Wenn dieser sogenannte Kommissar und dieser sogenannte Medizinalratsfritze festgestellt hätten, daß die beiden Mädchen tatsächlich Menschenfleisch gebracht hätten – was dann?

Dann hätten viele Menschen vielleicht nicht sterben müssen, falls Paul recht habe mit seinem Verdacht. Mach trotzdem keinen Unsinn! Laß die Kirche im Dorf!

Non, sagt Paul, nun nicht mehr. Nun fliegt die Kirche in den Himmel! Und weg ist er mit seinem längst wieder angerosteten Fahrrad.

Er verschafft sich mit den billigsten Ausreden, die ihm einfallen, Zutritt zu Haarmanns Bodenkammer in der Roten Reihe 2 und überlegt, wo er den Kerl am besten abpaßt. Der muffige Raum, siebeneinhalb Quadratmeter groß, liegt im 4. Stock des alten Fachwerkgebäudes, das der Synagoge gegenübersteht. In unmittelbarer Nähe, in der Neustädter Hof- und Stadtkirche, sind die OSSA LEIBNITII begraben, die Gebeine des weltberühmten und weltbejahenden Gottfried Wilhelm Leibniz, der diese Welt für die beste aller Welten gehalten und so die Existenz Gottes bewiesen hat.

Manchmal denkt man ja tatsächlich, Gott habe gelegentlich noch die Finger im Spiel. Denn ehe der eilige Sebastian tatsächlich Unsinn stiften kann, wird ihm überraschend das Heft aus der Hand genommen.

4. Bitterer Lorbeer

Was Lange mauert, wird endlich gut

Am Freitag, dem Dreizehnten, platzt die Bombe. Am berühmten, berüchtigten schwarzen Freitag der Kriminalpolizei Hannover, am 13. Juni 1924, dem Freitag nach Pfingsten: Kriminaldirektor Eggert ist auf Urlaub und wird von Hermann Lange vertreten. Und der liest, was ihn zuerst wenig aufregt, bei Durchsicht der dem Leiter der Kriminalpolizei routinemäßig vorgelegten Ereignisberichte, am Leine-Wehr bei Schloß Herrenhausen, der sogenannten Wasserkunst, sei ein menschlicher Schädel geborgen worden.

Lange, das »Franzosenopfer«, einer derer, wie gesagt, die dafür büßen müssen, daß der deutsche Staat mit der Zahlung von jährlich 132 Milliarden Goldmark Kriegsschulden angeblich ein bißchen in Rückstand geraten ist, hat sich eingelebt in Hannover. Er liest weiter, dies und das. Aber dieser skelettierte Schädel von der Wasserkunst will ihm irgendwo nicht aus dem Kopf gehen, sozusagen.

Es ist gar nicht mal sein Job, sozusagen; das von Kommissar Heinrich Rätz geführte Mordkommissariat, das für alleinstehende Schädel quasi automatisch zuständig ist, untersteht nach wie vor Eggert selbst, und Rätz gilt nun wirklich nicht als schlechter Mann. Immerhin weiß Lange, daß sich in Hannover seit neuestem eine gewisse Hysterie breitgemacht hat: in der Altstadt, auf der Insel, verschwänden dauernd jüngere Menschen. Gerade zu Pfingsten zum Beispiel hat die Bevölkerung ihre Leine nach Knochen abgefischt, eine Mischung aus Grauen und Gesellschaftsspiel, und wohl auch einige gefunden und abgeliefert. Aber liegen nicht in allen Wassern Überreste, auch menschliche, verborgen?

Dennoch, Lange wird unruhig, als er, eher zufällig, hört, der jetzige Schädel sei nicht der erste. Und deshalb läßt er Kommissar Rätz kommen.

Der massige Rätz, der Lange sofort an einen netten tolpatschigen Bären erinnert hat, bestätigt: am Samstag, dem 17. Mai, haben spielende Kinder tatsächlich schon mal einen Menschenkopf entdeckt, der ebenfalls an jener Wasserkunst angeschwemmt worden war, und gleich am Dienstag, am 20. Mai, sei ein zweiter Schädel im Mühlengraben, hinter dem Leineschloß, geborgen worden, an der Brückmühle mitten in der Stadt. Beide Funde seien dem Polizeiarzt übergeben worden, dem Medizinalrat Dr. Alex Schackwitz.

Und? fragt Lange. Rätz zuckt die Achseln. Man könne weder das Alter noch das Geschlecht der Toten feststellen, von denen die skelettierten Köpfe stammen; man denke an Selbstmörder und Verunglückte, die im Fluß festhingen und deren Köpfe abgerissen wurden, halte auch einen »Unfug« für möglich, den Studenten in der Anatomie Göttingen verübt hätten, denke des weiteren an Reste einer unlängst auf dem Friedhof von Engesohde begangenen Grabschändung oder gar daran, daß jemand die Opfer einer Typhusepidemie in Alfeld, im Süden von Hannover, in die Leine geworfen habe.

Lange, kopfschüttelnd: Glauben Sie doch nicht ans Christkind! Das seien Mordopfer, vermutlich Frauen, wie sich jeder mit einem gesunden Verstand ausgestattete Oberpolizist sagen müsse, jedenfalls die Opfer eines Serienmörders! Dann beauftragt er Rätz, die Ermittlung persönlich zu führen, und läßt auch den Arzt Schackwitz kommen, der, wie er zugibt, die ersten beiden Schädel wie auch die Knochenfragmente bisher nur etwas oberflächlich untersucht hat.

Hermann Lange und Schackwitz schätzen sich: beide halten sich für Profis und sind's normalerweise wohl auch. Während die Herren noch palavern, wird zu ihrer Verblüffung gemeldet, soeben sei ein vierter Schädel gefunden worden, wieder an der Brückmühle, offenkundig der Schädel eines Kindes! Herr des Himmels, sagt Lange, auch das noch, in Bochum gab's so was nie, Massenmorde mit kleinen Kindern; so, jedenfalls, wird es wenig später Paul Sebastian von seinem Privat-Spion berichtet. Als Schackwitz geht, sagt er verbindlich zu, mit seinen Mitarbeitern Tag und Nacht und so lange zu arbeiten, bis er mehr wisse. Und auch Rätz verabschiedet sich, um ungeachtet des Wochenendes eine Mordkommission zusammenzustellen, in die er auch seinen Kriminalassistenten Reich beruft, einen jungen Kollegen, dem man, wie früher ihm selbst, eine große Zukunft voraussagt.

Samstag, 14. Juni. Rätz sucht in allen Karteien nach vermißten Frauen, findet aber keine passenden.

Sonntag, 15. Juni. Schackwitz ruft Lange zu Hause an, und seine Stimme klingt dramatisch: Die gefundenen Schädel stammen nicht von Frauen, sondern von jungen Männern sowie einem Knaben, und sie wurden vermutlich mit Messern vom Körper getrennt. Und Lange begreift: Ein Raubmotiv scheidet damit eigentlich aus – es gibt im Grunde nur eine Erklärung. Es gibt tatsächlich einen Serientäter, aber es muß ein Homosexueller sein – einer jener wenigen, aber dann ebenso wie bei Heterosexuellen besonders Grausamen, die eine sogenannte sadistische Prägung haben!

Lange beruft sofort eine Konferenz ins Präsidium ein. Dazu alarmiert er auch Rätz und den bewährten Kriminalkommissar Lyss als Leiter des Sitten-, des sogenannten Unzuchtsdezernats von Hannover.

Lyss hält als erster Vortrag, als er weiß, um was es hier geht: In der Stadt gebe es schätzungsweise 30 Männer, Kunden von Strichjungen, die überhaupt als Täter in Frage kämen. Er hat seine Karteien dabei: sieben jener »Bekannten« geraten in eine engere Wahl, und darunter ist auch der sogenannte Kaufmann Friedrich Haarmann, derzeit Rote Reihe 2; immerhin warne er, Lyss, vor einer gewiß gewaltigen Dunkelziffer. Sobald der Name Haarmann fällt, wirkt der Mord-Kollege Heinrich Rätz unvermittelt nervös.

Haarmann kennt er, sagt Rätz. Dann, als er sagt, woher er ihn kennt, fällt der in der jüngeren Kriminalgeschichte Hannovers natürlich nicht sehr bewanderte Hermann Lange aus einer Wolke nach der anderen beziehungsweise aus allen. Friedrich Haarmann, berichtet Rätz, sei schon 1918 verdächtig gewesen, zwei Jungen umgebracht zu haben; er selbst, Rätz, habe damals seine Wohnung Celler Straße 27 durchsucht. Man sei aber nicht weitergekommen, und Haarmann sei wieder auf freien Fuß gesetzt worden, habe jedoch noch wiederholt in punkto Unzucht nach Paragraph 175 ff. StGB Ärger gehabt.

So weit, so gut. Lange hat längst erkannt, daß das offenbar noch nicht alles ist. Denn sein sonst so souveräner Rätz ist ins Stocken geraten.

Der sonst so souveräne Rätz erzählt schließlich, im letzten Sommer habe er Haarmann zufällig vor dem Leineschloß getroffen, nachdem er einige Jahre nichts von ihm gehört habe, und Haarmann habe ihm angeboten, als Vigilant auch für ihn zu arbeiten – als Spitzel, als V-Mann, als Zuträger. Dazu, letztlich, sei's dann zwar nicht recht gekommen, jedoch er, Rätz, glaube erstens nicht, daß der zweifelsohne reichlich schräge sogenannte Kaufmann ein Mehrfachmörder sei, und wisse, zweitens, daß Haarmann wohl nicht unerfolgreich mit anderen Kollegen zusammenarbeite.

Welchen denn?

Lanzendorfer. Wickbold. Knitta. Sicher auch noch mit ein paar anderen Kriminalassistenten, Kriminalbetriebsassistenten, Kriminalschutzleuten.

Und?

Ja, und wohl auch mit Müller. Mit Willi Müller. Rätz sagt es sichtlich zögernd.

Etwa KRIMINALKOMMISSAR Willi Müller? Dieser, na ja, dieser strahlende Erfolgsmensch? Der Leiter des Diebstahlkommissariats? Lange macht kein Hehl daraus: Er ist offenkundig nicht Müllers größter Bewunderer.

Ja. Der könne sicher einiges mehr dazu sagen.

Willi Müller wird aus der Sonntagsruhe gescheucht und eilig herzitiert. Er meint, gleichermaßen fassungslos und ungläubig, aber deutlich auch unbehaglich, daß er Haarmann alles mögliche zutraue, aber sicher keinen Mord; dasselbe, was auch Rätz schon gesagt hat. Müller und Schackwitz kommen ziemlich zögernd auf Dora und die Menschen-Schweinefleisch-Affäre im vergangenen Jahr zu sprechen, was die hohe Meinung von Kriminaloberinspektor Lange in bezug auf Schackwitz etwas mindert und ihn zudem erstmalig am Verstand einiger Mitarbeiter zweifeln läßt; er befiehlt Müller, eine dienstliche Äußerung zu schreiben.

Als Lange schließlich mit Rätz allein ist, murmelt er etwas, aus dem Rätz die Worte »Arsch auf« zu hören glaubt. Also, sagt Lange dann sachlich, da helfe nun gar nix, sie müßten wohl oder übel eine Art von Materialschlacht führen; er selbst, Lange, werde sich mit reinhängen. Er entwickelt auf der Basis des gerade Gehörten folgenden Organisationsplan: Für die Beschattung von sechs der Verdächtigen werden so rasch wie möglich je zwei Kripobeamte abgestellt, für die Beschattung Haarmanns jedoch, der alle Kriminalen kennt, zwei ihm mit Sicherheit nicht bekannte Leute.

Am Montag, dem 16. Juni, beginnt für den Fall Friedrich Haarmann die Endphase der Ermittlung. Der mittlerweile fast 40jährige Heinrich Rätz vor allem, den es aus seinem Heimatort Grimmen zwischen Stralsund und Greifswald nach Hannover verschlagen hat, arbeitet von morgens früh bis abends spät; als erfahrener Polizist weiß er mindestens so gut wie Lange, was da für ein Skandal heraufdämmert.

Nicht auszudenken, wenn da was dran ist: ein Mann, der in zwei Fällen bereits mordverdächtig war, wird praktisch unter den Augen des Gesetzes zum Serienmörder! Denn der Mann, dessen grausige Spezialität es womöglich ist, Jugendliche und Kinder umzubringen und zu beseitigen, arbeitet ja wirklich mehr oder weniger für die Polizei!

Rätz stößt auf die Vermißtenfälle Wittig aus Kassel sowie Friedrich Koch aus Herrenhausen. Er nimmt, ohne noch groß zu zögern, die Vermißtenanzeige Abeling zu den neuen Akten, die von einem gewissen Wilhelm Meyhöfer und seiner Frau Therese, verwitweter Abeling, wohnhaft in der Rautenstraße beim Bahnhof Hannover-Süd, erstattet worden war; es sei ja wohl nicht auszuschließen, notiert Rätz beklommen, daß damit vielleicht der zuletzt gefundene Kinderschädel in Verbindung zu bringen sei. Als letzten – und zusätzlichen – Fall erfährt Rätz, daß ein Kaufmann Max de Vries, Hildesheimer Straße, polizeiliche Hilfe bei der Suche nach seinem 17jährigen Sohn Erich in Anspruch zu nehmen versucht hat, und das wahrhaftig vor ganzen zwei Tagen.

Alle vier Fälle haben eine brisante und womöglich furchtbare Gemeinsamkeit. Sie sind zwar vor dem aktuellen Verdacht gegen Haarmann und andere bekanntgeworden, jedoch erst nach den Schädelfunden. Und das kann bedeuten, daß der Mörder immer noch mordet.

Rätz hat am Abend jenes Tages eine schlimmere Vision: Haarmann – oder wer auch immer – könnte sich, während er bereits verdächtigt ist, noch weitere Opfer suchen. Sorgsam sucht der Kommissar zwei intelligent wirkende Schutzpolizisten aus und weist sie ein.

Dienstag, 17. Juni. Langes Plan tritt in Kraft. Friedrich Haarmann, sichtlich ahnungslos, wird von den beiden Zivilbeamten effektiv rund um die Uhr beschattet; er hält sich vorzugsweise in der Roten Reihe auf, meist in der Wohnung. Lange erwägt, eine Fahndungsnotiz an die hannoverschen Gazetten zu geben: die Angehörigen von Vermißten möchten sich melden, um, eventuell anhand von Gebißmerkmalen, die gefundenen vier Schädel zu identifizieren. Er stellt die Aktion jedoch erst mal zurück, um zunächst mehr zu erfahren, und terminiert die Beschattung der Verdächtigen, so auch die Haarmanns, auf eine Woche.

Rätz tut an diesem Tag ein übriges. So beiläufig wie möglich vernimmt er die Polizeiputzfrau Elisabeth Engel – Haarmanns Hauswirtin. Tatsächlich erfährt er, was beispielsweise Sebastian schon lange weiß und auch er längst wissen könnte, wenn er Pauls Dossier mit Verstand gelesen hätte; aber eben, er hat's allenfalls überflogen im Drange der Geschäfte, und nun findet's keiner mehr, und nun hört er's erst jetzt: daß Onkel Fritz immer den Besuch von jungen Kerlen habe und vor allem regelmäßig mit Fleisch handle. Und daß er Eimer voller blutiger Flüssigkeit weggekippt habe, immer hackt und klopft und nachts Licht brennen hat und am Morgen danach Pakete aus dem Haus schleppt.

Mittwoch, 18. Juni. Nichts Neues an der Front, melden die

Haarmann-Schupos. Lange informiert Rudolf von Beckerath, den Polizeipräsidenten mit dem feinen Gelehrtengesicht, der über die Ereignisse, vor allem die Vorgeschichte, ebenfalls recht erschrocken ist. Herr Lange, erklärt der PP entschieden, das muß so schnell wie möglich vom Tisch!

Donnerstag, 19. Juni. Medizinalrat Schackwitz gibt's Kriminaloberinspektor Lange schriftlich:

I. Kopf, X. Polizeirevier N. 2753, Fundstelle Wasserkunst Herrenhausen. Schädel eines Mannes von etwa 18–20 Jahren mit Unterkiefer und drei Halswirbeln. Schädelumfang 50,5 cm entsprechend einer Kopfweite von 53–54 cm. Kräftiges Gebiß, eine Behandlung hat nicht stattgefunden.

II. Kopf, VI. Polizeirevier, Fundstelle Brückmühle. Schädel eines Mannes von 18–20 Jahren ohne Unterkiefer mit einem Halswirbel. Schneidezähne zeigen eine Querrillung im Schmelz als Zeichen früherer englischer Krankheit.

III. Kopf, X. Polizeirevier, N. 3291 – Fundstelle Wasserkunst. Großer Schädel eines Mannes von 18–20 Jahren, mit Unterkiefer und vier Halswirbeln. Wiederholt zahnärztliche Behandlung.

IV. Kopf, IV. Polizeirevier, Fundstelle Brückmühle. Schädel eines Knaben von etwa 11–13 Jahren, ohne Unterkiefer mit Resten von fünf Halswirbeln. Auf der linken Seite des Gebisses ist der bleibende Eckzahn noch nicht ausgetreten und der Milcheckzahn noch vorhanden.

Schackwitz und sein älterer Kollege Brandt, immerhin seit langem Geheimer Medizinalrat, der ihm dankenswerterweise bei der auch für ihn grausigen Arbeit geholfen hat, weisen nochmals darauf hin, daß die Köpfe sämtlich abgeschnitten worden sind. An diesem Tag fällt auch der Name des erfahrenen Mediziners und Psychiaters Geheimrat Professor Dr. Ernst Schulze aus Göttingen, den man bei der weiteren Aufarbeitung des Falls eventuell hinzuziehen möge. Lange, betroffen vor allem über den Kinderschädel, meint, sie sollten den Bären erst mal fangen, bevor sie sein Fell verteilten.

Freitag, 20. Juni. In der Roten Reihe 2 gibt es nichts Neues. Haarmann hackt und klopft derzeit nicht und trägt auch keine Pakete und blutigen Eimer herum; allenfalls, berichten seine Beschatter, geht er mal friedlich spazieren. Lange, ungewohnt zögerlich, beschließt, den Presseaufruf an die Angehörigen von vermißten Jugendlichen noch um weitere zwei Tage zurückzustellen.

Samstag, 21. Juni. Wieder nichts Neues an der Front, melden Haarmanns Bewacher. Im Präsidium werden immer noch Vermißtenfälle überprüft, und bei vier von ihnen besteht durchaus eine gewisse Wahrscheinlichkeit, daß sie Haarmann zuzuordnen sind.

Schon seit September 1923 sucht man einen 17jährigen Paul Bronischewski, ein Fall, den sich Lange merkt, weil der Junge ausgerechnet auf einer Reise von Magdeburg nach Bochum am Bahnhof Hannover verlorenging. Anfang Februar 1924 ist dann Willi Senger, 20, aus der Arbeitergegend Linden davongegangen; man hat ihn nach dem Motto »Ein Esser weniger« monatelang kaum zu Hause vermißt und dann erst Meldung gemacht. Etwa Mitte April ist Hermann Bock, 22, aus Uelzen in Hannover verschwunden, irgendwie atypisch, weil er Haarmann seit Jahren kannte, aber irgendwo auch wieder typisch für die Szene, in der dies alles geschah. Im Mai schließlich ist der 15jährige Heinz Martin aus Chemnitz offenbar in Hannover untergegangen, ein Junge, der, wie Roland Huch, um jeden Preis der Welt Seemann werden wollte.

Ansonsten herrscht in der Hardenbergstraße eine seltsame Ruhe vor dem Sturm. Lange hört gerüchteweise, etliche seiner Beamten seien schwul, mißt dem aber rechtens keine Bedeutung bei; es gibt angeblich ja sogar schwule Könige und Kaiser. Dunklere Schatten indessen fallen auf einen jungen Kriminalwachtmeister, der, nach einer Beschwerde von Nachbarn, im Hause Rote Reihe 2 nach dem Rechten sehen sollte und sich dabei anscheinend durch einen »Detektivausweis« Haarmanns düpieren ließ – den Ausweis eines Instituts »Lasso Detective«, wie er sich zu erinnern glaubt. Und auch Kommissar Müller kriegt so manchen Streifschuß ab, weil er Haarmann offenbar wahrhaftig regelmäßig beschäftigte, und irgendwann erwischt's sogar den zur Zeit engsten Mitstreiter

Langes, Kommissar Rätz: er erinnert sich überraschend, daß er mit Haarmanns Hilfe doch mal mehrere Lederdiebe auf einmal schnappen konnte.

Lange zeigt mittlerweile deutliche Anzeichen von Nervosität. Visionen, Haarmann oder, immer noch möglich, einer der anderen Verdächtigen könne weiter morden, quälen jetzt auch ihn. Noch aber bleibt er bei seiner Marschroute: Es ist viel zuwenig, was sie bisher gegen den Hauptverdächtigen in Händen haben – Friedrich Haarmann soll auf gar keinen Fall vor dem kommenden Dienstag festgenommen werden, also frühestens in vier Tagen. Eher noch später.

Der eilige Sebastian hat inzwischen die Nase in den Wind gesteckt, nachdem ihm sein Gewährsmann die Sache mit den Schädeln gesteckt hat. Er will zu Lange gehen, um ihm zu sagen, er möge sich gefälligst um das Dossier kümmern, das er Herrn Eggert – Herrn Kriminaldirektor Eggert – schon vor zweieinhalb Jahren überreicht hat. Aber sein Informant rät ihm, dem Oberinspektor erst einmal eine Kopie zu schicken – mit Herrn Lange sei's derzeit schwierig, der jage jeden, der nicht direkt was zur Sache sage, davon. Immerhin, er schufte wie ein Ackergaul, und wenn einer Haarmann packen werde, sei es Lange und kein anderer.

Paul erklärt, er habe keine Kopie mehr. Wer, der halbwegs Vertrauen in den Staat setzt, hat Ende 1921, als alles knapper als knapp war, mehr als eine Kopie gemacht? Und die habe er, erklärt er, an die Staatsanwaltschaft geschickt; das Original, im übrigen, werde wohl reichen.

Das Originalpapier sei, wie er grade gehört habe, spurlos verschwunden, sagt der Informant; dreimal dürfe er raten, wo und bei wem. Aber bewiesen sei, selbst wenn er richtig rate, damit noch gar nichts. Er an Pauls Stelle würde zu Rätz selber gehen, den er ja kenne.

Er würde zu jedem gehen, sagt Paul, aber gewiß nicht ausgerechnet zu Rätz. Am besten sei es wohl, er gehe direkt zum Staatsanwalt; das verdammte Papier müsse schließlich zu finden sein.

Da werde er wenig Glück haben am Wochenende, sagt der Informant. So blöde wie die Polizei, die momentan wirklich Tag und Nacht arbeite, sei sicher nicht jeder.

Da sage er was, sagt Paul und denkt sich sein Teil.

Auch am Sonntag, dem 22. Juni, bleibt tagsüber alles still, und Lange geht endlich wieder zu einer christlichen Zeit zu Bett. Nachts um zwei indessen reißt ihn das Telefon aus dem tiefsten Schlaf.

Sitten-Kommissar Lyss, sonst die Ruhe selbst, meldet sich aufgeregt von der Bahnhofswache. Dort sei vor kurzem, als er gerade mal reinschaute, Friedrich Haarmann erschienen, Haarmann mit einem hübschen 16jährigen Jungen namens Kurt Fromm. Haarmann habe behauptet, Fromm wolle ihn erpressen, und deshalb seine sofortige Festnahme verlangt; Fromm dagegen stelle alles eher umgekehrt dar.

Wie denn? fragt Lange, inzwischen hellwach.

Haarmann habe ihn bedroht, erwidert Lyss – mit einem Messer. Und deshalb bitte er, Fromm, der angeblich schon tagelang bei Haarmann wohne, in seiner Angst sozusagen um Schutzhaft, allerdings auch um Haarmanns Verhaftung. Aber der solle doch noch nicht festgenommen werden?

Lange ist regelrecht geschockt. Der Zwischenfall wirft in der Tat alles über den Haufen – er kommt ihm so gelegen wie die Krätze.

Aber er überlegt nur Sekunden. Man möge die beiden, ordnet er dann an, gemeinsam ins Polizeigefängnis bringen, Friedrich Haarmann zur Vorsicht allerdings in eine dieser Sicherheitszellen stecken.

Montag, 23. Juni. Als erstes verpaßt Lange den beiden Haarmann-Beschattern, die anscheinend gar nicht gemerkt hatten, daß der Mann Besuch hatte, einen fürchterlichen Rüffel. Als zweites alarmiert er Rätz und Schackwitz und fährt mit ihnen in die Rote Reihe. Sie finden einige Blutspuren und eine erstaunliche Menge Kleidungsstücke von jungen Männern; aus einigen von ihnen sind Flecken, womöglich Blutflecke, entfernt worden. Schackwitz lädt sich eine Menge Material auf, das er zur Untersuchung mitnimmt.

Anschließend lassen sich Lange und Rätz den unerwünschten Herrn Haarmann zum ersten Mal vorführen. Haarmann, als alter Knacki nicht besonders entrüstet über die Festnahme, ist zuvorkommend und höflich, vermittelt Lange aber auch einen ersten Eindruck hinsichtlich einer ungewöhnlich schlagfertigen Gerissenheit. Als man ihn nach der Herkunft jener Blutspuren fragt, sagt er sofort, die könnten ja eigentlich nur von ihm stammen – er habe öfter mal Nasen- und andere Blutungen, ein altes Leiden.

Und wenn sie nicht von ihm stammten? fragt Rätz.

Aber hören Sie mal, sagt Haarmann, ich hab' da doch keine totgemacht, wenn Sie darauf rauswollen!

Als Haarmann wieder in der Zelle ist, ruft Lange bei Schackwitz an und bittet ihn, die gefundenen vier Köpfe ins Präsidium zu bringen, sobald er sie nicht mehr brauche. Dann geht er zum Polizeipräsidenten, schildert ihm die prekäre Lage und schlägt mehrere Sofortmaßnahmen vor.

Erstens, alles, was Beine hat bei der Polizei, muß sofort Haarmanns Umfeld und die gesamte hannoversche Homo-Szene unter die Lupe nehmen.

Zweitens, nachdem Haarmann nun mal einsitzt, sollten alle Vorbereitungen getroffen werden, um Bilder von ihm in Hannovers Kinos zeigen zu können.

Drittens, die Presseaktion muß jetzt anlaufen. Sowohl zur Identifizierung der bisher vorhandenen Schädel als auch der sichergestellten Kleider sollten sich die in Frage kommenden Vermißtenangehörigen melden. Ebenso sollten sich mit eventuellen Asservaten auch diejenigen einfinden, die von Haarmann beziehungsweise Leuten aus seinem Bekanntenkreis Kleider gekauft oder geschenkt bekommen haben.

Viertens, die Obdachlosenbaracke auf dem Hof des Präsidiums müsse für die Ausstellung jener zu erwartenden Asservate umgehend geräumt werden.

Aber da gingen 300 Leute rein, staunt Beckerath, der sämtliche anderen Maßnahmen genehmigt. Ob Lange ernsthaft meine, daß so viele kämen?

Wahrscheinlich noch mehr, sagt Lange lakonisch.

Und Sebastian sitzt in seinem Büro und begreift's endgültig nicht mehr.

Der Mann bei der Anklagebehörde, der sich um diese Sache Haarmann kümmert, ist Staatsanwaltschaftsrat Wagenschieffer, hat man ihm gesagt. Aber der sei beim besten Willen nicht zu sprechen, der habe mit eben diesem Haarmann wahrhaftig mehr als genug zu tun.

Aber um Haarmann gehe es doch gerade, hat Paul gesagt und die Sache mit dem Dossier erzählt.

Trotzdem. Was er im Grunde wolle? Haarmann sei festgenommen und bei der Kriminalpolizei sicher in den besten Händen. Die Herren dort würden schon wissen, wie sie mit Herrn Haarmann umgehen müßten. Und falls sich das Dossier noch einfinde, werde man ihn benachrichtigen.

Da ist Paul aufgestanden und weggegangen. Er kann sich an fünf Fingern abzählen, daß ihn keiner benachrichtigen wird.

Dienstag, 24. Juni. In der Feldmark Garbsen wird am Ufer der Leine ein fünfter Kopf gefunden. Schackwitz hat mittlerweile Routine: Der Schädel stammt von einer etwa 16jährigen männlichen Person und wurde mit scharfen Instrumenten sorgfältig abgetrennt. Außerdem teilt er mit, die bisher sichergestellten Blutspuren wiesen nach der ersten Untersuchung sämtliche Blutgruppen auf, könnten also sicher nicht bloß von Haarmann selbst stammen.

Langes nervöse Unruhe wächst dennoch. Spätestens Mittwoch müßten sie Haarmann dem Haftrichter zuführen – oder ihn, ein Gedanke des Wahnsinns, laufenlassen.

Mittwoch, 25. Juni. Georg Witzel hat die Zeitung gelesen; er unterzieht sich bei Schackwitz als erster Vater der grausigen Pflicht, sich die gefundenen Schädel anzusehen. Danach nickt er und zeigt kreidebleich auf Schädel Nummer III, denjenigen, dessen Gebiß mehrfach behandelt worden ist.

Schackwitz, aus welchem Grund auch immer offenbar schlechter Stimmung, traut ihm nicht. Er läßt den Zahntechniker holen, der Robert Witzel behandelt hat, und hat in der Tat recht mit seiner Skepsis: Der Mann kann den Schädel nicht als den seines jungen Patienten erkennen.

Lange ist enttäuscht, als er es hört. Er bittet den Arzt, die Schädel und die bislang gefundenen Knochen nunmehr möglichst umgehend zur Mordkommission zu bringen.

Rätz sieht Lange, als die Schädel dann da sind, erstaunt an.

Sie müßten wahrhaftig dringend ein Geständnis haben, sagt Lange, mit dem vorhandenen Material würden sie wahrhaftig nie einen Haftbefehl bekommen! Dabei wüßten sie doch, daß sie endlich den Richtigen hätten, oder?

Rätz begreift. Und Lange trifft eine einsame Entscheidung: allein auf seine Verantwortung hin wird Fritz Haarmann dem als »haftunfreundlich« bekannten Richter noch nicht vorgeführt, sondern bleibt im Polizeigefängnis. Und wird beinahe pausenlos verhört, etwa über sein Leben und die Familie; im Moment geht's nur darum, den Verdächtigen müde zu machen. Müde und mürbe: Rätz, Reich und Lange wechseln sich ab.

Und dann tut er es.

Dann läßt der Kriminaloberinspektor, während Haarmann gerade von Rätz und Reich »verarztet« wird, in alle vier Ecken der Zelle des mutmaßlichen Massenmörders ein Wandbrett festmauern. Dann läßt er die als erste entdeckten vier Schädel, deren leere Augenhöhlen von innen mit durchscheinendem roten Papier verklebt sind, auf je eines dieser Brettchen stellen. Dann läßt er Kerzen in die Schädelinnenräume stellen und die Kerzen anzünden. Dann läßt er noch die Knochen, die sie bisher haben und die Schackwitz ihm ebenfalls gebracht hat, in die Zelle legen und Haarmann zurückbringen.

Haarmann erstarrt, als er die Zelle betritt. Er läßt sich auf die Pritsche nieder und versucht, die »Lichtköppe« nicht anzuschauen. Aber das versuch' mal jemand: in einem Raum mit vier Ecken nicht in mindestens eine zu sehen.

Haarmann zetert, als er nach bloß wenigen ruhelosen Stunden wieder zu Rätz und Lange geführt wird. Das sei Menschenquälerei, krakeelt er, und zudem Freiheitsberaubung – er muß sofort zum Richter! Fritz, meint Lange, der inzwischen weiß, daß Fritz Haarmann es schätzt, geduzt und mit Vornamen angeredet zu werden, also, Fritz, diese Köppe kommen weg, sobald du uns die Wahrheit sagst und endlich gestehst.

Ehrlich? fragt Haarmann.

Ganz ehrlich. Weißt du etwa nicht, daß die Seelen Ermordeter so lange zu ihren Gebeinen zurückkehren, bis der Mörder seine Tat gesteht?

Die Beamten sind ehrlich verblüfft: Haarmann nickt. Genau das habe seine liebe, tote Mutter auch immer gesagt.

Gleich ist es soweit, denkt Lange. Sein Herz schlägt unvermittelt schneller.

Aber so schnell geht es dann doch nicht.

Donnerstag, 26. Juni. Andere Beamte der erweiterten Mordkommission vernehmen zahlreiche Homosexuelle und zahlreiche Bekannte aus Haarmanns Umfeld, darunter auch Dörchen, die mit dem Schweinefleisch, von dem sie immer noch glaubt, es sei Menschenfleisch gewesen. Dörchen sagt, Haarmann habe ihr damals ein Bierglas über den Kopf ziehen wollen, nachdem er die Geschichte von seinen Kriminalen erfahren habe; nach einer Woche aber sei alles wieder normal gewesen, denn so sei er nun mal eben, der Herr Haarmann. Der Herr Haarmann jammert immer noch über die verfluchten Köppe, in denen rasch manche Kerze niedergebrannt ist; sogar Lange kann ihn verstehen. Aber Pardon kann und will er nicht geben, grade jetzt nicht, da er glaubt, daß Haarmann tatsächlich Wirkung zeigt – daß er weich wird.

Zwischendurch allerdings ist der dann wieder glashart. Als

ihm die Aussagen von Leuten aus der Neunten Straße und der Roten Reihe vorgehalten werden, diese Aussagen über das Hacken und Klopfen, über das Wegschleppen der Pakete, die Eimer mit offenbar blutiger Flüssigkeit, zuckt er die Achseln: da hätten sie doch gar nix sehen können, weil sie viel zu weit von ihm weg wohnten. Und wenn sie Schreie gehört haben, das könne nur Dörchen gewesen sein; die sei manchmal was laut, wenn Herr Lange verstehe, was er meine. Etwa, wenn sie mit Grans im Bette war.

Kleinigkeiten gibt er manchmal sogar zu. Wenn die Wirtin, Frau Engel, meine, er habe auch mal was mit ihrem Sohn Theo gehabt, werde das wohl stimmen. Aber sonst könne sie eigentlich nur Gutes über ihn sagen.

Rätz bestätigt: hat sie auch. Abgesehen davon, daß er auch sie angeblich einmal verprügelt habe.

Am Freitag, dem 27. Juni, wird dann auch der Dörchen- und Haarmann-Freund Hans Grans als Zeuge gehört, und Lange, der mal kurz reinschaut, wittert spontan Unrat, glaubt, daß ein so enger Freund Haarmanns von den Morden gewußt haben müßte, und möchte ihn am liebsten gleich festhalten. Aber ein ungesetzlich Einsitzender reicht, beschließt er, und so läßt er Grans erst mal laufen.

Samstag, 28. Juni. Da das Ehepaar Witzel von allen Eltern am wenigsten Ruhe gibt und hinter dem Rücken der Kriminalpolizei sogar Haarmanns Bodenkammer in der Roten Reihe besichtigt hat, erlaubt Lange der Mutter, mit dem Gefangenen selber zu sprechen. Josephine Witzel hat Mühe, sich zu beherrschen, sagt guten Tag, was Haarmann erwidert, und bittet ihn inständig, die Wahrheit zu sagen. Aber auch das führt zu gar nichts: Haarmann behauptet, er kenne Robert zwar, habe aber wirklich keine Ahnung, wo er abgeblieben ist.

Dann, plötzlich, reißen der Mutter die Nerven. Du Mörder! schreit sie Haarmann an, stürzt auf ihn zu und möchte ihm am liebsten die Augen auskratzen. Reich muß dazwischengehen, um Haarmann zu schützen.

Josephine Witzel verläßt schluchzend den Raum.

Auch Haarmann weint. Ob er nicht mal das Grab seiner Mutter besuchen könne?

Wozu? fragt Lange. Willst du deiner Mutter ein Geständnis ablegen?

Haarmann schüttelt den Kopf. Jammert dann wieder über die Köppe und Knochen. Und macht einen neuen Vorschlag: Die Herren möchten doch Pastor Hardeland von der Christuskirche fragen, ob er nicht mal kommen könne. Hardeland habe ihn damals konfirmiert, und zu ihm habe er größtes Vertrauen – mit ihm wolle er sprechen.

Lange, unerbittlich, fragt ihn, ob er wenn schon nicht der Mutter, so doch dem Pastor ein Geständnis machen wolle?

Haarmann, bisher ebenso hartnäckig, sagt abermals, er habe nichts zu gestehen.

Immerhin, es liegt deutlich was in der Luft. Lange und Rätz sehen sich an. Rätz geht nach draußen, kommt nach einer Weile zurück und schüttelt den Kopf.

Na? fragt Haarmann.

Nix, lügt Rätz. Keiner da.

Er versucht es später noch mal, und am Ende versucht es, gleichermaßen vergeblich, auch Lange.

Hardeland wolle nicht kommen, sagt Lange dem enttäuschten Haarmann. Denn wenn Haarmann ihm was beichten würde, habe er gemeint, müsse er es ja für sich behalten.

Haarmann sieht Lange ungläubig an, ehe er sagt, diese Pastöre seien doch alles Irrlehrer.

Später am Tag sagt Rätz urplötzlich mitten in der Vernehmung zu Haarmann, er möge es nun doch einfach sagen. Er könne doch sogar Kalfaktor werden im Gefängnis, so fein, wie er sich aufführe. Rätz redet ihn nicht bloß mit Fritz, sondern mit Fritze an, und meint auch, egal, was Fritze sagen würde, hier würde ihn bestimmt niemand schlagen. Oder sonstwie, eh, mißhandeln.

Die Lichtköppe, sagt Haarmann.

Die Lichtköppe kommen sofort weg, wenn. Komm, Fritze, tu uns den Gefallen und dir auch!

Es geht auf Mitternacht.

Es sieht so aus, als wolle genau um Mitternacht die Stunde der Wahrheit schlagen. Aber Haarmann, grade noch den Tränen nahe, fängt sich wieder. Auch dieser Tag geht dahin und ist dennoch noch nicht zu Ende.

Sonntag, 29. Juni. Lange, Rätz und Reich vernehmen Haarmann nach wie vor. Drei gegen einen, aber der Zweck rechtfertigt die Mittel, und es liegt was in der Luft, wie gesagt. Wenn's jetzt nicht passiert, sagt sich Lange im stillen, passiert's wahrscheinlich nie.

Und so passiert es, wenn auch zunächst nur zur Hälfte. In den ersten Stunden des Tags des Herrn.

Haarmann meint nachdenklich, wenn er es sich so überlege, es sehe ja tatsächlich so aus, als hätte er in einer Art von Rauschzustand junge Leute umgebracht.

Rätz hackt sofort los. Einen Satz in die Schreibmaschine, der sich Lange, der ihm über die Schulter schaut, ins Gedächtnis brennt.

Nachdem mir, formuliert Rätz, *nochmals eindringliche Vorhaltungen gemacht worden sind, erkläre ich, daß ich zugebe, daß sehr viele Verdachtsmomente dafür sprechen, daß ich junge Burschen getötet habe. Ich kann mich darauf nicht besinnen, gebe aber die Möglichkeit zu, daß ich im Zustande höchster sexueller Erregung junge Leute tötete.*

So richtig, Fritze?

Haarmann wiegt den Kopf hin und her. Ja und nein. Eigentlich nicht. Nimmt's wieder zurück: Diese Leichen – ich hätte doch morgens die Leichen finden müssen!

Ich kann mir nicht erklären, auf welche Art ich die Leichen beseitigt haben soll, schreibt Rätz. Fritze, das kannst du aber nun wirklich unterschreiben.

Und Friedrich Haarmann unterschreibt. Dann muß er allerdings, weil er tatsächlich zu erschöpft ist, nur ein einziges Wort mehr zu sagen, doch noch mal zu seinen Knochen und Lichtköppen zurück, zu den Seelen der Ermordeten. Er schläft trotzdem, wenn auch nach den Beobachtungen seines Bewachers etwas unruhig.

Lange, Rätz und Reich sind zu müde, sich zu freuen. Aber sie wissen, daß sie ihn endgültig haben, und beschließen, für den Rest des Tages eine Vernehmungspause einzulegen.

Immer noch Sonntag, 29. Juni. Die Kriminalbeamten Wickbold und Lanzendorfer, stocksauer über ihren Spitzel, der ihnen diese Sauerei eingebrockt hat, und stocksauer auch darüber, daß sie nicht zur Mordkommission gehören, beschließen einen denkwürdigen Handstreich.

Sie lassen sich Haarmann, der kaum ausgeschlafen hat, aus der Zelle holen, und offenbar traktieren sie ihn zwei Stunden derart mit einem Lineal und einem Schlauch, daß er zusammenbricht und zu allem ja sagt.

Was heißt das – ja?

Sechs oder sieben habe er totgemacht, jammert Haarmann in seiner Angst.

Wie denn? Wen denn?

Weiß nicht mehr genau. Ich kann nicht mehr – bringt mich doch wieder weg!

Er wird an Leuten vorbeigeführt, die anscheinend was mitgekriegt haben und ihm gewiß mehr als ein paar Prügel gönnen. Und die beiden Beamten sind stolz wie Oskar: Sie haben Haarmann geknackt, sie und kein anderer.

Montag, 30. Juni. Rätz und Reich treten ausgeruht und voller Energie wieder zur Vernehmung an, und dann wollen sie ihren Ohren nicht trauen: Haarmann sagt, alles, was er nächtens unterschrieben hat, sei Quatsch!

Nun erzähl mal, Fritze – was ist denn los?

Es dauert seine Zeit, bis Haarmann berichtet, was gestern los war. Lange geht mit Rätz in einen anderen Raum und läßt sich zu einem Tobsuchtsanfall hinreißen. Aber offenbar, seinen kühlen Kopf behält er.

Rätz, außer sich, meint, daß man Wickbold und Lanzendorfer sofort disziplinarisch belangen müsse.

Lange indessen schüttelt den Kopf. Man werde nicht umhin können, Müller und noch mehr dranzukriegen. Aber

Herrschaft noch mal, man könne doch nicht die halbe hannoversche Kriminalpolizei lahmlegen.
Also kein Disziplinarverfahren?
Verdammt, nein. Scheiße haben wir genug am Hals.

Immerhin, wenn wir schon mal dabei sind: Lange scheißt Wickbold und Lanzendorfer zusammen, daß das Polizeipräsidium wackelt. Dann telefoniert er mit Staatsanwaltschaftsrat Wagenschieffer und bittet um Schützenhilfe – sie müßten Haarmann ja nun wohl doch dem Richter vorführen, es führe kein Weg mehr dran vorbei. Ob er, von Jurist zu Jurist, da nicht mal vorfühlen könne?

Wagenschieffer sagt halbherzig zu. Aber was er tut, zeigt Wirkung: Der Richter erläßt tatsächlich Haftbefehl, wenn auch nur für eine Woche wegen möglicher Sittlichkeitsdelikte.

Auf dem Weg zurück ins Polizeigefängnis beobachtet Lange, wie bedrückt Haarmann ist. Er hat anscheinend steif und fest mit seiner Freilassung gerechnet, und jetzt muß er abermals zurück zu seinen fürchterlichen Lichtköppen.

Dienstag, 1. Juli. Der Tag, an dem eine regelmäßige Flugroute von Deutschland nach Moskau eingerichtet wird und an dem der Fall Haarmann abhebt.

Georg und Josephine Witzel sitzen wieder mal im Präsidium, vor den Räumen des Mordkommissariats. Plötzlich schreit Frau Witzel, springt auf und rennt wie eine Furie auf einen kleinen jungen Mann zu, der mit einem Beamten gerade vorbeigeht.

Der Mann trägt die Jacke und die Weste von Robert, stammelt sie.

Ob sie denn Witzel heiße? fragt der Junge verstört.

Ja, sicher – wie er an die Kleider komme?

Wenige Augenblicke später ist Rätz zur Stelle und nimmt alle Beteiligten mit in sein Zimmer. Der Junge heißt Theodor Hartmann, ist der Sohn von Haarmanns Wirtin Elisabeth Engel und wollte bloß mal fragen, was denn nun mit der

Rente sei, die er für Haarmann in dessen Auftrag abholen solle. Er habe die Sachen für fünf Mark von Haarmann gekauft, sagt Theodor, und auf Witzel sei er gekommen, weil in den Taschen noch ein Ausweis auf diesen Namen gesteckt habe; den, allerdings, habe er zerrissen.

Rätz verzichtet darauf, Haarmann zu holen – beim Anblick von Josephine Witzel, die ihn bereits einmal attackiert hat, wäre er womöglich total verstört. Und gerade das will er auf jeden Fall vermeiden. Denn heute, endgültig, wollen sie den Massenmörder auf den Punkt bringen.

Als alle weg sind, als alle anderen alle Arbeit des Tages getan haben, als es ruhig ist, als auch Reich kommt und nach ihm Lange, wird Friedrich Haarmann vorgeführt – zum zwanzigsten, zum dreißigsten Mal.

Mittlerweile ist es dunkel geworden.

Es sind immer die Nacht und der Abend, die Haarmann weich machen, sicher auch die Angst vor den Lichtköppen. Und diesmal ist es wirklich genau Mitternacht, als Haarmann urplötzlich ohne Vorankündigung losschluchzt, die Hand von Rätz und dann auch die von Lange ergreift und sagt, jetzt wolle er es sagen – er wolle endlich wieder ruhig schlafen.

Das ist vernünftig! lobt Rätz.

Aber ob die Köppe dann wirklich wegkämen.

Heute nacht noch! sagt Lange. Wenn!

Sie geben ihm auch noch die Hand drauf. Auch Schackwitz, der dazugekommen ist, schlägt ein. Und Rätz setzt sich wieder an die Schreibmaschine.

Ich will nun die Wahrheit sagen, schreibt Rätz für Haarmann in die Maschine, *weil ich einsehe, daß weiteres Leugnen zwecklos ist.*

Dann endlich beginnt er, sich und die anderen zu erleichtern. Rätz, aber auch Lange sehen aus, als hätten sie urplötzlich ein nachdenkliches Mitgefühl mit dem Werwolf, der Haken um Haken geschlagen hat und seinen gnadenlosen Jägern dennoch nicht mehr entkommen konnte. Bei Schackwitz weiß man nie so genau, wo man dran ist. Reich setzt sich stumm in eine Ecke und sieht aus wie ein Nicht-Nimrod beim Halali.

Später schreibt Haarmann es selber auf. In seiner seltsamen Mischung aus Sütterlin und Latein.

Ich habe in der Cellerstr. Friedel umgebracht. Des morgens lag Friedel tot im Bett, ich hatte Friedel tot gebissen. Ich habe sehr geweint und wußte nicht, was ich machen sollte.

Aber zunächst der Reihe nach. Denn natürlich hat er gewußt, was er machen sollte: Er hat Friedel Rothes Leiche, wie später nahezu alle, zerkleinert und so aus dem Haus geschafft. Mit dem Mord an Hermann Koch, seltsamerweise, will er nichts zu tun gehabt haben. In der nächsten Mordwohnung jedoch, der in der Neuen Straße 8, habe er vier junge Männer totgemacht, als ersten eben den Klavierspieler aus Berlin. Und in der Roten Reihe 2 war es zunächst derjenige, der Adolf Hannappel hieß und aus Düsseldorf kam, und dann, als letzter, in der Tat der Hannoveraner Robert Witzel.

Weiter kommt er derzeit nicht; diesmal sind die Vernehmer nicht mehr in der Lage, dem Grauen zu folgen. Aber Friedrich Haarmann unterschreibt ohne Zögern auch jenen Satz des

Protokolls, auf den Oberinspektor Hermann Lange ganz besonderen Wert legt und der sich ihm ebenfalls einprägt:

Dies ist die reine Wahrheit, ich habe mir die Sache nochmals genau überlegt und meine Angaben freiwillig, ohne Zwang und nach bestem Gewissen gemacht.

Sieben, also, auf einen Streich. Für das Geständnis, die Krone des Beweises, kein schlechter Anfang. Und eine Stunde später sind – ein Mann, ein Wort, sagt Rätz – die verdammten Lichtköppe tatsächlich aus der Zelle.

Am Mittwoch, dem 2. Juli, wiederholt Haarmann sein polizeiliches Geständnis vor dem Untersuchungsrichter. Der Tag, der Langes Triumph ist. Was Lange mauert, wird endlich gut, sagt ein vorwitziger Beamter, einer der wenigen, die mitbekommen haben, was Lange gemacht hat.

Vielleicht weiß bloß Lange selbst, wie bitter der Lorbeer ist – er und allenfalls noch Rätz. Bitter in vielfacher Hinsicht. Und daß noch viel, viel zu tun sein wird. Vor allem, wieder mal, für ihn selbst ganz allein.

Hedwig Minna Lange sagt seit Wochen, inzwischen komme er wohl gar nicht mehr nach Hause. Als Hermann Lange seiner Frau erzählt, daß Haarmann gestanden hat, freut sie sich, weiß als erfahrene Polizistenfrau aber auch, daß ihr Mann damit nicht gerade arbeitslos ist. Sie schüttelt den Kopf, als er sagt, daß ein Anonymus geschrieben habe, angesichts dieser vielen Massenverbrechen im Krieg sei das, was Haarmann getan habe, doch im Grunde gar nicht so schlimm; irgendwas sei da vielleicht sogar dran. Er möge, sagt Frau Lange, nun nicht noch sentimental werden.

Ansonsten liest Präsident von Beckerath in einer von Lange in diesen Tagen abgesegneten Preß-Erklärung, Haarmann habe angesichts der ihm vorgelegten Beweise und der Leichenteile gestanden. Lange sagt Beckerath, als er gefragt wird, wie das zu verstehen sei, die halbe Wahrheit: die Sache mit den Knochen. Kein Wort von den Lichtköppen. Es muß nicht jeder alles erfahren, auch nicht jeder Polizeipräsident.

Haarmann selbst, merkwürdig genug, wird zu Langes Komplizen und sagt kein Sterbenswort. Lange wäre seinem Massenmörder aber fast an den Kragen gegangen, als er ihn ernsthaft fragt, ob er als Belohnung für das Geständnis nicht endlich mal wieder einen Jungen haben könne.

Im übrigen sind vorrangig drei, genaugenommen vier Fragen zu beantworten: Wie hat Haarmann, über das ziemlich pauschal formulierte Totbeißen hinaus, seine Jungen zu Tode gebracht, wie hat er sie, quasi transportgerecht, präpariert? Wie viele, beziehungsweise wen im einzelnen hat er umgebracht? Hat er allein getötet oder hat er Komplizen gehabt, etwa diesen Hans Grans? Viertens, hat er die Jugendlichen nur umgebracht oder eben auch – aufgefressen?

Bei dem bisherigen Verhalten des H. ist anzunehmen, steht in einer weiteren Preß-Notiz, *daß er noch mehr auf dem Kerbholz hat. Die Ermittlungen sind noch nicht beendet.*

Erste Frage. Haarmann sagt, er hat sie mehr oder weniger alle totgebissen – in den Kehlkopf. Reich und Rätz haben Mühe, seine Schilderungen zu Papier zu bringen – wie er die Toten dann meist am nächsten Tag skalpiert, die Schädel auf einer Kokosmatte zerklopft und den Rest zerschnitten und zerhackt hat; dieser »Trommelwirbel« aus Haarmanns Wohnungen findet endlich seine genaue Erklärung. Bei den Taten selbst hätten immer zwei Petroleumlampen gebrannt, damit es warm war und man sehen konnte. Jedenfalls, betont Haarmann andauernd, habe er die Tötungen selbst im Rausch und insofern bewußt begangen und erlebt, und das Zerteilen der Leichen, vor dem Wegbringen der Teile in die Leine oder ein Gebüsch, sei keineswegs etwa ein perverses Vergnügen, sondern schwere, schlimme Arbeit gewesen.

Langsam glaube er, sagt Rätz zu Lange, Fritze beginne bereits mit der Vorbereitung seiner Verteidigung. Denn wer etwas unbewußt tut, sei's selbst ein Mord, kann ja im Grunde kaum als zurechnungsfähig gelten.

Er sei sich da nicht so sicher, meint Lange. Weshalb habe sich der sonst so vorsichtige Haarmann am 22. Juni derartig unvorsichtig verhalten, daß sie ihn effektiv, zur völlig ungelegenen Zeit, fangen mußten? Neulich sonntags, diese merkwürdige Sache mit Kurt Fromm?

Sie fragen ihn selbst.

Weil er Angst hatte, sagt Haarmann. Er hätte Fromm in der folgenden Nacht totgebissen – er wußte es, aber er wollte es nicht. Ein so lieber und hübscher Junge.

Aber die allermeisten, die du totgemacht hast, waren doch hübsch und lieb?

Ja, aber er sei dieses Leben auch leid gewesen, seit diesem Überfall im Februar, wo ihn ein paar Ganoven als Spitzel erkannt und zusammengeschlagen hätten. Er zeigt den lädierten Mittelfinger vor.

Und das ist wirklich alles?

Nein, gibt Haarmann zu, einmal mehr den Tränen nahe. Das mit dem Töten sei einfach so schlimm geworden gerade die allerletzte Zeit, also wenn das noch länger gedauert hätte, er glaube, er wäre verrückt geworden.

Zweite Frage: Wen? Und wie viele?

Da muß Hermann Lange, gleich am Anfang, eine Entscheidung treffen. Haarmann, nachdem es einmal raus ist, erzählt nahezu beiläufig, er habe wohl schon mal mit 16 einen Jungen erschlagen, und zwischen den Morden an Friedel Rothe 1918 und Fritz Franke 1923 seien wohl auch »einige passiert«. Aber so wird's doch uferlos, denkt Lange, und gemeinsam mit Rätz beschließt er, sich auf die Fälle zu beschränken, die sie kennen oder beweiskräftig kennenlernen werden.

Also, Fritz?

Rothe sei wirklich der erste gewesen, sagt Haarmann, Witzel wirklich der letzte. Im Grunde wäre es ja egal für ihn, ob er zehn oder dreißig oder noch mehr gesteht, aber so ist Haarmann nun mal. Die Namen, sagt er überdies, kennt er fast alle nicht. Es ist wirklich, auch ohne jene »Unbekannten«, eine Sisyphusarbeit. Um die Namen herauszubekommen, um überhaupt eine Übersicht zu kriegen, aber auch, um die qualvolle Ungewißheit der vielen Angehörigen zu beenden, müssen Lange und seine Männer eine umfangreiche Aktion starten und durchziehen.

In einer Vernehmungspause wird nochmals Haarmanns Wohnung in der Roten Reihe durchsucht, und diesmal wird alles mitgenommen, was nicht niet- und nagelfest ist: weitere Stapel an Kleidung, Messer, Schlüssel, Eimer, Schüsseln, eine Aktentasche – und Bücher. *Von Herz zu Herzen. Die Tragödie des Fürsten zu Borgstedt. Percy Stuarts erste sportliche Niederlage.* Die Erbauung eines Mörders oder eher die Freizeitlektüre seiner Opfer?

Alles kommt auf den Basartisch, wie sie ihn rasch nennen, in der geräumten Obdachlosenhalle im Hof des Präsidiums, und dort herrscht dann, wenigstens stundenweise, tatsächlich ein Gedränge wie im Basar.

Ein Gedränge, in dem immer wieder auch geweint wird. Denn es kommen nicht nur Leute, die von Haarmann, Grans, den Eheleuten Engel, Frau Engels Sohn Theo oder Haarmanns Freß- und Saufkumpan Wegehenkel außer Fleisch auch Kleider und Schuhe gekauft haben und sie brav abliefern – es kommen mehr und mehr Eltern und Angehörige von Vermißten, und mehr und mehr kommen in Trauerkleidung.

Schon am ersten Tag wird der achte Mord geklärt: Die Mutter sowie der Stiefvater von Ernst Spiecker erkennen Kleider des Verschwundenen. Drei weitere am Tag darauf; die Zahl der Opfer steigt auf elf.

Am 4. Juli sind's fünfzehn. Es kommt immer wieder zu dramatischen Szenen.

Wenn Haarmann eines haßt in diesen Tagen, ist es tatsächlich der Kontakt mit dem Publikum. Seit er bei der Fahrt vom Gerichtsgefängnis, in dem er jetzt sitzt, zum Polizeipräsidium erkannt wurde und der Kraftwagen fast umgeworfen worden wäre, hat Fritz Haarmann nackte Angst – vor allem und jedem, außer »seinen« Beamten.

Aber gerade sie seien doch meist bei ihm, beruhigt Rätz. Außerdem, er habe doch gesagt, der Tod schrecke ihn nicht.

Ja und nein, meint Haarmann. Er sehe ja ein, daß er

hingerichtet werden müsse, aber deswegen müsse man ihn ja nicht gleich totschlagen!

Gegenüberstellungen lassen sich jedoch nicht ganz vermeiden. Herr Haarmann möge ihr doch sagen, fleht Frau Elisabeth Ehrenberg, daß er ihren Ernst umgebracht habe, dann habe sie wenigstens etwas Ruhe.

Haarmann bedauert: er wisse es wirklich nicht genau. Aber wahrscheinlich sei Ernst dabei – man möge ihn doch einfach hinzuschreiben.

Die Opfer-Eltern Gustav und Anna Hogrefe berichten Haarmann alles über ihren Alfred, was ihnen einfällt.

In dem Fall nickt der Gefangene. Ja, er erinnere sich, da war einer, das muß er gewesen sein!

Marie Huch hat offenbar immer noch die verzweifelte Hoffnung, Roland könne vielleicht doch noch leben. Sie hat Kleidungsstücke von ihm identifiziert, meint jedoch, Roland habe doch zeitweise alles verkauft, was nicht niet- und nagelfest war – vielleicht habe er Herrn Haarmann die Sachen ebenfalls nur verkauft, und vielleicht habe er den Roland ja gar nicht getötet.

Haarmann muß sie enttäuschen. Er erinnert sich zwar nicht an Roland, wohl aber an die Sachen. Und die seien nun leider nicht gekauft gewesen.

Witzel, einmal mehr, will ihn zusammenschlagen. Haarmann, wie der Blitz, ist unter dem Tisch verschwunden. Und diesen Sprung entwickelt er rasch zu Perfektion: immer öfter wollen ihm Eltern schreiend an den Hals fahren, und immer wieder muß die Polizei ihn schützen.

Vier Tische mit den Habseligkeiten einer immer noch unbekannten Zahl toter junger Männer stehen mittlerweile in der Halle. Einige wenige Male geht auch Präsident von Beckeratz zu den Eltern, und wenn jemand gerade eine Jacke oder einen Schlips als Eigentum seines Sohnes erkennt und zu weinen beginnt, spricht er ihm seine Anteilnahme aus – das Wiedererkennen ist ja nun mal die definitive Bestätigung dafür, daß der Junge tot ist.

Ansonsten aber, der Mörder wirkt wie erlöst, wenn ihm

gerade mal keiner was tun will. Paul Sebastian sieht ihn dreimal wieder, als er »seine« Eltern, die er immer noch betreut in diesen für sie so schweren Tagen, in den Basar begleitet. Kaum noch eine Ähnlichkeit mit dem Mann aus dem Moor, stellt Sebastian fest, auch wenn Haarmann, heute wie damals, Häftlingskleidung trägt.

Dreimal, wie gesagt, geht Paul hin, und dreimal kommt er fix und fertig nach Hause. Dieses Elend: was hat er falsch, was nicht gut gemacht? Wie hätte er es vermeiden können?

Auch Lange und Rätz haben den Eindruck, daß Haarmann sich in den Tagen nach dem Geständnis total verändert. Er ist nahezu sprunghaft munter, oft fast kindisch albern, weint viel seltener, am Ende kaum noch. Und plötzlich, immer noch in jenen ersten Tagen, fragt er, ob sie denn nun nicht doch auch den allerletzten gefunden hätten.

Lange, der sowieso nicht glaubt, daß Robert Witzel dieser allerletzte war, schlägt Haarmann vor, er möge es ihnen doch selber zeigen.

Ein Mann, ein Wort auch bei Haarmann. Er habe sich, beim allerletzten, einfach nicht mehr getraut, ihn »ganz« zu zerteilen, erklärt er; er habe ihn in vier Stücken und auf vier Gängen in den Georgengarten gebracht, übrigens in der Aktentasche des vorletzten, denn den gab es nach Witzel, ehrlich gesagt, auch noch. Natürlich wisse er noch genau, wohin, und könne es zeigen.

Es ist wieder mal Abend. Aber Lange will's wissen, informiert Staatsanwaltschaftsrat Wagenschieffer und ruft Schackwitz an. Auch Direktor Eggert, gerade aus dem Urlaub zurück, und dann gleich so ein Schlamassel, kommt mit. Und natürlich der Mörder selbst.

Wenig später graben mehrere würdige Herren im Licht ihrer Autoscheinwerfer mit Spaten in einem Gebüsch herum, nach den Angaben Haarmanns zwischen dem Georgen- und dem Schloßgarten südlich des sogenannten Milchhäuschens; sie fördern tatsächlich mehrere große Knochen zutage, an denen noch Gewebe- und Fleischreste hängen. Dann wird alles weitere auf morgen vertagt; Schutzpolizisten werden den Ort des Grauens erst einmal weiträumig absperren. Pflichtgemäß ruft Lange den Polizeipräsidenten an, der sich tief befriedigt zeigt und diesen ganzen Fall nach wie vor für eine der größten Leistungen seiner Kriminalpolizei hält.

Am Morgen darauf ist Lange dienstlich verhindert, und der urplötzlich krank aussehende Rätz leitet die weitere Aktion. Aus dem Teich neben der ersten Fundstelle werden in Ufernähe Beinknochen gefischt. Rätz besorgt einen Kahn, um vielleicht noch den Kopf jenes allerletzten, mutmaßlich des jungen de Vries, zu finden. Aber damit hat es sich – der Kopf bleibt verschwunden.

Auch ein Ausflug zum Friedhof Stöcken bleibt ohne Ergebnis. Haarmann hat sich plötzlich erinnert, den Kopf seines allerersten, Friedel Rothe, in der Kindergräberabteilung in Stöcken verbuddelt zu haben. Aber er findet die Stelle nicht wieder – es hat sich in den fast sechs Jahren seitdem zuviel verändert. Auf Haarmanns Einwand hin, man könne ja nicht wegen einem Kopf die ganzen Kindergräber ausbuddeln, wird die Suche abgebrochen.

Es ist die vorerst letzte Amtshandlung von Rätz. Der Arzt diagnostiziert eine totale Erschöpfung und ein Nervenfieber, und Lange und Reich müssen vorerst allein weitermachen.

Für Heranwachsende namens Koch ist Hannover tatsächlich eine lebensgefährliche, eine tödliche Stadt; nach dem nahezu vergessenen Hermann Koch wird als 16. Opfer Haarmanns Heinrich Koch anhand von Kleidern identifiziert, als 17. Toter Friedrich Koch, dessen Schülerduden gefunden worden ist – im Rahmen der Gesamtzählung der vorletzte überhaupt, derjenige, in dessen Schultasche der allerletzte fortgeschafft wurde. Dann springt die Zahl um mindestens weitere fünf nach oben.

Samstag, 5. Juli 1924. Mitarbeiter des Verkehrsamtes senken unter Polizeischutz den Wasserstand der Leine in der Innenstadt, was wegen der Schiffahrt vorher nicht möglich war. Aus dem Schlick bergen sie säckeweise Menschenknochen, alles in allem über 300, und Schackwitz macht Nachtschicht. Am Ende sagt er, am Sonntag morgen: es handele sich um Knochen von mindestens 22 Personen.

Woher er das so genau wisse? fragt Lange.

Ganz einfach, meint Schackwitz – es seien 22 rechte Oberschenkelknochen dabeigewesen. Ob es übrigens stimme, daß ihr Gefangener sich aufhängen wollte?

Das, sagt Lange, sei nun wirklich der größte Blödsinn seit Anfang an. Hauptdarsteller bringen sich doch nicht um!

Dann die dritte Frage. Gab es Komplizen? Wenn ja, war dieser Hans Grans derjenige, welcher? Und der einzige?

Der einzige schon, meint Haarmann, obgleich in einem Fall dessen Freund Wittkowski mitgemacht haben kann, bei einem, den gar nicht er gemacht habe, sondern den sie ihm unterschieben wollten, doch das wisse er nicht so genau. Und von wegen Komplize, was heißt Komplize – mitgemordet habe Grans zwar nicht, aber gewußt habe er alles oder wenigstens das allermeiste.

Von Anbeginn an sagt Haarmann solcherart gegen den lieben Hans aus, und dabei bleibt's. Grans habe gewußt, daß bei ihm Menschen ums Leben gekommen seien. Er entsinne sich: vor allem im Fall Franke, dem Berliner, sei Grans voll im Bild gewesen. Auch von der Tötung eines Jungen mit Breecheshose – Hannappel – habe Grans nicht nur Kenntnis gehabt, sondern sei erpicht darauf gewesen, dessen Anzug zu bekommen, und habe ihn deswegen überhaupt erst angeschleppt.

Schließlich habe ich den getötet. Als ich die Leiche zerstückelt und auch bereits weggeschafft hatte, kam Hans Grans und holte sich den Anzug des Getöteten.

Ja, und dann dies: Irgendwann hatte Grans Haarmann als Mörder beschimpft, und weshalb sollte man jemand Mörder nennen, wenn man nicht weiß, daß er einer ist? Und als er damals den Anzug bekam, nahm er Haarmann angeblich in den Arm und sagte zu Fritze, er sei doch der Beste, auf ihn könne man sich verlassen.

Noch bei einer seinen Prozeß vorbereitenden richterlichen Vernehmung Ende Juli wiederholt Fritz: *Ich bleibe bei meinen Angaben, daß Grans gewußt hat, daß ich von jenen jungen Leuten, die ich aus sexuellen Gründen mitnahm und die er mir ja teilweise auch zugeführt hat, mehrere umgebracht habe.* Grans sei ein Kuckucksei, habe er oft gesagt, die Natter an seinem Herzen. Und Grans habe dann nur entgegnet, Fritze, heutzutage muß man über Leichen gehen.

Es kommt zu mehreren merkwürdig undramatischen Gegenüberstellungen, mittlerweile auch bereits vor dem Untersuchungsrichter.

Ich bleibe dabei, sagt Haarmann ruhig, *daß ich die Wahrheit sage und Grans Bescheid gewußt hat.*

Ich bleibe dabei, sagt Grans ruhig, *daß auch ich die reine Wahrheit sage und von nichts gewußt habe.*

Aber da ist Grans, den Lange zuerst eher mit spitzen Fingern angefaßt hat, doch schon eine Weile in Haft – und weiß auch, daß er sich mit seinem Freund, dem Massenmörder Fritz, gemeinsam vor dem Schwurgericht verantworten muß. Wegen Beihilfe oder auf jeden Fall Anstiftung zum Mord.

Und die vierte, die Zusatzfrage. Diejenige, die viele Leute am meisten interessiert. Sie wird Haarmann mindestens zwölfmal gestellt und entschieden wie sonst kaum verneint. Nicht die Gretchen-, eher die Gruselfrage. Die Welt wird letztlich enttäuscht, wenngleich einer der nach wie vor erregten Väter auf Haarmann, »dieses Schwein«, zuspringt und ihn anbrüllt, er habe seinen Sohn gefressen.

Die Polizei teilt mit: *Haarmann bestreitet, entgegen umgehenden Gerüchten, menschliche Fleischteile verkauft, verschenkt oder für sich selbst verwendet zu haben.*

Originalton Haarmann, diesmal von Reich »übersetzt«: *Ich bestreite entschieden, jemals Fleisch gegessen oder verkauft zu haben!* Stereotyp wenig später: *Ich leugne GANZ entschieden, daß ich jemals Fleisch von den Leichen verkauft habe!*

Lange kann's kaum noch hören, vor allem, weil er Haarmann in dem Punkt einfach nicht über den Weg traut. Zum Glück kommt, inzwischen wirklich eine goldene Seele, Heinrich Rätz früher als erhofft vom Krankenlager zurück, und Lange kann endlich mal aufräumen. Das Schlachtfeld, sozusagen. Das Ganze kommt ihm, von Tag zu Tag, immer grotesker vor.

5. Aktenzeichen 11 J. 687/24

Ich bin der beste Mensch von Hannover

Eine verrückte Welt, meint auch Paul Sebastian eines Abends, zu zweit mit Berta. Ehrlich, manchmal glaubt man, die Leute sind alle meschugge; was das an Nerven kostet und böses Blut macht. Er wird bis ans Ende seiner Tage daran zu knacken haben, soviel weiß er längst.

Berta fragt voller Mitgefühl, welche Eltern denn am meisten weinten, wenn sie, an seiner Hand, in den traurigen Basar kämen.

Struß, sagt Paul. Wegen Frieda Struß aus Egestorf vor allem sei er dieser Tage so kaputt gewesen. Bei der sei man so hilflos, wenn sie um ihren Heinrich weine. Und Frau Schulze aus Egestorf: deren kranker Mann, sein erster Klient nach Georg Koch, sei nun tatsächlich gestorben. Manchmal wisse er nicht mehr, was er sagen solle.

Manchmal am besten gar nichts, sagt Berta.

Er hätte es ja damals nicht mehr verhindern können, meint Paul, aber er wisse es noch wie heute. Er sei damals mehrere Male am Hauptbahnhof gewesen, habe eines Nachts ja neben Grans gestanden, als er ein paar grüne Stutzen mit brauner Kante verkaufte; und es seien genau die von Struß gewesen! Genau die Strickstutzen, die im Basar auf dem Tisch lagen und über denen Frieda Struß zusammenbrach.

Es muß wirklich schlimm sein.

Es sei noch schlimmer. Dieses Düsseldorfer Ehepaar – Hannappel. Sie seien in die Baracke gekommen und sofort auf einen Hut zugestürzt, die Mutter habe laut aufgeschluchzt. Das sei der Hut ihres Sohnes Adolf, gar kein Irrtum. Auch Vater Hannappel hätten die Tränen in den Augen gestanden, und dieser Sonderbeamte, der Aufpasser, habe in dem Fall besonders dumm geguckt.

Paul legt eine Pause ein.

C'est à devenir fou – da wirst du verrückt! Hannappel habe seiner Frau leise erzählt, aber er habe es genau gehört, vor acht Monaten habe er geträumt, ein Mann habe Adolf den Hals durchgebissen, und jetzt ständen sie da und wüßten, daß es tatsächlich so war. Und an dem Hut hing ein Zettel – ein Kriminalbeamter habe ihn hier abgegeben. Haarmann habe ihm den Hut geschenkt!

Worauf willst du eigentlich hinaus?

Im Oktober vorigen Jahres beispielsweise, direkt vor Hannappel, habe dieser Haarmann vier Leute umgebracht, sagt der eilige Sebastian, statt wie im September bloß einen. Wenn er sich recht erinnere, kostete der Liter Vollmilch im Oktober über zwei Milliarden, statt wie im September nur alberne 150 Millionen. Inflation, wo du hingeguckt hast. Nachher kostete die Milch ja sogar noch über eine Billion, und Haarmann hat noch 20, 30 oder 40 Jungen den Hals durchgebissen. Meinst du, ein Mensch glaubt, daß diese 22, die sie bis jetzt identifiziert haben, schon alle sind?

Auf was er hinauswolle, fragt Berta nochmals.

Diese verrückte Zeit. Billionen und Blut – Paul redet und redet plötzlich wie ein Wasserfall. Diese Arbeitslosenquote, man muß ja froh sein, daß man noch zu tun hat, diese dauernden Demonstrationen, diese Angst überall. Schießereien, dauernd dieses Parteigezänk. Es wisse beim besten Willen nicht, ob das, was hier mit Haarmann passiert sei, in einer anderen Zeit möglich gewesen wäre. Diese Kriminalen – die sind doch die letzten Jahre am ausgestreckten Arm verhungert. Und dann kommt einer wie Haarmann und kauft ihnen Bier. Oder schenkt ihnen Hüte und was nicht alles.

So weit kommt's noch, sagt Berta. Am Ende gehe ausgerechnet er noch hin und verteidige die Polizei.

Die, sagt Paul lakonisch, habe inzwischen Ärger genug. Er könne ja wohl trotzdem mal sagen, daß es arme Säcke seien.

Erst ist Präsident von Beckerath nach Berlin gefahren, um im Innenministerium Rede und Antwort zu stehen; man rechnete im Grunde damit, daß der Obersack geschaßt würde. Aber er kam, in Amt und Würden, zurück, und dafür sind sie zu dritt nach Hannover gekommen: Der Berliner Regierungsdirektor Weiß, Kriminaloberinspektor Kopp, das Mord-As Kommissar Werneburg. Während Werneburg bei der zur Zeit noch laufenden Untersuchung, die Innenminister Severin persönlich angeordnet hat, nichts sagt und nur dann und wann den Mund verzieht, macht Weiß den Mund sehr weit auf: die Arbeit der hannoverschen Polizei sei vorbildlich gewesen, meint er sinngemäß – alle »Hetze« gegen die Polizei sei nur kommunistisch.

Diese verrückte Zeit – nach wie vor. Es wäre wahrlich ein Wunder, sagen, unabhängig voneinander, der Detektiv Paul Sebastian und der Polizist Hermann Lange, wenn der Fall Friedrich Haarmann nicht auch gründlich politisch ausgeschlachtet würde. Sozialdemokraten gegen Kommunisten, so heißt die grobe Stoßrichtung. Severing selbst und den hannoverschen Oberpräsidenten Gustav Noske vor allem haben die Bolschewiken im Visier; die beiden gelten seit jeher als führende Verfechter der sozialdemokratischen Law-and-Order-Politik, müssen ihre Polizei schon aus Prinzip mit Klauen und Zähnen verteidigen, tun es womöglich wider besseres Wissen und handeln sich deshalb die ungeheuerliche Beleidigung ein, sie befehligten eine »Severing-Noske-Haarmann-Polizei«.

Der Berliner Oberinspektor Kopp gehört, anders als sein Vizepräsident, nicht zu dieser Truppe. Bevor er zurückfährt, sagt er zwar, vor dem endgültigen Abschluß der Affäre dürfe man den Stab über niemanden brechen, räumt aber Fehler der hannoverschen Kripo durchaus ein. Außerdem räumt er mit der in Hannover verbreiteten Meinung auf, Haarmanns Untaten seien wieder mal die typisch homosexuellen Verbrechen. Dann nämlich, erklärt Kopp, müsse man anstandshalber auch sagen, die Mordserie des Berliners Großmann, dieses anderen Massenmörders der Zeit, der jedoch Mädchen metzgerte, seien typisch heterosexuell.

Und Lange räumt auf, immer noch. Er beschäftigt sich mit der Anzeige Meldau, eines, wie der Mann selbst sagt, an

Kriminalistik interessierten Sozialbeauftragten von Excelsior-Gummi in Hannover. Ferdinand Meldau hat sich um die Familie Witzel gekümmert, weil Vater Georg Excelsior-Werkmeister ist, aber auch Robert dort beschäftigt war; Meldau behauptet allen Ernstes, er habe festgestellt, daß Haarmann, bei aller Vielbeschäftigung, auch als bezahlter Kuppler für reiche Homosexuelle tätig war.

Es kann was dran sein, sagt sich Lange, aber muß man sich denn um jeden Mist kümmern? Er gibt den Vorgang an Kommissar Lyss vom Unzuchtsdezernat ab, der ihm bei der Gelegenheit en passant mitteilt, eine größere Zahl von Schwulenkneipen habe bereits dichtgemacht, und die Homos verließen Hannover scharenweise; etliche, immerhin, habe man auch einsperren können. Verständlich ist es, aber gewiß nicht rundweg gutzuheißen. Aktion saubere Stadt 1924.

Lange räumt auf. Man sieht sich seltener, er und Rätz auf der einen, Fritze Haarmann auf der anderen Seite. Lange entdeckt, daß Kommissar Müller, der mit dieser Menschen-Schweinefleisch-Affäre, zwar die von ihm verlangte dienstliche Äußerung geschrieben hat, aber reichlich pflaumenweich. Und im selben Arbeitsgang fällt ihm auch der Vorgang Knitta auf, wo es um den von Haarmann geschenkten Opferhut geht; bitter genug an sich, aber das Schlimmste ist nicht, daß Knitta jenen *Runderlaß betr. Annahme von Geschenken* des Polizeipräsidenten mißachtete, sondern daß er den schönen grünen Hut anonym und klammheimlich zu den Asservaten geben wollte, daß er erst dabei erwischt wurde.

Kaum einer, gegen den nichts vorliegt. Müller, von Lonski und Wickbold – der soll sich sehr aufdringlich einer bestohlenen Dame genähert haben. Lanzendorfer – der kann sich einfach nicht erklären, wie unter seinen Augen ein teures Stück Leder verschwunden sein soll. Selbst Rätz soll grob fahrlässig mal den Falschen verhaftet haben, wogegen er Fritze grob fahrlässig nicht verhaftete. Und auch Lyss kriegt was ab: er habe, heißt es in einer Beschwerde, geduldet, daß einer seiner Leute aus Lust und Laune ein Paar festnahm, weil es sich in einem Hausflur geküßt hatte.

Die Geschichte mit Haarmanns Detektiv-Ausweis, mit dessen Hilfe er, mit und ohne Grans, durch die wenigstens manchmal von der echten Polizei kontrollierten Wartesäle strich. Die Geschichte des zwielichtigen Ex-Kommissars und Privatdetektivs Olfermann, der vielleicht die Idee dazu hatte. Ein selbst angefertigter Stempel, das Ganze von Olfermanns »Mitarbeiter«, Fr. Haarmann selbst unterschrieben und geschickt in eine aufklappbare Lederhülle geklebt. Aber dieser Text, dazu ein Foto, auf den die Leute, auch die Polizeileute, offenbar in Scharen hereinfielen!

Ausweiß Karte. Inhaber dieser Karte Fr. Haarmann, Hannover, Rote Reihe 2 ist Dedektiv der »Lasso«. Haarmann arbeitet für das Hannoversche Polizei Präs & bittet allen in Ausführungen seines Berufes um Beistand. Amerikanische Detektive Lasso.

Lächerlich. Gar nicht lächerlich indessen ist die Zeugenaussage des Privatdetektivs Meyer, der unter Eid beschwören will, er habe einen von Müller unterschriebenen und mit dem Hoheitsadler des Präsidiums beglaubigten »Ausweis« gesehen, mit dem alle Polizeidienststellen gebeten wurden, Haarmanns Tätigkeit für die Polizei Hannover zu unterstützen. Müller bestreitet das strikt, aber man würde ihm sicher mehr glauben können, wenn es nicht die eidesstattliche Versicherung eines anderen Spitzels gäbe, der ebenfalls eine solche »Bescheinigung« besessen haben will.

Am meisten erschüttert Lange die Geschichte des Kriminalbeamten Brauns, der 1918 die erste Durchsuchung bei Haarmann leitete, noch in der Celler Straße bei der Suche nach Hermann Koch und Friedel Rothe. Da kennt Haarmann keinen Pardon – er hat ausgesagt, während der Brauns-Aktion habe in einer Kiste noch Friedels Kopf gesteckt, und er habe wahrhaftig Blut und Wasser geschwitzt.

Lange erfährt von einer besonders aparten Postkarte, die Haarmann einem erkrankten Kripobeamten geschickt hatte. *Wir alle hoffen, du bist nur besoffen!* Aber von solchem Blödsinn und dem Unfug in Sachen Lyss und vielleicht Rätz mal abgesehen: man wird, mit und ohne Regierungskommission, kaum umhin können, einigen Kollegen disziplinarisch recht kräftig auf die Füße zu treten. Praktisch heißt das: Strafversetzung und ab nach Oberschlesien!

Eines Tages muß Lange zu einer Pressekonferenz des Präsidenten, der sich und seine Leute vor den Vertretern vorrangig internationaler Blätter ins richtige Licht setzen will. Herr von Beckerath wirkt hinterher deutlich ungehalten, weil der Kriminaloberinspektor sich auffällig zurückgehalten hat. Aber ist es ein Wunder, nach allem, was immer noch passiert? Und in Anbetracht der schweren Last, die Hermann Lange total allein mit sich herumschleppt, Stichwort Lichtköppe, die Sache, die immer noch jeden Tag rauskommen kann?

Dann kommt tatsächlich der Tag, an dem Rudolf von Beckerath, entweder von den Vorwürfen gegen seine Kriminalpolizei genervt oder vom Verfolgungswahn besessen, endgültig aus der Deckung geht und wütend um sich schlägt. Der Polizeipräsident veröffentlicht ohne echten Anlaß einen Artikel mit folgenden pauschalen Beschimpfungen.

Der Vorwurf, die Polizei hat durch ein spätes Einschreiten die Verbrechen des Haarmann begünstigt, ist absolut sinnlos! Es ist zu berücksichtigen, daß die furchtbaren Vorgänge sich in dem ältesten und engsten Stadtteil in einer Umgebung abgespielt haben, in der das verdorbenste Proletariat haust. Alle dabei beteiligten Personen, auch die meisten unglücklichen Opfer, sind mehr oder weniger verwahrlost und moralisch minderwertig – fast alle stehen mit der Polizei auf gespanntem Fuße und betrachten sie als gemeinsamen Feind! Will meinen, nur die Minderwertigen sind schuldig, weil sie den Kriminalen zuwenig geholfen haben.

Lange liest die Erwiderung der »moralisch Verwahrlosten« gleich am nächsten Tage mit einer gewissen klammheimlichen Zufriedenheit. 78 gutsituierte Bürger der hannoverschen Altstadt *erheben gegen diese Erklärung den schärfsten Protest, da sie geeignet ist, das Ansehen der Bewohner der Altstadt herabzusetzen ... wir sind der Auffassung, daß die Polizeibehörde in hohem Maße durch ihr vollkommenes Versagen an den Geschehnissen mit verantwortlich ist ... von der Polizeibehörde verlangen wir, daß sie ihre beleidigenden Äußerungen zurücknimmt!*

Ihn, Lange, betrifft es nicht. Und so wenig er grundsätzlich mit den Kommunisten im Sinn hat: der Kommentar des kommunistischen Reichstagsabgeordneten Iwan Katz zu diesen Vorgängen zergeht ihm offenbar doch auf der Zunge, auch, wenn er über das Ziel hinausschießt.

Nicht nur Polizeipräsident von Beckerath, sondern sicherlich auch Gustav Noske, der Oberpräsident der Provinz Hannover, sowie der preußische Innenminister Carl Severing hätten wegen der Haarmann-Vorfälle sofort zurücktreten müssen, sagt Katz, *wäre nicht im politischen Leben Deutschlands lange alle Scham zu den Hunden geflohen!* Ein sprachgewaltiger Mann, dieser Ober-Bolschewik, ein unangenehmer Feind: Bessere Erfolge als die Kriminalpolizei in Sachen Haarmann *würde wahrscheinlich jede Toilettenfrau erzielen können, die ihre kriminalistische Vorbildung durch die Lektüre eines Kriminalromans gewonnen hat.*

Zurückgenommen wird, andererseits, von der Polizei natürlich nichts. Wo kämen wir denn da hin, sagt von Beckerath. Im Prozeß werde sich schon zeigen, wem hier Unrecht geschieht.

Bis dahin wird noch einige Zeit vergehen. Aber die Akten der Kriminalpolizei werden der Staatsanwaltschaft übergeben; der Fall bekommt das Aktenzeichen 11 J. 687/24. Und die Justizbehörden beschließen, um allem vorzubeugen, Fritz Haarmann auf seinen Geisteszustand untersuchen zu lassen, stationär, mehrere Wochen lang in Göttingen.

Der Göttinger Geheimrat Schultze hat Haarmann schon mehrfach im Gerichtsgefängnis Hannover besucht, in dem er inzwischen schmort; im Gegensatz zu dem prominenten Berliner Anwalt Frey, der sich unter anderem mit dem Shakespeare-Zitat »Gott schuf ihn, also laßt ihn für einen Menschen gelten« vergeblich um die Verteidigung des Massenmörders bemühte, hat Haarmann zu Schultze von Anfang an ein erstaunlich gutes Verhältnis. Trotzdem müssen Rätz und Reich einige Tricks anwenden, um Haarmann auf das, was nun auf ihn zukommt, vorzubereiten: man werde mal einen

Ausflug, eine Tour nach Göttingen machen und da auch mal den Professor besuchen. Außerdem, Fritz, droht in Hannover deinetwegen ein Aufruhr, und dann bleibst du so lange weg, bis es wieder ruhig ist. Haarmann hat, merkwürdig genug, inzwischen echte Angst davor, man könne ihn für verrückt erklären; Rauschzustände hatte er ja, betont er immer wieder, Bewußtseinsausfälle natürlich auch, aber deswegen ist einer doch nicht meschugge!

Frühmorgens, als es noch dunkel ist, startet der Kraftwagen, mit Haarmann, Rätz, Reich, dem neuerdings hinzugezogenen Beamten Schweimler sowie dem Fahrer etwas überbesetzt. Der 16. August 1924: Haarmann sitzt gegen die polizeiliche Regel auf dem Rücksitz außen, damit die Leute, wenn sie das Polizeiauto erkennen, glauben sollen, der neben ihm in der Mitte sitzende Schweimler sei der Massenmörder. Irgendwo am Harzrande geht die Sonne auf, und Haarmann läßt anhalten und sagt fast verklärt: Wie schön!

Gleich mittags, nach der Ankunft, gibt es in der Provinzial-Heil- und Pflegeanstalt Göttingen Bouillonsuppe, Braten, Kartoffeln und Gurkensalat; danach raucht Haarmann eine Zigarre und sagt, mit sich und der Welt endlich wieder zufrieden, nochmals: Ist das schön!

Am 18. aber wird's ernst. Schultze und ein Stenograph betreten den gesicherten Raum, in den man den Mörder verbracht hat. Haarmann erhebt sich, nimmt militärische Haltung an und begrüßt die Herren per Handschlag. Man nimmt allseits Platz, und Schultze redet den Mörder fortan ohne große Vorreden mit »Fritz« und »Sie« an. Ganz so ernst, wiederum, wird's allerdings auch nicht, denn der gutgelaunte Delinquent stimmt bereits in der ersten Stunde der Exploration das bekannte Lied vom deutschen Rhein an. Außerdem gibt er sich als Bewunderer bedeutender Militärs wie Napoleon, als Lutheraner, Nichtwähler und Kommunistenfresser zu erkennen.

Er sei ja nun nicht verheiratet, erklärt Haarmann auf die Frage nach seinem Personenstand, aber na und, auch Jesus sei schließlich unverheiratet gewesen. Schultze fragt verblüfft, was er denn damit sagen wolle, Haarmann gibt jedoch keine nähere Erklärung. Immerhin, man ist beim Thema, und Haarmann singt, schluchzend, das fromme Lied: So nimm denn meine Hände und führe mich bis an mein selig Ende.

Noch eins drauf: was, bitte, sei ein Sakrament?

Sakrament noch mal! meint Haarmann prompt – ein Fluch. Es ist zum Weinen oder zum Lachen, je nachdem. Aber ein Gutachter wie der Geheimrat Schultze weiß natürlich, daß, seit Menschen über Menschen richten, kein noch so schauerliches Kriminalverfahren ohne Kabaretteinlagen über die Bühne geht; es wäre ja sonst auch kaum auszuhalten.

Sie sprechen, nicht ohne Hintersinn, über die Zehn Gebote und kommen erst auf den Ehebruch zu sprechen; Haarmann lehnt ihn strikt ab und erklärt, er habe ihn auch nie praktiziert, als er sich noch für Frauen interessierte. Sie kommen auf *Du sollst nicht töten* zu sprechen, was Haarmann ja, wie Schultze sarkastisch anmerkt, nicht immer befolgt habe; der Delinquent aber sagt nicht ungeschickt, es sei ja doch einfach so über ihn gekommen, er habe es ja gar nicht gewollt. Und kurz vor dem Ende der ersten Sitzung sprechen sie über den Tod in der Form, mit der Haarmann fest rechnet: der Hinrichtung unter dem Fallbeil.

Er will noch in diesem Sommer hingerichtet werden, bittet Haarmann, auf keinen Fall im Winter.

Es könne doch in einem warmen Raum stattfinden, gibt Schultze zu bedenken; schon hier blitzt sein berühmter Humor auf. Wo, bitte, stehe geschrieben, daß einer vor der Hinrichtung auch noch frieren müsse?

Ja, dann, sagt Haarmann, sei es ihm egal. Seine Verwandtschaft möge ihn allerdings mal besuchen.

Was das jetzt damit zu tun habe?

Wieso? sagt Haarmann. Wenn er erst oben im Himmel sei bei Muttern, könne er ihr doch was ausrichten von ihren Kindern, sei doch praktisch!

Da wirkt Schultze doch etwas verärgert. Er zumindest

könne sich nicht vorstellen, meint er verbittert, daß einer wie Fritz Haarmann überhaupt in den Himmel komme.

Haarmann stampft böse mit dem Fuß auf. Doch! Er komme doch zu Muttern! Kriminal Reich habe es auch gesagt, und der müsse es ja schließlich am besten wissen.

Die Krise zwischen ihnen hält eine Weile an, vor allem, weil man sich wohl doch noch nicht so gut kennt. Aber dann bricht das Eis, als Schultze endlich mal Ordnung in Haarmanns Familien- und in Haarmanns eigene Frühgeschichte bringt. Da ist bislang wirklich etliches versäumt worden, erkennt Schultze, man weiß ja mittlerweile, daß ungute häusliche Verhältnisse, aber auch unschöne Erlebnisse im juvenilen Alter durchaus zu Fehlentwicklungen führen können. Außerdem, Haarmann schwatzt gern, und gerade hier gibt es jede Menge zu schwatzen, wahrhaftig Tage um Tage.

Schultze, der grauschnurrbärtige Bilderbuchpsychiater mit dem Charakterkopf, hätte sein Vater sein müssen; dahingehend äußert sich Haarmann beinahe wehmütig, alles wäre dann anders gelaufen. Aber den Vater, den er hatte: muß man sich nur mal vorstellen, der hat vier unschuldige Menschen auf dem Gewissen, buchstäblich umgebracht!

Der hat was?

Einen Heizer hat er von der Lok geschmissen. Einen Kollegen hat er totgeschlagen, weil er nicht mit ihm ins Bordell wollte. Einen Halbbruder von Fritz hat er ermordet, weil er ihm im Wege war. Und die eigene Frau, die Mutter von Fritz, hat er vergiftet!

Fürchterlich. Bloß, in keinem dieser Fälle ist ermittelt worden, geschweige denn, daß Haarmann senior verurteilt worden wäre.

Ein Bruder hat ein zehnjähriges Mädchen vergewaltigt, und seine Schwestern sind alle geschieden worden, weil sie fremdgingen. Und der Vater hat eine Hure ins Haus geholt, als die Mutter noch lebte.

Fürchterlich, in der Tat. Aber ganz so schlimm wird's

womöglich nicht gewesen sein. Und nun wirklich, sagt Schultze, mal der Reihe nach.

Er war kein guter Schüler, räumt Haarmann verschämt ein, und ist zweimal sitzengeblieben. Er mußte in der familieneigenen Zigarrenfabrik Tabak strippen, während andere Kinder draußen spielten. Gerade mal ein halbes Jahr hielt er es als Elektroschlosserlehrling aus, dann ging er zum Militär. Hauptsache, von zu Hause weg.

Die wenig ruhmreiche kriegerische Karriere Haarmanns – dabei war er immerhin der beste Schütze der Kompanie – wäre eigentlich wenig erwähnenswert, wenn's da nicht einige merkwürdige Zwischenfälle gäbe. Haarmann war ein halbes Jahr auf der Unteroffiziervorschule in Neubreisach und in dieser kurzen Zeit zweimal wegen geistiger Störungen im Lazarett, einmal wegen einer Art Hitzschlag bei einem strapaziösen Geländemarsch. Beim zweiten Mal wurde er wegen »Epileptischen Irreseins« nach Hannover entlassen. Da war er gerade 17 Jahre alt geworden.

Bis er 24 Jahre alt wurde, schwatzt Haarmann, habe er sage und schreibe siebenmal mit Nervenärzten und Irrenanstalten zu tun gehabt; am schlimmsten sei es in Hildesheim gewesen, wo er dreimal war und sie ihn für verrückt erklärt hätten. Was genau sie erklärt hätten, könne der Professor ja nachlesen – inzwischen habe die Polizei ja sein Leben datenmäßig zusammengestellt.

Schultze liest, der Reihe nach: von offenbar angeborenem Schwachsinn. Von gemeingefährlicher Geisteskrankheit und unheilbarem Schwachsinn. Von Schwindelanfällen und Schwächezuständen. Von Hebephrenie, sprich Jugendirresein, und Epilepsie. Von moralischer Minderwertigkeit, jedoch ohne Geisteskrankheitswert. Es mag mühsam sein, aber man wird sich wohl ein eigenes Urteil bilden müssen.

Zwischen Hildesheim und der letzten nervenärztlichen Untersuchung in Hannover war Friedrich Haarmann entwichen und nach Zürich geflüchtet, wo ein wenig später verstorbener Verwandter der Mutter lebte; man lese und staune, nahezu eineinhalb Jahre blieb er trotzdem in der Schweiz, ging zum ersten und einzigen Mal bisher einer geregelten Tätigkeit nach und kriegte über 100 Franken im Monat. Hatte eine Zeitlang sogar eine Freundin, Verena, darauf kommen wir noch, auch auf andere Damenbekanntschaften – und war kaum zurück, als der dauernde Krach mit dem seit 1888 pensionierten Vater wieder losging.

Der Grund war wohl der, sagt sich Schultze zwischen Haarmanns Haßtiraden: zum einen war der Alte tatsächlich ein unangenehmer Zeitgenosse, zum anderen hielt er seinen Jüngsten, der sich immer auf seine Krankheit berief, für arbeitsscheu. Und damit, wiederum, lag er zumindest nicht ganz schief, wie sich zeigte.

Immerhin gab der Vater dem Sohn 1500 Mark, nachdem er in den letzten Tagen des vorigen Jahrhunderts mit einer gewissen Erna, darauf kommen wir noch, intim geworden und eine Verlobung eingegangen war; damit richtete sich das junge Paar, im Anschluß an eine ebenfalls von neurasthenischen Anfällen unterbrochene zweite, etwas längere, Militärzeit beim Generalkommando Straßburg, in Hannover einen Feinkost- und Fischkonservenladen ein. Verlobung und Laden jedoch gingen den Bach runter, und danach tat Fritz im Grunde nur noch dreierlei: er versuchte sich ergebnislos als Versicherungsvertreter, betrieb erfolgreich eine Rentenanerkennung als Militärinvalide – und klaute. Und der Rest ist bekannt.

Bündelweise Vorstrafen, ein Leben total auf der schiefen Bahn. Trotz und alledem, vielleicht auch gerade deshalb: der Geheimrat Schultze weiß, daß andere Menschen mit einer noch viel schlimmeren Biographie ihr Leben durchaus in den Griff gekriegt haben – daß das Umfeld, mit anderen Worten, höchstens ein Indiz für eine eventuell erworbene Zurechnungsunfähigkeit ist, nicht mehr, aber auch nicht weniger.

Sie sind längst gut Freund, zumindest aus Haarmanns Perspektive. Um so verblüffter ist er, wenn es immer wieder mal aus Schultze herausbricht, auch wenn er versucht, seine verbalen Attacken in rhetorische Fragen zu kleiden: Ist das etwa ein anständiger Kerl, der 17 Morde oder mehr auf dem Gewissen hat? Muß ein solcher Mann nicht aus der Gesellschaft entfernt werden? Muß man Sie nicht für jeden einzelnen köpfen? Ein solches Schwein habe ich noch nie gesehen!

Haarmann reagiert auf seine Art und scheint es grundsätzlich nicht sehr tragisch zu nehmen. Erstens, häufig nickt er zustimmend, zweitens pfeift er mal – in der richtigen Tonlage, wie Schultze fairerweise notiert – bewegt ein Lied: Harre, meine Seele, harre des Herrn!

Und dann wiederum schenkt der Geheimrat dem Schwein – dem armen Schwein – auch schon mal eine Zigarre und des Sonntags zwei oder drei. In einer solchen lockeren Situation versucht Haarmann plötzlich, den entsetzten Professor zu umarmen und zu küssen; der greift sich instinktiv an den Hals, während er den Massenmörder abwehrt. Der sagt dann beinahe vorwurfsvoll, IHN hätte er doch nicht gebissen, und plappert gleich darauf frohgemut drauflos: der Professor solle sich getrost mal an Ort und Stelle über ihn erkundigen – er werde überall bloß hören, Fritz Haarmann sei wirklich der beste Mensch von Hannover! Daraufhin sagt Schultze, erkennbar etwas unwissenschaftlich erstaunt: Aber Fritze, das glauben Sie doch wohl selbst nicht.

17 Morde bis dahin, und wer weiß, was noch kommt. Es kann nicht ausbleiben, daß gelegentlich wenn schon nicht von Reue und Schuld, so doch von Gericht und Sühne geredet wird – von der Todesstrafe, die Haarmann so gut wie sicher ist, wenn er zurechnungsfähig ist, vom Köpfen. Und dann sehnt er sich geradezu danach, endlich das irdische Jammertal zu verlassen, fordert allerdings kategorisch, der abgeschlagene Kopf müsse auf jeden Fall mit dem übrigen bestattet werden, damit er im Himmel auch sehen könne.

Ein Kreuz mit dem Mann, stöhnt Schultze. Manchmal kommt's ihm vor, als habe er ein Chamäleon vor sich, aber da ist er ja nicht der erste. In Neubreisach gab es welche, die glaubten, er sei der Kantinenpächter, andere hielten ihn für den Kompanieführer, wieder andere für den Pfarrer. Manchmal reut es Schultze, daß er den Auftrag angenommen hat. Indessen, es hilft ja nichts. Er geht es methodisch an, nach wie vor.

Haarmanns Verhalten gegenüber anderen: er entschuldigt sich, fast täglich, daß er schlecht rasiert ist; weiß der Kuckuck, warum er's dann nicht besser macht. Er fängt von früh bis in die Nacht Fliegen, gar nicht ungeschickt, und klagt über die vielen Ohrkrabbler in Göttingen. Höflich ist er, betont höflich: steht jedesmal auf, wenn Schultze und dessen Stenograph hereinkommen, und gibt ihnen die Hand. Macht unaufgefordert die Lichter an, wenn es dämmert, sagt, wenn die Rede auf Weihnachten kommt, die Weihnachtsgeschichte auf, und nicht ein einziges Mal ist die Rede von Oktober, ohne daß Fritz darauf hinweist, in dem Monat sei er geboren.

Haarmanns Fähigkeiten: rechnen kann er dem Anschein nach sehr schlecht, und in Geographie ist er schwach, und ob die Sonne im Osten aufgeht oder im Westen, weiß er genausowenig wie die Antwort auf die Frage, ob ein Kilo Blei schwerer ist als ein Kilo Federn. Napoleon, klar, den haben sie bei Sedan gefangen, bloß weiß Haarmann nicht, welchen Napoleon. Tabakblätter strippen und Zigarren herstellen aber, da macht ihm keiner was vor – gelernt ist gelernt. Das einzige Nicht-Kriminelle vielleicht, das Haarmann jemals richtig gelernt hat, aber ohne Freude.

Haarmann sowie die ihm Nächststehenden: er freut sich unheimlich, als Rätz ihn grüßen läßt. Er fragt besorgt, ob der junge Stenograph nicht Schaden an seiner Seele nehmen könnte, wenn sie auf die »schlimmeren Dinge« zu sprechen kämen. Regt sich auf, als Schultze sagt, der im Raum neben Haarmann einquartierte Reich habe gemeint, Fritze schnarche, denn er schnarche nie! Sagt dann wieder besorgt, als Schultze ihn mal am Sonntag exploriert, ob das denn sein müsse – er mache sich noch kaputt. Und plötzlich, nachdem er eben noch schwadronierte, die Köchin möchte einen so hübschen Mann wie ihn, Fritz, wohl gern heiraten, weil sie ihm jeden Tag einen Käse schenkt, plötzlich hat er eine fixe Idee – hier im Essen ist Gift, die wollen mich umbringen! Schultze meint, das sei Unsinn, in Göttingen werde ebenso mit Wasser gekocht wie überall, und Haarmann beruhigt sich und trällert einmal mehr ein Lied: Trink Wasser wie das liebe Vieh und denk, es ist Krambambuli! Sprunghaft, launisch und bekloppt, daß man verrückt werden könnte.

Haarmanns Lebensgewohnheiten, normalerweise: manchmal bis zu 20 Zigarren am Tag, aber keine Zigaretten, die hat er immer verschenkt. Wenig Alkohol normalerweise; manchmal sei er nach einem Bier duhn, und wenn's mal mehr sei, sei er tagelang krank. Richtig arbeiten könne er in der Tat nicht, denn auch davon werde er krank. Und er zitiert den Stabsarzt von Straßburg: Fritz, du siehst aus wie ein schöner Apfel, aber im Herz ist der Wurm drin!

Letztlich das Sexualleben: wirklich ein eigenes Kapitel.

Erna, die Braut, ist die eine Frau, von der er manchmal noch träumt, das Kindermädchen Verena aus Zürich die andere. Aber spätestens seit 1918 träumt er doch wohl fast ausschließlich von Männern, hübschen jungen vor allem, und weiß, wie solche Träume zu realisieren sind.

Einer namens Adolf hat ihn drauf gebracht, 1918, der Kammerdiener eines Grafen, erheblich älter; bis dahin war Haarmann allenfalls das, was man bisexuell nennt. Und vielleicht war's überhaupt nur ein frühjuveniler Schock, der ihn »anders« gemacht hat: mit 16 ist er zu einer älteren hübschen Frau fensterln gegangen, und dort hat man ihn erwischt und bestraft, wohingegen, wenn er mit Jungs was gemacht hat, ist er kaum je richtig bestraft worden.

Träume also, die erst nach und nach manifest wurden.

Im Moment allerdings sind sie schwer zu realisieren. Alle diese schönen jungen Studenten in Göttingen, klagt Haarmann, sogar Inder – er brauche mal wieder einen. Endlich! Wie lange das jetzt schon her sei!

Er könne ihm doch keinen Jungen zuführen, sagt der Geheime Rat kopfschüttelnd. Geht nicht, Fritz!

Aber wenn einer von euch aufpassen würde?

Geht nicht, Fritz.

Und Haarmann resigniert. Es sei ja leider auch wahr, sagt er. Wenn er hier rauskäme, ehrlich: in vier Wochen wären bestimmt wieder welche tot.

Schultze fragt reichlich pragmatisch, ob sie ihm das Ding nicht abschneiden sollten?

Haarmann, noch pragmatischer: es sei unnötig, weil ihm so und so was abgeschnitten werde. Nämlich der Kopf, was sonst?

Überhaupt, der Stenograph hält denkwürdige Gespräche fest.

Haarmann: Er werde bestimmt ein Denkmal kriegen mit einem Bild aus Kupfer, und dann sei er berühmt. Er, der Professor, sei ja schon berühmt.

Schultze etwas grämlich: Er sei berühmt, weil er sich mit einem wie Fritz abgeben müsse.

Haarmann: Ja, aber das sei doch auch was! Ob der Herr Geheimrat nicht gut aufgelegt sei?

Schultze: Manchmal rede Fritz ihm zu viel.

Na gut, sagt Haarmann, eigentlich solle er ja reden, aber er könne gern den Mund halten. Womöglich solle der Professor zusehen, daß er fertig werde, sonst gingen die professoralen Nerven noch ganz kaputt.

Dabei gibt es noch so viel zu klären, und deswegen dauert es ja auch noch Wochen. Schultze ist wie die meisten Psychiater ein heimlicher Detektiv, und er klärt unter anderem folgende Ermittlungslücken.

Hans Grans: der war wohl in der Tat Haarmanns Mitwisser. Warum sollte Haarmann andernfalls grinsend sagen, er wolle ja gar nicht, daß Grans geköpft werde, aber Hans habe allen Grund, jedes Jahr zum Geburtstag von Fritz einen Kranz an das Denkmal von Fritz zu bringen?

Kannibalismus: wahrscheinlich eben doch – da hat Haarmann lediglich eine massive Schamschranke. Warum regt er sich ungeheuer auf, als er berichtet, sein eigener verfluchter Vater habe behauptet, er habe ihm und der übrigen Verwandtschaft Hermann Kochs Fleisch verkauft?

Homosexualität als Mordhintergrund: da sollte man ja doch wohl eher an einen allgemeinen Sadismus denken, der bestimmt in jedem Fall zum Durchbruch gekommen wäre. Warum sonst sagt Haarmann, wenn er statt mit Jungen mit Mädchen zu tun gehabt hätte, wären »die« drangewesen?

Kuppelei: da dürfte wohl auch was dran sein. Haarmann behauptet ernsthaft, sogar angesehene Gerichtspersonen mit Jungen zusammengebracht zu haben.

Einen Punkt immerhin klärt Schultze bis zuletzt nicht: ob Friedrich Haarmann die Opfer vielleicht doch erdrosselt hat. Dabei hätte er gerade das zu gern gewußt, und nicht nur er. Denn dann wäre Haarmann beim Morden doch wohl bei Verstand gewesen.

In Hannover warten sie gespannt auf jede Zwischenmeldung aus Göttingen. Oberstaatsanwalt Dr. Leopold Wilde hat mittlerweile das Heft selbst in die Hand genommen, und er weiß, auf was es ankommt:

Die Geister werden sich tatsächlich an der Frage scheiden, welche Arten der Tötung der Mörder praktiziert hat. Nur wenn demnächst einwandfrei feststeht, daß Friedrich Haarmann bei den Tötungen »bei sich« war, kann er von der ganzen Schärfe des Gesetzes, will hießen der Guillotine getroffen werden.

Man werde sich, heißt es zuversichtlich, auf Schultze sicher verlassen können. Auch die Sache mit der Epilepsie, von der man neuerdings höre, sei wohl kaum überzubewerten.

Die Sache mit der Epilepsie, immerhin, ist nicht so ganz von der Hand zu weisen. Von der Vorgeschichte mal abgesehen, eines Morgens ist Haarmann von einem Pfleger bewußtlos und mit Schaum vor dem Mund auf dem Fußboden angetroffen worden, und andere Pfleger berichten, er stöhne nachts häufig so grauenhaft, daß man meine, er morde.

Schultze wird den Verdacht nicht los, daß Haarmann in der Tat Epileptiker ist; es würde auch einige Intelligenzdefekte erklären. Aber das würde ja wohl nicht automatisch bedeuten, daß zwischen Haarmanns Epilepsie und Haarmanns Bluttaten ein kausaler Zusammenhang besteht. Und so meint Schultze, inzwischen doch gegen Ende der Untersuchung, er wolle ganz offen sein – er glaube nicht, daß Fritz krank beziehungsweise verrückt sei.

Haarmann atmet förmlich auf. Er habe immer befürchtet, er komme, statt geköpft zu werden, doch wieder nach Hildesheim; also, dann wäre er ins Wasser gesprungen! So aber sei es eine saubere Sache, und wenn alles vorbei und er tot ist, werde er bei seinen Geschwistern jede Nacht spuken.

Am Abend des 25. September 1924 führen der Geheimrat Schultze und der unheimliche Menschenschlächter, der sich manchmal benimmt wie ein Kind, das letzte Gespräch. Haarmann übergibt Schultze einige handgeschriebene Seiten, den Roman über sein Leben, für den es gewiß Millionen gibt, wie er meint; Schultze soll ihn mit gutem Profit auch für sich verkaufen, aber dafür sorgen, daß vor allem Haarmanns Denkmal mit dem Erlös finanziert wird. Schultze sagt ja, ja zu dem neuen Nonsens, der allenfalls etliche interessante Passagen für den Psychiater enthält, und eigentlich ohne Grund gibt es urplötzlich Krach wie nie zuvor.

Ob der Professor zu seiner Hinrichtung komme? fragt Haarmann und ist enttäuscht, als der den Kopf schüttelt. Aber im Gericht wenigstens werde man sich doch wohl noch sehen?

Diesmal nickt Schultze. Er glaube, meint er nachdenklich, Fritz werde sich noch oft nach dieser Göttinger Zeit zurücksehnen. Und dann wird's sentimental.

Er habe nie Freunde gehabt, sagt Fritz Haarmann, am liebsten wäre es ihm, der Professor würde ihn adoptieren. Er hat nie mit einem Menschen so gut reden können wie mit ihm; alle Leute sonst wollten immer bloß haben, haben, haben und hätten ihn immer bemogelt. Dabei macht er eine Handbewegung des raschen Zugreifens.

Schultze lächelt – also glaube Fritz nicht, etwa auch von ihm bemogelt worden zu sein?

Dazu sei er doch viel zu anständig, sagt Haarmann spontan und stutzt dann. Was soll die Frage? Werde der Professor nun doch schreiben, er sei verrückt?

Das wohl nicht, sagt Schultze, aber daß er zuweilen flunkere, könne er wahrscheinlich nicht verschweigen.

Im nächsten Moment sieht's so aus, als werde Haarmann mit Stühlen schmeißen. Es sei gemein, daß der Professor ihn einen Schwindler nenne, tobt der Mörder, nachdem er doch ALLES gesagt habe! Er sei sehr enttäuscht, und das grade noch, ehe er weggehe!

Zehn Minuten später, seine letzten Göttinger Minuten, ist sein Zorn verraucht. Die Tür geht auf, und herein kommt Kriminalkommissar Rätz, um ihn nach Hannover zurückzubegleiten. Auch eine der wenigen Vertrauenspersonen, die Fritz Haarmann noch hat: er erzählt Rätz sofort, daß er sich soeben mit dem Herrn Professor gezankt habe, aber jetzt seien sie, Gott sei Dank, wieder gute Freunde.

Das Personal steht Spalier, als Rätz mit Haarmann zum Wagen geht. Haarmann verabschiedet sich von jedem einzelnen, per Handschlag natürlich, und freut sich riesig, als er noch eine schöne Stulle für die Reise kriegt.

Ganze sechs Tage später hat Schultze das 25 Seiten umfassende »Ärztliche Gutachten« über die Zurechnungsfähigkeit Haarmanns fertig. Oberstaatsanwalt Wilde kann zufrieden sein: er kann einen Mann anklagen, der sich weder auf Jugendirresein, Epilepsie und Schwachsinn noch auf strafmildernde oder sogar strafausschließende Trunkenheitszustände berufen kann. Haarmann selbst würde wohl sagen, Schultze habe tatsächlich nicht gemogelt, eben, weil er ihn nicht für verrückt erklärt; andere könnten sagen, das Ganze bewege sich zumindest am Rande der Mogelei, tun's aber nicht.

Haarmann wurde zwar mal, wie gesagt, bewußtlos mit Schaum vor dem Mund in seiner Zelle angetroffen, aber es ist in hohem Maße unwahrscheinlich, daß er die Morde in epileptischen Zuständen begangen hat. Manchmal sieht es zwar aus, als habe Haarmann die Intelligenz eines Sechsjährigen, sei also quasi schwachsinnig, aber nahezu alle Zeugen sagen, daß er – wörtlich – ein gerissener und gewiegter, mit allen Wassern gewaschener Bruder sei. Und so weiter, stellt Schultze fest: *Eine organische Hirnerkrankung (ist) auszuschließen ... erstens (ist) Haarmann zwar eine pathologische Persönlichkeit. Zweitens, die Voraussetzungen des Paragraphen 51 Strafgesetzbuch treffen auf ihn aber nicht zu.* Kurz und knapp: Haarmann ist minderwertig.

Soll nun keiner sagen, sie würden mit Haarmann kurzen Prozeß machen. Wilde braucht immerhin einen ganzen Monat, ehe seine Anklageschrift von über 200 Seiten fertig ist, und einen Monat braucht auch das Schwurgericht, um das große Werk zu lesen beziehungsweise den Prozeßtermin festzusetzen. Der einzige, dem es nun doch etwas zu schnell geht, ist der Gutachter.

Schultze hat sich nach der Ablieferung seines Gutachtens ins Sanatorium Stefanie ins schöne Meran zurückgezogen. Und dort fühlt er sich anscheinend so wohl, daß er den Oberstaatsanwalt fragt, ob der Haarmann-Prozeß, bestimmt eine reine Feldschlacht, nicht noch um etliche Zeit verschoben werden könne. Aber damit kommt er bei dem allgemein so verbindlichen Herrn Wilde an die falsche Adresse.

Termin 4. Dezember bleibt bestehen, telegrafiert der Verfasser der Riesenanklage bündig, *Verlegung vom Gericht abgelehnt weil sonst Verhandlung im Dezember nicht mehr durchgeführt werden kann dies aber mit Rücksicht auf die Volksstimmung unbedingt notwendig ist!*

6. Zwei Wochen im Spätherbst

Die Durststrecke ins Tal der Tränen

Natürlich kommt der Geheimrat dann pünktlich – auf die Minute, um zehn vor elf. Durch einen Nebel, wie Hannover ihn schon lange nicht erlebt hat, die reine Waschküche. Und durch einen Menschenauflauf, als gäb's was umsonst, drängt und drückt sich Ernst Schultze in den eigens umgebauten Schwurgerichtssaal, der vergrößert und sogar mit einem »Regierungstisch« ausgestattet worden ist. Sicherlich 150 Personen sind schon eingetroffen, darunter 21 handverlesene Vertreter der lokalen, nationalen und internationalen Presse und 80 Zuschauer, die Stunden um Stunden Schlange gestanden haben, um Eintrittskarten zum Jahrhundert-Spektakel zu kriegen.

Massenmordprozeß Friedrich Haarmann, ein Prozeß unter anderem um zehn Zentimeter große menschliche Fleisch- und Knochenteile: man staunt, wie viele Damen anwesend sind. Die Gesichter aller erscheinen durch das von oben einfallende Nebellicht merkwürdig fahl. Es knistert: gruselige, gespannte Erwartung. Der Saal ist überheizt.

Haarmann selbst wird zu diesem Zeitpunkt, in blauer Haftkleidung und gefesselt an zwei Beamte, aus dem Gerichtsgefängnis in den Justizpalast Hallerstraße geführt. Sein Fußweg ist polizeilich abgesperrt, aber die Leute hängen in den Fenstern ringsum, und findige Fotografen haben sich auf dem Hof des Kaiser-Wilhelm-Gymnasiums versteckt, den die Gruppe passieren muß; Haarmanns Bewacher und Haarmann selbst haben gar nichts gegen ein paar freundliche Schnappschüsse und lächeln. Ernster ist der Mitangeklagte Hans Grans, der Minuten später, ebenfalls an zwei Bewacher gefesselt, aber in Zivil, denselben Weg nimmt.

Der 4. Dezember 1924, ein Donnerstag – ein ungewöhnlicher Starttag für einen großen Prozeß. Aber schließlich; der

Vorsitzende Dr. Otto Böckelmann hat verlauten lassen, es werde auch samstags verhandelt.

Mit dem Glockenschlag elf betreten Haarmann und Grans den Saal. Grans setzt sich gelassen auf die Anklagebank, daneben setzt sich ein Kriminaler, daneben dann Friedrich Haarmann, der sich's nicht verkneift, den großen Tieren, die seinetwegen gekommen sind, guten Tag zu sagen. Als da sind: Oberpräsident Noske, gerade aus Madeira zurück, Regierungsvizepräsident von Steinau-Steinrück, Generalstaatsanwalt Storb aus Celle, der freundliche Regierungsdirektor Weiß vom Innenministerium, Polizeipräsident von Beckerath mit Kripochef Eggert, und, und, und. Hinten im Saal Paul Sebastian und Georg Koch. Vorn die Ankläger Dr. Leopold Wilde und dessen Mitstreiter Robert Wagenschieffer. Neben den Angeklagten nun auch noch Schutzpolizisten, und vor ihnen sitzen Haarmanns Verteidiger Philipp Benfey III, worauf er ebenso Wert legt wie auf den Titel Justizrat, sowie Haarmanns rechtlicher Vertreter Albrecht H. Lotze, der Enkel eines Philosophen.

Die Bühne ist aufgebaut. Im Saal selbst, in dem zwei große Tafeln mit den Grundrissen der Mordhäuser Neue Straße und Rote Reihe stehen, und nebenan die Asservatenkammer: voller Kleider, 98 Einzelteile vom Hosenträger bis zum Hut, ein Mini-Basar, ergänzt durch Fritzes Bettgestell, diverse Messer, große und kleine, und seinen Fleischwolf. Ein Justizbeamter erklärt der Presse angesichts der lohnenden Motive, es dürfe gezeichnet, aber nicht fotografiert werden.

Unter den Reportern Paul Schlesinger, der berühmte SLING, der jedoch bald verschwindet, ferner Kriminalschriftsteller Hans Hyan, Verfasser eines vieldiskutierten Vorberichts, und Theodor Lessing, Honorarprofessor, Journalist, Philosoph und Psychologe. Die Gutachterbank wird von Schultze, Schackwitz, Gerichtsarzt Brandt und den Göttinger Chemikern Lochte und Feist besetzt. Nicht dabei sind Sigmund Freud, Vater der Psychoanalyse, Ludwig Klages, Vater der wissenschaftlichen Graphologie, Alfred Adler, Vater der Individualpsychologie, und Alfred Döblin, Nervenarzt und werdender Vater des Romans »Berlin Alexanderplatz«. Der Gerichtsvorsitzende Böckelmann hatte es abgelehnt, die von Lessing benannte Prominenz als gutachterliche Helfer hinzuzuziehen.

Der Landgerichtsdirektor, physiognomisch eine bemerkenswerte Mischung aus Bismarck und Hindenburg, betritt die Bühne an der Spitze des Gerichts mit den Beisitzern Konrad Harten und Dr. Julius Kleineberg sowie sechs Geschworenen: einem Bauern, einem Zimmermann, zwei Schneidern, einem Postassistenten und einem Korbmacher. Am Schluß Protokollführer Hoßfeld.

Böckelmann vereidigt die Geschworenen. Ermahnt die Zuschauer, erklärt jetzt schon, daß er Operngläser gesehen habe und sie nicht dulden werde, und ermahnt die Presse, bei der Berichterstattung deren Wirkung auf die Jugend zu bedenken. Er sagt, wie lange er zu verhandeln gedenkt: sicher nicht über Weihnachten hinaus, gut zwei Wochen. Denn noch ist Herbst – Spätherbst zwar, aber kein Winter.

Ein erster Zwischenruf Haarmanns: das sei alles nicht nötig, es gehe auch schneller.

Böckelmann ist ein alter Kutscher, der sich die Butter nur in seltenen Fällen vom Brot nehmen läßt. Er wird Haarmann sofort übers Maul fahren, denken die Reporter. Aber nichts da: er erklärt freundlich, es sei sicher nicht verkehrt, wenn auch Herr Haarmann eine zügige Verhandlung wünsche.

Die Personalien der Angeklagten und ihre Vorstrafen werden festgestellt, und Hoßfeld liest den Eröffnungsbeschluß vor: Haarmann wird des 27fachen Mordes, Grans der »vorsätzlichen Überredung«, der Anstiftung zum Mord, in zwei Fällen angeklagt. Der Tod also droht auch ihm.

Dann die lange, lange Liste der Opfer, die sich, wie Wilde sagt, noch um drei vermehren kann. Koch schöpft Hoffnung: dann, endlich, müßte ja wohl auch der Mord an seinem Hermann in die Anklage aufgenommen werden.

Und Haarmann sagt aus zur Person und zu seinem Leben. Alles, was man kennt, aber dann was Neues: beim Militär hat er nicht allein einen Hitzschlag erlitten, sondern ist auch bei einer Riesenwelle vom Turnreck auf den Kopf gefallen. Haarmann tritt unruhig von einem Bein aufs andere, bittet um ein Glas Wasser, steht es aber durch. Verlangt jetzt sogar, noch vor Heiligabend geköpft zu werden. Und sagt endlich, wie er eigentlich an den Hauptbahnhof kam: weil er, als Händler mit Fleisch und Kleidern, die vom Land kommenden Hamsterzüge abpassen mußte.

Nach einer kurzen Mittagspause muß die Öffentlichkeit zum ersten Mal draußen bleiben. Haarmann erzählt, wie er tötete. Wie er zerstückelte. Wie er Grans kennenlernte, damals einen total ausgehungerten, abgerissenen Jungen, den er mitleidig zum Essen einlud. Den er pflegte, als er krank war. Wie Hans dennoch das Geld, das er ihm durch den Verkauf geschmuggelter Zigaretten zu verdienen gab, mit federleichten Damen durchbrachte. Und den er bereits jetzt, in den ersten Stunden, auch vor dem Schwurgericht schwer belastet. *Er muß mal gesehen haben, wie ich morgens mit einer Leiche im Bett lag,* stenographiert der Protokollführer. *Er kam auch mal, als eine Leiche im Butzenschrank lag, und suchte was – da hat er auch die Leiche gefunden.*

Danach sagt Grans aus. Ruhiger und sachlicher. Er erweckt den Eindruck eines geistig regen Mannes mit einem guten Gewissen, notiert einer der Reporter fast widerwillig. Er antwortet kurz und präzise, und als der Vorsitzende ihn fragt, ob er wirklich nicht gewußt habe, daß Haarmann die vielen Leute umbrachte, sagt er gelassen: Beim besten Willen nein, er habe weder Leichen im Bett noch im Schrank gesehen. Wenn er Haarmann nach Jungen gefragt habe, die gerade noch bei ihm waren, habe der gesagt, sie seien abgereist.

Man wird mit Grans heute nicht mehr fertig. Um 16 Uhr beendet Böckelmann den Tag und sagt, man werde sich morgen bereits um neun wiedersehen.

Freitag, 5. Dezember. Am zweiten Prozeßtag werden die Grundstrukturen der Inszenierung deutlicher, sozusagen.

Erstens Grans und immer wieder Grans; dort geht's ja, wie

gesagt, um Leben und Tod. Grans behauptet, vom Oberstaatsanwalt provoziert, er habe zwar häufig wochen- und monatelang bei Haarmann gewohnt, sich indessen selbst ernährt. Haarmann paßt das nicht; er habe von seinem Gelde gelebt, und wenn er so lüge, werde er noch andere Dinge erzählen!

Böckelmann, interessiert: ob Grans etwa sogar dabeigewesen sei bei den Morden?

Haarmann beginnt unvermittelt zu schluchzen. Es habe eine Zeit gegeben, da wollte er freiwillig alles gestehen, Grans aber und dessen Freund Wittkowski hätten ihn zurückgehalten. Heute wolle er dazu nichts mehr sagen.

Zweitens, die Polizei soll möglichst aus der Schußlinie gehalten werden. Oberstaatsanwalt Wilde bittet den Vorsitzenden, Haarmann zu fragen, ob er jemals Geld für seine polizeilichen Zuträgerdienste bekommen habe, überdies, ob er auf der Bahnhofskriminalwache tatsächlich schalten und walten konnte, wie er wollte.

Oh, Mann! sagt Haarmann aus freien Stücken. Der Bahnhofswache habe er höchstens gelegentlich guten Tag gesagt – und Geld, oh, Mann, keinen Pfennig. Dafür dann wohl was anderes, denkt Sebastian.

Drittens, womöglich Mittel zum Zweck, es zeigt sich eine merkwürdige Kumpanei zwischen dem Werwolf und seinen Jägern. Haarmann wird, schon jetzt deutlich erkennbar, die Polizei nie belasten, und Böckelmann behandelt ihn besser als, vermutlich, jeder andere Richter jeden anderen Massenmörder der Zeit. *Hör mal zu!* sagt Haarmann immer wieder zu seinem Vorsitzenden. *Du, guck mal!* Und Böckelmann nimmt's gelassen und bekommt dafür verblüffende Antworten.

Er könne nicht glauben, sagt Böckelmann irgendwann voller Skepsis, daß Haarmann die »Sachen«, die Leichenteile, so aus dem Haus geschafft habe, wie er behaupte.

Haarmann belehrt ihn, ungerührt, eines Besseren, wie Hoßfeld schreibt: *Ein Mensch ist nicht viel – ein paar Aktentaschen voll Fleisch!*

Schrecklich. Man beginnt noch vor Mittag mit einer ersten Besprechung der einzelnen Fälle.

Haarmann gibt die Tötungen von Friedel Rothe, Fritz Franke, Wilhelm Schulze, Roland Huch, Ernst Ehrenberg, Heinrich Struß, Paul Bronischewski, Richard Gräf, Willi Erdner, Heinz Brinkmann zu oder hält seine Täterschaft für möglich, wenngleich er sich in den meisten Fällen nach wie vor nicht an die Namen und Gesichter erinnern kann. Nicht getötet, erklärt er, habe er Hans Sonnenfeld und Hermann Wolf.

Dies alles kostet Zeit. Man werde sehen, meint Böckelmann verbindlich, als er auch den zweiten Tag zeitig beendet.

Am Samstag, dem 6. Dezember, werden zunächst die Einzelfälle fortgesetzt und abgeschlossen. Haarmann gibt die Ermordungen von Ernst Spiecker, Heinrich Koch, Hermann Speichert, Alfred Hogrefe, Wilhelm Apel, Robert Witzel, Heinz Martin, Erich de Vries, Friedrich Koch und Fritz Wittig zu – richtig, auch von Adolf Hannappel. Nicht getötet habe er Willi Singer, Hermann Bock und das Kind Friedrich Abeling, weil er nie Kinder töten würde. Ja richtig, Adolf Hennies sowieso nicht. Allerdings könnten es trotzdem mehr als 21 gewesen sein, die er »gemacht« habe – mehr als 30 sogar, wenn nicht noch mehr. Fälle, von denen bisher bloß noch keiner gesprochen hat.

Paul Sebastian und Georg Koch sehen sich an. Koch nickt, und er lächelt ganz schwach. Paul und er haben auffällig anstandslos Dauerkarten gekriegt, obgleich's die offiziell gar nicht gibt. Koch hat erneut die Hoffnung, Hermann werde Gerechtigkeit widerfahren.

Vorn im Saal wird der Handlungsstrang Haarmann gegen Hans Grans dramatischer. Als das mit Friedel Rothe in der Celler Straße passiert sei, sagt Haarmann, habe er Grans die Leiche sogar gezeigt. Und schließlich behauptet er, nicht etwa er, sondern Grans gemeinsam mit Wittkowski hätten Adolf Hennies umgebracht. Sie hätten ihn mit der Leiche sitzenlassen, und er habe sie beseitigen müssen.

Ob da nicht auch was mit Hannappel war?

Den habe er umgebracht, sagt Haarmann, aber nur Grans zuliebe. Er, Haarmann, habe erst gezögert, und Grans habe ihm vorgeworfen, warum er so lange warte. Er, Grans, habe wirklich nur die schöne Breecheshose von Hannappel haben wollen und letzten Endes ja auch gekriegt. Aber eben, ein paar andere Fälle wie Wolf oder Bock, da sei er, Haarmann, unschuldig; wenn da Kleider von denen gefunden wurden, so möge das Gericht daran denken, daß er sie ja auch gekauft haben kann. Er sei ja nun mal Händler, sogar mit Gewerbeschein.

Haarmann habe nie einen Gewerbeschein besessen, meint Ankläger Wilde, der »müde Aristokratentyp«, wie Lessing ihn zu dessen Ärger im »Prager Tagblatt«, für das er berichtet, beschrieben hat.

Doch! sagt Haarmann böse – den Schein habe er jetzt noch, in der Brieftasche in seiner Zelle.

Böckelmann macht ein halbes Stündchen Pause und läßt die Brieftasche holen. Und erlebt einen strahlenden Angeklagten: der Schein ist in der Tat drin. Lügen tun auch der Magistrat und sein Gewerbeamt, freut sich der Mörder – also, er durfte handeln, und insofern auch mit Kleidung!

Böckelmanns Stichwort. Grans, erinnert er, soll ja wie im Fall Hannappel von Haarmann auch im Fall Wittig verlangt haben, ihm die auffällig elegante Kleidung des jungen Burschen zu beschaffen.

Das sei tatsächlich so gewesen wie bei Hannappel, bestätigt Haarmann. Auch, als Wittig bei ihm war, habe Grans ihm vorgeworfen, warum der Bengel noch lebe, während er sich mit seinem abgewetzten Anzug kaum noch auf der Straße sehen lassen könne.

Es wäre, wenn's so wäre, bei Wittig und Hannappel in der Tat eindeutig Anstiftung gewesen.

Grans sagt stoisch und viel zu lässig: Haarmann lügt.

Er lüge nicht, empört sich Haarmann. Mit seiner in derartigen Situationen fast weiblich hohen Stimme: Er habe ALLES gewußt, der Hans, ALLES!

Dann allerdings, meint Otto Böckelmann, verstehe er nicht recht, weshalb Haarmann die Leichen denn überhaupt vor Grans versteckt habe?

Ganz einfach, sagt Haarmann. Weil Grans so was nicht sehen konnte, nachdem er es einmal sah – weil ihm schlecht wurde!

Schlecht wird manch einem nach der Mittagspause, als mit einemmal mehrere Pakete und eine Kiste mit Knochen sowie fünf Schädel auf dem Richtertisch liegen und stehen. Und die beiden Gerichtsärzte Schackwitz und Brandt bestätigen nun auch dem Gericht: daß es sich um die Reste von mindestens 22 jungen Männern handelt und alle Gliedmaßen mit scharfen Instrumenten abgetrennt wurden.

Haarmann insistiert: die Schädel seien nicht von ihm – er habe alle Schädel zertrümmert. Daher die Klopfwirbel; inzwischen kann er's ja sagen.

Aber dann hätte man, was nicht der Fall war, Schädel-Teile finden müssen, sagt Brandt.

Sie lassen die Sache auf sich beruhen. Wahrscheinlich hat Haarmann wirklich die meisten Schädel zerschlagen. Aber kann er, bei so vielen Opfern, nicht vergessen haben, daß einige in der Eile nicht zerschlagen worden sind?

Für manche überraschend wird an diesem Tag noch Kommissar Rätz vernommen. Unter Eid sagt er aus, er habe vor fünf Jahren ergebnislos Haarmanns damalige Wohnung durchsucht, Haarmann dann aber länger aus den Augen verloren. Im vergangenen Jahr, 1923, habe er ihn zufällig wiedergetroffen und sei auf sein Angebot eingegangen, ihm etliche Ganoven in die Hand zu spielen. So sei's auch geschehen.

Nicht mehr und nicht weniger. Böckelmann, der schon mehrfach erklärt hat, es gehe hier um Haarmanns Schuld und gewiß nicht um die der Polizei, macht einen Zeitsprung – mitten in die Vernehmung Haarmanns nach seiner Festnahme unter vielfachem Mordverdacht.

Rätz zögert nicht lange. Er scheint zu ahnen, was Richter

Böckelmann will, nämlich am Ende dieses Prozesses zwei abzuschlagende Köpfe. Eigentlich habe er, erklärt Rätz, nach der Festnahme von Grans immer gemeint, Haarmann und Grans hätten alles gemeinsam ausgeführt.

Das Schwurgericht danke dem Zeugen, sagt Böckelmann. Rätz darf Platz nehmen.

Verteidiger Benfey hat angesichts der Schädel und Knochen schon an diesem Tage vorgeschlagen, in den Fällen, die Haarmann zugibt, auf die für die kommende Woche vorgesehenen Eltern-Vernehmungen zu verzichten. Aber da will Wilde nicht so gern mitmachen: restlos lasse sich manches wohl doch nur durch die Eltern aufklären. Und auch das Gericht hat Bedenken, wobei Böckelmann, unverkennbar, Herrn Benfey trotzdem dankbar ist: man könne es ja, sagt er, von Fall zu Fall kurz machen. Um 15 Uhr vertagt er die Verhandlung auf Montag um neun.

Der erste prozeßfreie Sonntag ist offenbar allen gut bekommen. Trotzdem, am Montag, dem 8. Dezember, dem vierten Tage, als Böckelmann einen Schupo zwischen Anklagebank und Zeugentisch stellt und die Zuschauer glauben, daß jetzt die Eltern kommen, disponiert das Gericht anders.

Zuerst kommt der Untersuchungsrichter, der nach der Festnahme Haarmanns zögerlich den Haftbefehl ausstellte, dann der Chef-Ermittler – Kriminaloberinspektor Lange, nachdem die Woche davor mit Rätz aufgehört hatte. Beide sagen, daß sie fest von der Mitschuld des Grans überzeugt sind, und Lange, darüber hinaus gefragt, wie Haarmanns Geständnis zustande kam, antwortet ungeheuer geschickt: man habe dem Festgenommenen keine Ruhe gelassen, bis er mürbe war. Bis er sagte, sie möchten doch den ganzen Kram wieder wegpacken, all die Schädel und Knochen – bis er am ganzen Leib zitterte und die ersten Morde gestand.

Jeder im Saal, außer Rätz, muß glauben, die Schädel hätten bei der polizeilichen Vernehmung ebenso als Beweismittel herumgestanden wie hier im Gerichtssaal. Wahr und wahrhaftig kein Sterbenswort davon, daß sie ganz woanders standen, nämlich in der Zelle, und strahlten. Böckelmann hat, als Lange den Zeugenstand verläßt, bewußt oder unbewußt eine erste Regieabsicht verwirklicht: Die Polizei ist dort, wo sie am angreifbarsten ist, aus dem Schneider.

Und immer noch keine Eltern. Statt dessen Kriminalwissenschaftler Lochte und Feist. Das Blut aus Haarmanns Zimmer war Menschenblut, aber mit dem zum Beispiel in einer Flasche gefundenen Fett sei's schwieriger – das könne man nicht mehr feststellen. Haarmann als erster begreift, daß hier, wieder mal, die eventuelle kulinarische Leichenverwertung angesprochen wird. Und Haarmann, bei diesem Thema regelmäßig lachend oder verärgert, meint lachend und verärgert zum Richter: hör zu, laß das – das Gerede von diesem verkauften Menschenfett und Menschenfleisch ist wirklich Blödsinn.

21 Zeugen aus Haarmanns Umfeld füllen den Rest des Tages, zum Teil unter Ausschluß der Öffentlichkeit. Als die wiederhergestellt ist, sieht Paul alte Bekannte wieder – Frau Seemann und Frau Daniels-Rehbock. Alle belasten Haarmann, aber im Grunde fragen sich alle, was dieser Aufmarsch noch soll, nachdem Haarmann immerhin 21 Morde einräumt und glatt zugibt.

Haarmanns Wirtin Elisabeth Engel erregt das besondere Interesse des Berichterstatters Lessing: *einen kleinen und mit allen Hunden gehetzten Zwergteufel* nennt er sie, ehemals die Duz- und Kungelfreundin Haarmanns, jetzt eine derer, die ihn am meisten belasten. Ferner der Friseur Fridolin Wegehenkel, nebst Gattin natürlich, und diese ganze *Fleisch-und-Kleider-Freundschaft* von Klein-Venedig, die samt und sonders Menschenfleisch gegessen hat, wenn Haarmann es denn gekocht und serviert hat, und die samt und sonders die Kleider der Ermordeten getragen oder verkauft hat.

Die reine Idylle, wenn es da nicht diese Jungen gäbe, deren Köpfe mit inzwischen wieder leeren Augenhöhlen anklagend ins Publikum starren.

Kurz vor Feierabend, wieder gegen 16 Uhr, zeigt der Vorsitzende doch mal die Zähne, allerdings nicht Haarmann, sondern einem, mit dem Haarmann sich anlegt. Christoph Clobes, Zigarrenhändler auf der Insel, hat vor Haarmanns Ergreifung mehrfach die Kriminalen auf dessen verbrecherisches Treiben hingewiesen – und nichts, sagt er, nichts sei erfolgt! Haarmann will das nicht auf »seinen« Kriminalen sitzen lassen und erregt sich gewaltig: Clobes sei ein verdammter Lügner! Clobes brüllt zurück: von einem Lumpen wie ihm lasse er sich nicht beschuldigen! Am lautesten indessen brüllt Böckelmann: Zeuge Clobes wird, vor allen anderen, aus dem Saal geführt.

Am Dienstag, dem 9. Dezember, kommt abermals einer, den Paul gut kennt: Friedrich Niemeyer, älter und souveräner geworden und mit einer so sicheren Aussage, daß womöglich bereits sie zu Haarmanns Verurteilung ausreichen würde. Schmerzlich für den eiligen Sebastian vor allem deswegen, weil Niemeyer ihm vor sage und schreibe sechs Jahren dasselbe gesagt hat – und weil er es in sein Dossier geschrieben hat, das bei der Kriminalpolizei spurlos verschwunden ist und bei der Staatsanwaltschaft vermutlich auch.

Er kann's nicht lassen. In einer kurzen Verhandlungspause macht Paul Sebastian sich an den zweiten Ankläger Robert Wagenschieffer heran, und Georg Koch hört zu, wie der im Grunde recht umgängliche Staatsanwaltschaftsrat erstaunt versichert, von einem solchen Dossier habe er nie was gehört. Nicht ganz so umgänglich reagiert er auf Georgs Frage, was denn nun mit dem Fall seines Sohnes sei: ob es nicht letztlich egal sei, für wen oder was Haarmann verurteilt werde, falls er denn verurteilt werde, womit ja augenscheinlich zu rechnen sei?

Nicht ganz, sagt Koch. Aber da geht's schon weiter.

Theodor Lessing nimmt sich an diesem fünften Prozeßtag in erster Linie den Zeugen August Olfermann vor. *Ein stocksteifer, langer, dürrer, von moralischer Entrüstung geschwellter Würdeherr – bis ihm, Schritt für Schritt, nachgewiesen wird, daß er mehrfach von Haarmann Geld sowie Geschenke angenommen hat.* Aber sicher kein Fleisch, denn er habe bei einem Frühstück mit Haarmann sein eigenes Butterbrot dabeigehabt, beteuert der Ex-Polizist, Privatdetektiv und Gründer der Haarmann-Firma *American Lasso*, einer puren Luftgründung, dem Hohen Schwurgericht. Jeder Richter der Welt hätte den Zeugen wohl darauf hingewiesen, daß gerade der gestempelte »Lasso«-Ausweis dem Mörder Tür und Tor zu so manchem Opfer öffnete, daß er so manches Opfer eingeschüchtert und gefügig gemacht haben dürfte, daß Herr Olfermann sich zumindest schämen möge. Aber Böckelmann sagt nichts. Nichts dergleichen. Erhobenen Hauptes verläßt der Gentleman *in schwarzem Gehrock, mit dunklen Glacéhandschuhen, die Augen hinter einer goldenen Brille verborgen,* den immer noch überheizten Schwurgerichtssaal.

Ein Dutzend und noch mehr weitere Zeugen treten dann auf. Die Durststrecke wie in jedem großen Prozeß. Aber morgen, ab neun, wird's ein langer Tag, warnt Böckelmann jetzt schon.

Mittwoch, 10. Dezember. Die Durststrecke setzt sich fort und wird erträglich nur durch Haarmann selbst, der vom guten immer mehr zum begnadeten Protagonisten wird. Haarmann begrüßt die Heerschar der Zeugen zuvorkommend, als sei er hier der Hausherr. Und als das Schwurgericht nach kurzer nichtöffentlicher Sitzung die Öffentlichkeit wiederherstellen will, hebt er mahnend den Finger: Also das gehe nicht, denn jetzt erst kämen die Schweinereien! Der Richter folgt seinem Rat.

Nochmals der Zwergteufel: Elisabeth Engel, die zur Dauerzeugin avanciert. Dörchen und ihre Freundin Emmie, die sich Grans gelegentlich teilten, und wahrhaftig so manche wenig erhellende andere Schweinerei. Zeugen um Zeugen, die den in der Sache längst untergegangenen Haarmann weiter versenken, aber dazwischen immer wieder neue Belastungen Haarmanns gegen Grans – so lange, bis sogar Leopold Wilde sagt, inzwischen reiche es. Hugo Wittkowski, der Grans-Freund, der von Haarmann des Mordes an Adolf Hennies bezichtigt wird, findet offenbar Glauben beim Gericht, als er empört erklärt, er habe noch nie jemand umgebracht – Friedrich Haarmann spinne!

Und dann geht's los – nach der Durststrecke ins Tal der Tränen. Als erster Vater, noch an diesem Tag, obgleich es schon dunkel ist draußen, erscheint Georg Witzel.

Zwischen Anklagebank und Zeugentisch stehen nunmehr gleich drei stämmige Schupos. Witzel belastet die Polizei, was Richter Böckelmann gar nicht recht ist; Lange indessen, der nach seiner Zeugenaussage zuhören darf, muß ihm recht geben. Denn Witzel hat nicht nur gleich nach dem Verschwinden seines Sohnes Robert Vermißtenanzeige erstattet, sondern auch auf einen gewissen Friedrich hingewiesen, einen Freund Roberts, der Näheres wissen müsse. Aber den habe man zuerst gar nicht, dann nicht »richtig« vernommen.

Rätz wird dazu gefragt und macht hier keine sehr glückliche Figur. Einen so verstockten Jungen wie diesen Friedrich habe er noch nicht erlebt, sagt er; er sei wirklich erst damit rausgerückt, daß Robert mit dem *Kriminal* Haarmann unterwegs war, als sie Haarmann schon hatten.

Aber zwischen Roberts Verschwinden und Haarmanns Verhaftung lagen Monate, schreit Witzel; die Schutzleute gehen zur Vorsicht in Kampfstellung. Wenn man das mit ansehen muß, daß dann noch fünf Morde von diesem Lumpen da passieren! Er hebt die Faust gegen Haarmann.

Böckelmann, noch lauter: Er möge sich beherrschen! Seine Erregung sei ja vielleicht verständlich, aber so könne hier doch keiner verhandeln!

Witzel sagt nichts mehr. Aber nur, weil ihm plötzlich die Stimme versagt. Später, als er sie wiederfindet, wird er von Böckelmann des Saales verwiesen.

Auf Josephine Witzel, die Mutter, wird zunächst ganz verzichtet. Und für heute auch wieder auf alle anderen Eltern.

Am Donnerstag, am 11. Dezember, steigert Haarmann sich gegen den Willen des Oberstaatsanwalts abermals in seinem

Zorn auf den einst so geliebten Grans; wenn's so weitergeht, wird er noch sagen, Grans habe alles gemacht und er gar nichts. Der beschuldigte Grans sagt kühl, vor lauter Haß vermische Haarmann Dichtung und Wahrheit.

Danach aber gibt's endgültig nur noch Trübsal.

Als erster Oswald Rothe, angereist aus Bunzlau. Vier entsetzliche Wochen habe er seinerzeit gesucht und zweimal den Haarmann sogar gesprochen. Aber der habe alles abgestritten; mehr könne er nicht mehr sagen.

Dann der Gastwirt Wilhelm Franke aus Berlin. Im Gegensatz zu dem resignativen Rothe muß der überaus erregte Mann mehrmals zur Ordnung gerufen werden.

Dann Frieda Schulze. Die weint wieder nur bitterlich, als sie den Anzug ihres Sohnes identifiziert. Ihr Mann ist mittlerweile ja tot. Paul begleitet sie hinaus, geht aber rasch zurück. Und kriegt gerade noch mit, wie Böckelmann den nächsten Zeugen eindringlichst fragt: Haben Sie eine Schußwaffe, Herr Huch?

Leider nein, meint Huch. Er ist sogar verhältnismäßig ruhig und schaut an Haarmann vorbei. Ruhig belastet er *Kritze-Kratze* von Lonski. Hoßfeld protokolliert den Wortlaut jener Abfuhr, die der Bahnhofswachen-Chef dem Apotheker Huch in der Nacht erteilt hat, in der er Roland als vermißt meldete: *Ja, wenn Ihr Sohn einen totgeschlagen oder zumindest was geklaut hätte, könnte ich den Apparat in Bewegung setzen, aber doch nicht, wenn er bloß abgehauen ist!*

Von Lonski, herbeigerufen, bestreitet alles. Aber Richard Huch bleibt dabei. Glauben werde man ihm ja doch nicht, sagt er müde, als er sich neben Paul setzt.

Dann die Eltern Ernst und Elisabeth Ehrenberg, beide noch nach der Vernehmung weinend.

Dann Heinrich und Frieda Struß, stumm vor Gram.

Dann ist Feierabend. Man geht fast stumm auseinander.

Max und Centa de Vries, die Eltern des letzten Opfers, identifizieren am Freitag, dem 12. Dezember, als erste die Kleider ihres toten Sohnes Erich.

Friedrich Koch, schlimm hustend, anscheinend vom Tode gezeichnet, kommt mit seiner Frau Erna.

Ottilie Richter, die Mutter von Paul Bronischewski, weint so laut, daß sie kaum ein Wort sagen und nur auf eine Sportjacke zeigen kann. Der kleine Zwergteufel bestätigt, sie habe Bronischewskis Sportjacke von Herrn Haarmann gekauft. Der schüttelt den Kopf: Die Engel müßte mal einen auf den Zylinder kriegen – was immer er damit meint.

Dann der Bruder des ermordeten Richard Gräf und der Vater des ermordeten Hermann Wolf. Christoph Wolf schreit, nachdem es eine Weile ruhiger war: Die Polizei sei genauso schuldig wie Haarmann! Böckelmann, konsequent auch heute: Also, jetzt reicht's! Ruhe! Zum letzten Mal, es gehe um Haarmann und nur um Haarmann und nicht um die Polizei!

Lina Wolf weint wieder nur. Und ihre Schicksalsgefährtin, die sie hier kennenlernt, Frieda Brinkmann aus Clausthal im Harz, erzählt, daß sie einen Detektiv beauftragt hatte, da sie bei der Polizei nicht weiterkam, und daß der dann der Polizei erzählt habe, ihr verschwundener Heinz sei mit einem angeblichen Kriminalbeamten gesehen worden.

Dort, wo von Haarmanns Opfern Spuren gefunden wurden, geschah das fast immer durch Privatdetektive oder die nachforschenden Angehörigen, schreibt der Reporter Lessing, Frankes, Huchs und Wolfs Anklagen noch im Ohr. Sowie die leiseren und fast noch erschütternderen Klagen der vielen anderen.

Am Samstag, dem 13. Dezember, müssen um ein Haar die Schupos eingreifen, als Jakob Hannappel dem Mörder, diesem »Halunken auf der Anklagebank«, wie er schreit, an den Kragen will. Er wird gebändigt und zur Ordnung gerufen; seiner Frau immerhin wird das Weinen gestattet.

Auguste Hennies. Hermann und Emmie Flügge, der Stiefvater und die Mutter des toten Ernst Spiecker: *fassungslos* notiert Theodor Lessing. Heinrich und Auguste Koch wird der Auftritt erspart, aus welchen Gründen auch immer.

Die Vernehmung des Kriminalassistenten Knitta, des Mannes mit Hannappels Hut, ist ebenso unsäglich wie zuvor die Anhörungen des Kommissars Müller und des Kriminals Braun. Trotzdem sind sie, als Zwischenspiele dieser Eltern-Tragödie, die reine Erholung, auch für das Gericht.

Böckelmann beendet die zweite Prozeßwoche nach 16 Uhr. Er und sein Mitrichter Dr. Julius Kleineberg gehen wortkarg in die Fichtestraße, im Philosophenviertel an der Eilenriede, wo sie wohnen, wenige Häuser voneinander entfernt.

Haarmann, auffallend nervös, bittet am Montag, dem 15. Dezember, frühzeitig um eine Zigarrenpause.

Die Verteidiger Benfey III und Lotze nutzen die Zeit und protestieren beim Vorsitzenden gegen den Berichterstatter Lessing wegen einiger diskriminierender, sachlich wohl auch nicht ganz korrekter Äußerungen. Eine seltsame Verkehrung der Front: Lessing ist einer von ganzen zwei Berichterstattern, die für die Mandantschaft der beiden einen Hauch von Verständnis haben.

Böckelmann fragt den Delinquenten Lessing, der immer wieder seine seelenkundliche Vorbildung betont, als was er eigentlich anwesend sei? Als Journalist oder Psychologe?

Als beides, meint Lessing. Er entschuldigt sich, falls er was Falsches geschrieben habe, fügt allerdings hochgestochen hinzu, er sei hier, um das Recht zu finden.

Man werde sehen, sagt Böckelmann, man werde sehen, ob man ihn von der weiteren Verhandlung ausschließen müsse. Den anderen Mann dagegen, der den Verteidigern ungebeten Steine in den Garten wirft, läßt er gewähren; Iwan Katz von der »Neuen Arbeiter-Zeitung« ist zwar Kommunist, aber eben auch Reichstagsabgeordneter. Und seine wenn auch in manchen Augen absurden Forderungen lassen sich zumindest noch nachvollziehen: Alle Belastungen gegen Grans stützten sich auf die Aussagen Haarmanns, und der sei ein abgefeimter Lügner. Und den Haarmann dürfe man allein schon deshalb nicht hinrichten, um an ihm studieren zu können, wie es zu derartig mörderischen Fehlentwicklungen kommen kann!

Bruder und Mutter Senger erkennen die Kleidungsstücke ihres ermordeten Willi. Gustav Hogrefe, Lokführer aus Lehrte, und seine Frau Anna erkennen Kleider, die bei Haarmann selber gefunden wurden. Rudolf und Alwine Apel erkennen Gegenstände, die Haarmann verkauft hat und die der Polizei übergeben wurden. Böckelmanns Warnungen und Mahnungen tragen anscheinend Früchte. Bis August und Auguste Speichert kommen, um schluchzend und lautstark die Polizei anzuklagen, sie habe ihren Hermann umgebracht.

Richter Böckelmann tut natürlich auch in diesem Fall seine Pflicht und sorgt für Ruhe. Aber selbst er wirkt müde und erschöpft. Haarmann sieht inzwischen nahezu gleichgültig am Weinen vor allem der Mütter vorbei.

Am Dienstag, dem 16. Dezember, muß Lessing tatsächlich seine Sachen packen und den Saal verlassen, nachdem sich die Sachverständigen dem Protest der Verteidiger gegen seine zu kritischen Berichte angeschlossen haben. Der unrühmlichen Vertreibung eines Aufrechten, immerhin, folgt eine Ohrfeige für einen scheinbar besonders Aufrechten – für den Polizeipräsidenten Rudolf von Beckerath.

Er muß in den Zeugenstand, weil plötzlich doch der dringende Verdacht aufgetaucht ist, Haarmann haben neben seinem *Lasso*-Ausweis eine richtige Bescheinigung der Polizei gehabt. Unmöglich, sagt Beckerath, der auf dieser Bescheinigung angeblich enthaltene Dienststempel mit Hoheitsadler werde nur im Präsidialbüro der Polizei benutzt. Böckelmann kennt sich bei Beckerath anscheinend besser aus: der Stempel, das wisse er, werde im ganzen Haus benutzt!

Und nach Beckerath wieder der Zug der Trauer und der Wut.

Josephine Witzel will beschwören, daß sie noch nach Haarmanns Festnahme von einem Polizisten trotz wichtiger Angaben weggeschickt wurde, weil alles bloß noch Papierverschwendung sei. Die Witwe Johanna Martin, angereist aus Chemnitz, fleht Haarmann unter Tränen an, ihr wenigstens den Todestag ihres Sohnes Heinz zu nennen, aber Haarmann zuckt nur die Achseln. Therese Meyhöfer, die Mutter des toten Kindes Friedrich Abeling, klagt: Wenn Haarmann nicht wisse, wo ihr Sohn geblieben sei, so müßten es doch Grans oder Frau Engel wissen! Und der Kesselschmied Friedrich Wittig aus Kassel ballt die riesigen Fäuste gegen Haarmann und brüllt, er könne kaum an sich halten, wenn er diesen Lumpen und seinen Komplizen dort sitzen sehe, diese Bestien, die zu allem auch noch lachten.

Grans aber lacht nicht mehr. Er, doch wohl der Klügere, rechnet inzwischen mit dem Schlimmsten. Und offenbar unter dem Eindruck der Aussage Meyhöfer beschließt das Schwurgericht, die Eheleute Wegehenkel und Engel, Frau Engels Sohn Theo Hartmann sowie vorsichtshalber auch Hugo Wittkowski unvereidigt zu lassen, da sie mindestens der Hehlerei und Begünstigung verdächtig sind.

Am Mittwochmorgen, am 17. Dezember, sieht Paul Sebastian die junge Elisabeth Keimes wieder, auch sie eine alte Weggefährtin. Die Schwester des ermordeten Gustav Keimes, der in Wildes Anklage ebenfalls nicht aufgeführt wird und im Gegensatz zu Hermann Koch vielleicht auch nicht zu den Haarmann-Opfern gehört. Dennoch setzt Elisabeth Keimes drastisch den Schlußpunkt unter die traurige Prozession der Eltern und Angehörigen: Wenn ihr befohlen werde, nicht zu sagen, was sie von der Polizei halte, trete sie von ihrem Eid zurück! schleudert sie dem Schwurgericht entgegen. Will sagen, sie pfeift darauf, ob sie unter Eid aussagt oder nicht – und Paul, sichtlich enerviert auch er nach diesen quälenden Tagen, hätte um ein Haar Beifall geklatscht.

Die Beweisaufnahme ist definitiv beendet, der Sachverständige Brandt äußert sich über eine eventuelle Seelenstörung bei Haarmann. Der Mann sei sittlich verwahrlost, meint der Arzt, der ja eigentlich eher Knochenexperte ist, aber der Mann sei sicher nicht krank, sprich unzurechnungsfähig.

Gleich anschließend Schultze, beeindruckende zwei Stunden lang, in freier Rede. Beeindruckende zwei Stunden lang setzt er elegant über Gräben und Schwachstellen des Verfahrens: er müsse es zwar als theoretisch möglich, könne es aber kaum als wahrscheinlich bezeichnen, daß Haarmann Epileptiker sei, also entsprechende Ausfälle habe. Wahrscheinlich habe der Mitangeklagte Grans das Richtige gesagt – Haarmann mische Dichtung und Wahrheit. Justizrat Benfey werde es ihm, so scherzt Schultze, wohl nicht verargen, wenn er sage, daß er in Fritz Haarmann einen scharfen Schauspieler-Konkurrenten habe.

Kurz und bündig, zum Motiv will Schultze sich nicht festlegen, sagt aber, es steht doch wohl das Sexuelle im Vordergrund. Auf jeden Fall, am Ende der freien Tiraden: Erstens ist Haarmann ein minderwertiger Mensch, zweitens, wie bereits im schriftlichen Gutachten festgelegt, ist der Paragraph 51 auf ihn nicht anzuwenden.

Schackwitz, auch er eher Rechtsmediziner, stimmt dem verehrten Nestor zu. Saiten, die bei jedem Menschen anschlügen, tönten bei Haarmann nicht. In einem Punkt, das Motiv betreffend, geht Schackwitz indessen über Schultze hinaus, und damit liegt er wahrscheinlich nicht ganz verkehrt: er sagt ohne Einschränkung, er halte auch ein Raubmotiv für möglich.

Nach der verdientermaßen bis 14.30 Uhr ausgedehnten Mittagspause ergreift Ankläger Wagenschieffer das Wort. Jene über 200 Zeugen beschwört er – es sei oft schwergefallen, eine Übersicht zu behalten. Aber: man habe ein klares Bild gewonnen.

Es gebe drei Gruppen der angeklagten 27 Fälle. Neun Fälle habe Haarmann ohne Einschränkung zugegeben. Zwölf Fälle halte er für höchst wahrscheinlich. Sechs bestreite er, weshalb, wisse niemand. Aber auch da, bis auf Hennies, sei er in fünf Fällen überführt.

Und der Chefankläger Wilde setzt nach. Er liest vom Blatt ab: man verstehe die Spannung, mit der das Volk auf ein gerechtes Urteil und eine gerechte Sühne warte. Auch er sei überzeugt, daß die Sühne 26 erwiesene Bluttaten betreffen müsse – wirklich nur Hennies und zwei weitere, nicht in die Anklage aufgenommene Fälle seien nicht restlos nachzuweisen.

Georg Koch sieht fast verzweifelt Paul Sebastian an. Endgültig keine Chance mehr, daß auch Hermanns Tod je seine Sühne findet. Alle Mühe vergebens. Paul wirkt resigniert.

Keines Menschen Auge habe je gesehen, liest Leopold Wilde weiter, keines Menschen Ohr je gehört, was sich in Haarmanns Zimmern zugetragen habe. Dennoch wisse man es jetzt, und die Anklage sei dankbar, daß auch die Wissenschaft keine Zweifel gehabt habe. Er nämlich wäre entschlossen gewesen, sogar gegen die Wissenschaft zu kämpfen, wenn sie die Zurechnungsfähigkeit Haarmanns verneint hätte. Jeder gesunde Menschenverstand hätte sich dagegen aufgebäumt – aber eben, der habe ja letzten Endes nirgends gefehlt.

Wilde setzt sich. Und gegen ihn soll einer mal ankämpfen.

Philipp Benfey III drückt, was sicher nicht schaden kann, statt eines Plädoyers den bedauernswerten Eltern erst einmal sein tiefstes Mitgefühl aus. Ein Plädoyer allerdings hält er auch danach nicht: er sei ja, meint er, ebenfalls überzeugt, 26 Fälle seien bewiesen, und er sei nicht etwa willens, den Angeklagten den Klauen der Staatsanwälte zu entreißen, sondern wolle dazu beitragen, daß Recht geschehe. Am Ende wird er nahezu komisch, in eigener Sache: Auf Totschlag könne er nicht plädieren, dafür seien die Taten Haarmanns zu schwer, auf Mord aber auch nicht, denn dann leide sein Ruf als Verteidiger. Also, das Gericht möge entscheiden.

Sprach's und nimmt Platz. Und darf gleich wieder aufstehen, denn es ist schon 18.15 Uhr und zum vorletzten Mal Feierabend. Morgen, beschließt Böckelmann, werde wegen der vorgerückten Stunde erst um zehn begonnen.

Donnerstag, 18. Dezember. Am 13. Prozeßtag das Schlußgericht auch über Grans. Die Staatsanwälte halten ihn für überführt, in den zwei Fällen Hannappel und Wittig Friedrich

Haarmann zur Tat angestiftet zu haben, um die Kleidung der Jungen zu kriegen; von einer Hehlerschaft, meinte Wilde, wolle er erst reden, wenn das Hohe Schwurgericht nicht auf die Todesstrafe erkenne. Verteidiger Lotze hingegen hält allerletzt Beweise für eine Anstiftung nicht für erbracht und fleht die bis zum Ende stummen Geschworenen an, Hans Grans freizusprechen, so sie denn den geringsten Zweifel hätten.

Man mache es kurz, sagt Haarmann in seinem Schlußwort, er warte auf das Schafott als Erlösung. Grans sagt nochmals, er sei hier, weiß Gott, unschuldig. Dann gerät er, am Ende mit den Nerven, ins Stocken und setzt sich.

Man mache es kurz. Am Freitag, dem 19. Dezember, dem 14. und allerletzten Tage, spricht das Schwurgericht Friedrich Haarmann in drei Fällen frei und verurteilt ihn 24mal zum Tode. Ein Kannibalismus Haarmanns, im übrigen, habe nicht bewiesen werden können, aber dies sei schließlich wirklich nicht die Hauptaufgabe dieses Schwurgerichts gewesen. Das nicht, und die Schuld der Polizei sowieso nicht.

Grans wird als Anstifter und wegen Beihilfe zum Tod sowie zu zwölf Jahren Zuchthaus verurteilt; sein Anwalt Lotze kündigt Revision an. Haarmann aber verzichtet auf alle Rechtsmittel, und als er abgeführt worden ist, kursiert unter Prozeßbeteiligten ein Abschiedsbrief aus der Anstalt Göttingen:

Mutter, ich komme! hat er noch hinzugefügt. *Du warst die Beste.*

7. Ein Vaterunser ums andere

Auf Wiedersehen, meine Herrschaften!

Wer die Idee hat, am Abend nach der Urteilsverkündung die in Hannover wohnhaften oder sich noch in der Stadt aufhaltenden Eltern zu einer Besprechung zu bitten, weiß einen Tag später keiner mehr genau. Jedenfalls, sie und mehrere ihrer Interessenvertreter treffen sich gegen 19 Uhr im Kleinen Saal einer Gaststätte; daraus wird dann das, was man eine konstituierende Versammlung nennt.

Geladen ist auch Theodor Lessing, und natürlich ist Hermann Koch dabei, der mit Paul Sebastian erscheint; die beiden werden vor allem von Richard Huch herzlich begrüßt. Lessing notiert betroffen: *Ein Haufe gallebitterer, verworrener und dunkel grollender, im tiefsten gekränkter Menschlichkeiten!* Eine Anwesenheitsliste, die ausgelegt werden soll, wird im Verlauf der Diskussion offenbar vergessen. Eines aber ist von Anfang an erkennbar – es fehlt nicht ein Vater und nicht eine Mutter.

Lessing bittet im Verlaufe des Abends ums Wort und macht einen Vorschlag, der spontan Zustimmung findet: man möge die Überreste der Toten in einem gemeinsamen Grab beisetzen, und die Stadt Hannover solle den Tag der aus seiner Sicht sinnlosen, jedoch wohl unvermeidlichen Hinrichtung Haarmanns als ständigen Buß- und Bettag begehen. Wenig begeistert indessen ist die Elternschaft über die von ihm vorgeschlagene Grabinschrift: UNSER ALLER SCHULD. In erster Linie protestiert dagegen der nach wie vor aktive Elternfreund und Polizeikritiker Ferdinand Meldau von Excelsior-Gummi. Er ergänzt Lessings Vorschlag: wenn schon ein gemeinsames Grab, warum dann nicht auch ein gemeinsamer Sarg? Über den Text könne man ja noch reden.

Sehr gern hätte man Meldau zum Präsidenten der neugegründeten Opfer-Eltern-Vereinigung gewählt. Aber dazu ist es zu spät: die Versammlung hat zu diesem Zeitpunkt bereits Christoph Wolf und den Schneidermeister Hermann Flügge zu ihren Sprechern erkoren. Den sprachgewandten Vater des toten Hermann Wolf, Fall 11, in dem Haarmann zwar freigesprochen wurde, aber was, bitte, heißt das schon, und den Stiefvater des umgebrachten Ernst Spiecker, Fall Nummer 15: sie wollen sich mit aller Kraft für die gemeinsamen Interessen bemühen, versprechen sie gerührt. Für das, was überhaupt noch getan werden kann: um die Würde geht es und die Wiederherstellung ihrer und ihrer Kinder Ehre. Sowie natürlich, wen wundert es, auch um Rache an allen Menschen und Behörden, die ihnen derart böse mitgespielt haben.

Mitternacht ist inzwischen längst vorüber. Mehr als fünf Stunden lang haben die Eltern der Toten leidenschaftlich debattiert. Dann verabschieden sie eine *Entschließung*, in der sich ihr ganzer aufgestauter Zorn der letzten Jahre, Monate und Wochen entlädt:

Die in Hannover versammelten Eltern und sonstigen Angehörigen der Opfer des Mörders Haarmann erheben in Wahrung ihrer berechtigten Interessen einmütig schärfsten Protest gegen die Art, wie der Haarmannprozeß geführt worden ist, indem nichts getan wurde, um die Frage der Schuld der Behörden zu klären, und fordern deshalb, daß nunmehr das Disziplinarverfahren gegen die schuldigen Polizeibeamten öffentlich und unter Hinzuziehung der Eltern stattfindet. Sie erwarten eine diesbezügliche Zusage bis zum 31. Dezember dieses Jahres und behalten sich gegebenenfalls weitere Schritte vor. Des weiteren fordern sie eine öffentliche Bestattung der Überreste der Opfer.

Es wird den Landrichtern, Anklägern, Polizeibeamten und Politikern zu denken geben, sagen die Eltern, als sie durch die kalte Nacht nach Hause gehen. Sie werden ziemlich daran zu knacken haben.

Aber ob sich wirklich einer eine Scheibe abschneidet?

Wegen des Wochenendes erreicht die Protestnote erst am Mittwoch darauf, am Heiligen Abend, ihre Empfänger.

(14) Fotografieren streng verboten: ein heimlicher Schnappschuß aus dem Haarmann-Prozeß. Im Hintergrund die Lageskizze der letzten Haarmann-Wohnung, darunter, mit verschränkten Armen, der Massenmörder.

(15) Fritz Haarmanns Mord-Revier: vom Hauptbahnhof Hannover holte er sich seine meisten Opfer.

(16) Landgerichtsdirektor Otto Böckelmann: ein für die Zeitungen vor dem Haarmann-Prozeß freigegebenes Foto und eine während der Hauptverhandlung, in der niemand fotografieren durfte, angefertigte Zeichnung. Mehrere, auch auswärtige Reporter waren mit Zeichnern im Gerichtssaal erschienen.

(17) Haarmann-Chefankläger Leopold Wilde: das amtliche Foto sowie die Gerichtssaal-Zeichnung.

(18) Obergutachter Geheimrat Ernst Schultze: Foto und Skizze eines Gerichtszeichners. Für viele Prozeßbeobachter war der bekannte Psychiater der heimliche, für andere allerdings der eher unheimliche Star des Haarmann-Prozesses. Er, letztlich, brachte Haarmann auf die Guillotine.

(19) Polizeiarzt Schackwitz, im Foto und gezeichnet: Er machte die »Knochenarbeit« und hielt später Lichtbildervorträge.

(20) Eines der letzten Fotos Haarmanns (Mitte) beim Abführen aus dem Schwurgericht. Wie meist wird er von Kriminalkommissar Rätz (rechts, im hellen Mantel) begleitet.

(21) Hinter den hohen Mauern (rechts) baute der »rote Richter«, Henker Gröpler, das Schafott auf. Niemand ahnte am frühen Morgen des 15. April 1925, daß dort Haarmanns Kopf fiel.

Absurd! sagt Polizeipräsident von Beckerath. Was die Leute sich einbilden.

Lange indessen, pragmatisch sein Leben lang, telefoniert mit Schneider Flügge und Apotheker Huch und erreicht mehr, als er erwartet hatte. Zumindest das viel zu enge Datum 31. Dezember ist anschließend vom Tisch. Die Idee mit einer gemeinsamen Beisetzung, meint Hermann Lange quasi im Gegengeschäft, hält er für ausgezeichnet. Seine Behörde werde sich natürlich diskret, aber mit den ihr zur Verfügung stehenden Mitteln für ihre Verwirklichung einsetzen, wo immer sich eine Gelegenheit biete.

Am Silvesterabend erhält Friedrich Haarmann in der Sicherheitszelle des Gerichtsgefängnisses ein etwas festlicheres Menü, wenngleich das Essen auch alltags nicht schlecht ist, sowie eine seiner geliebten Zigarren. Als es endlich zwölf schlägt, ist er längst in einen tiefen, friedlichen, anscheinend traumlosen Schlaf gefallen, erklären am Neujahrsmorgen die Beamten, die ihn rund um die Uhr kontrollieren. Vor einem Selbstmord des Menschen, den sie dringend umbringen wollen, haben die Herren der hannoverschen Justiz offenkundig eine Heidenangst.

In einer anderen Gefängniszelle sitzt, stoisch wie immer, ein spannendes Buch lesend, der ebenfalls zum Tod verurteilte Hans Grans. Von ihm spricht zur Zeit kaum einer, und was aus ihm wird, interessiert höchstens ihn selbst. Er glaubt, daß er das nervenaufreibende Spiel gewinnen und nicht hingerichtet wird.

Kriminaldirektor Fritz Eggert und Hermann Lange wünschen sich telefonisch ein besseres neues Jahr. Lange ist da deutlich skeptisch – man werde doch manches ernste Wort mit dem PP, dem Herrn Polizeipräsidenten, reden müssen. Eggerts Einwand, der Oberstaatsanwalt persönlich habe sich doch gerade eben noch für die gute Zusammenarbeit mit der Kriminalpolizei bedankt, scheint ihn wenig zu überzeugen.

Tatsächlich empfängt Rudolf von Beckerath am 16. Januar 1925 auf dringendes Anraten seines stellvertretenden Kripo-Chefs eine Deputation der Eltern, die ihm »androht«, man werde nun nicht mehr lockerlassen. Beckerath räumt ein, einige seiner Beamten seien wohl in der Tat taube Nüsse, die mürrisch würden, wenn ihnen ein Auftrag zugeteilt werde; aus rein beamtenrechtlichen Gründen jedoch kämen öffentliche Disziplinarverfahren trotzdem nicht in Frage. Immerhin, er könne ankündigen, daß die Knochen ihrer bedauernswerten Kinder in Kürze von der Staatsanwaltschaft zur normalen Erdbestattung freigegeben würden.

Jedenfalls etwas! sagt Schneider Flügge, ein Mann mit einem großen, vielleicht zu großen Herzen. Es dürfte dann wohl an der Zeit sein, sich Gedanken über eine würdige, dem Anlaß entsprechende Totenfeier zu machen.

Entwarnung! sagt der Präsident am Abend dieses Tages, inmitten seiner leitenden Herren, erkennbar zufrieden und fast heiter, endlich mal wieder. Nicht einmal Lange wagt es, seinem PP zu widersprechen. Dabei weiß gerade er es im Grunde ja besser, er und seine hoffentlich nur wenigen wirklichen Mitwisser: die Gefahr des großen Polizeischlachtens ist längst noch nicht aus der Welt.

Nach manchen Vorgesprächen zwischen Eltern und Friedhofsverwaltung wird man sich definitiv einig, die Überreste der Opfer tatsächlich in einen Sarg und ein Grab zu betten, und am 28. Januar kommt's zu einer ersten offiziellen Zusammenkunft der Magistratsbeamten und Elternvertreter im größeren Kreis. Die Beamten zeigen sich von Anfang an nicht abgeneigt, eine geeignete Grabstätte zur Verfügung zu stellen und die Beerdigung zu bezahlen. Richard Huch jedoch, dem die anderen Eltern zustimmen, lehnt das vorgeschlagene Grab an der Grenzmauer des Friedhofs Stöcken kategorisch ab: man habe nichts zu verstecken.

Weshalb gibt man uns keinen Platz in der schönen Umgebung des Kriegerfriedhofs? fragt Huch. Es gehe schließlich nicht um das Verscharren von Selbstmördern.

Weil dort alles voll ist, meint der Magistratsbeamte. Wir können, auch wenn's ein Sonderfall ist, nicht eigens für Sie Umbettungen vornehmen. Akzeptiert wird schließlich ein Platz in der Gräber-Abteilung 3. Aber am nächsten Tag macht der zu dieser Sitzung nicht erschienene Behördenleiter einen Strich auch durch diese Rechnung: gerade diesen Platz habe man schon einem anderen Bürger der Stadt zugesagt, und insofern würden alle noch eine Weile suchen müssen – in freundschaftlicher Atmosphäre, wenigstens hier.

Sobald allerdings ruchbar wird, daß nun mit einem baldigen Haarmann-Opfer-Begräbnis zu rechnen ist, bricht neuer Streit auf. Die Zeitung »Hannoverscher Kurier« redet den Eltern ins Gewissen, ihren Kindern auf jeden Fall ein »christliches Begräbnis« auszurichten, obgleich sie sich ja auf dem Wege des Lasters befunden hätten. Die Eltern reagieren wütend: ob man ihnen nicht gestatten wolle, sie *nach unserem Willen und Ermessen der Erde zu übergeben?* Es sei doch sicher immer noch *unser Fleisch und Blut, das man hinmordete!*

Die Debatte eskaliert zur Groteske. Der »Kurier« regt an, auf einen eventuellen Grabstein die Worte *Richtet nicht, auf daß ihr nicht gerichtet werdet* zu schreiben. Die Eltern: *Wer kann behaupten, unsere Söhne hätten sich auf dem Weg des Lasters befunden, außer Haarmann selbst?*

Eigentlich ohne sichtbaren Grund verlagert nun ausgerechnet die Polizei den Kriegsschauplatz wieder auf ihr Gebiet.

Nun lies dir das durch! sagt Sebastian zu Koch, der endlich mal wieder auf ein Gläschen Bowle vorbeigekommen ist. Es ist einfach nicht zu fassen!

Rudolf von Beckerath hat doch wieder zugeschlagen. Keinem seiner Beamten, das müsse jetzt doch mal gesagt werden, könne »unkorrektes Verhalten« vorgeworfen werden, teilt er Hannovers Bürgern mit; offensichtlich sei er da falsch verstanden worden. Unkorrekt, sinngemäß, seien eher die Eltern gewesen, denn insgesamt seien nicht 27, sondern nur 14 Haarmann-Opfer offiziell als vermißt gemeldet gewesen.

Ein reines Kreuz! sagt Koch. Muß man sich um 14 Vermißte etwa nicht kümmern? Warte mal bis morgen! sagt Paul hoffnungsfroh.

Und tatsächlich: *Da liegt der Hund begraben!* schreibt eine Zeitung. Da nämlich, *daß bei der ganzen Haarmanniade die skandalösen Beziehungen des Mörders zur Polizei die größte Rolle gespielt haben!* Alles andere sei Nebensache!

Lange mit seiner fixen Idee Schadensbegrenzung kann über seinen PP nur den Kopf schütteln. Er wittert neuen Unrat und behält recht. Zwei Wochen später gerät die Polizei auf einem merkwürdigen Umweg endgültig an den Rand der Katastrophe.

Am 2. Februar 1925 verwirft das Reichsgericht in Leipzig die Revision des zusammen mit Fritz Haarmann zum Tode verurteilten Hans Grans. Der Verteidiger rät seinem Mandanten, unverzüglich ein Gnadengesuch einzureichen. Aber Grans lehnt dies kategorisch ab: er brauche keine Gnade, er wolle ausschließlich sein Recht.

Fünf Tage später, am Samstag, dem 7. Februar, wird Friedrich Haarmann im Kraftwagen durch die Stadt gefahren, um einige Angaben, die er nach seinem Todesurteil gemacht hat, zu überprüfen. Und ausgerechnet in seinem alten Jagdrevier, unweit des Hauptbahnhofs, schafft er es, einen an den Buchhändler Albert Grans adressierten Brief aus dem Wagen zu werfen, ein vier Seiten langes buchstäblich sensationelles Schreiben an den Vater seines Ex-Freundes Hans. Es steckt in einem alten Couvert, das mit einer in Meran gestempelten Marke frankiert war, und ist passagenweise beinahe unleserlich, jedoch absolut verständlich und eindeutig. Wichtige Zitate aus der »Übersetzung« des Briefes, den Haarmann, wie sich herausstellt, schon vor Wochen geschrieben und unter seiner Pritsche versteckt hat:

Mein Geständnis. So wahr mir Gott helfe, ich sage nun die reine

Wahrheit und möchte gerne mein Gewissen vor Gott nicht noch mehr belasten, ich, der zum Tod Verurteilte. Grans hatte überhaupt keine Ahnung, daß ich mordete, er hat nie etwas gesehen. Ich wurde durch die Polizei gewaltsam genötigt, Unwahrheiten zu sagen, und habe Grans durch Unwahrheiten belastet. Ich, Fr. Haarmann, rufe jetzt den Himmel als Zeuge an, Grans ist unschuldig verurteilt. Hätte Grans gewußt, daß ich mordete, dann hätte Grans es bestimmt verhütet. Ich kann die Schuld nicht mit ins Grab nehmen, ich rufe auch meine Mutter zum Zeugen, welche mir heilig und bei Gott ist – gezeichnet, Fritz Haarmann.

Briefschreiber Haarmann wird, sobald das Schreiben gefunden und von Vater Grans der Justiz übergeben worden ist, am selben Tag vernommen. Und er bleibt dabei: das, nur das, ist die Wahrheit! Um es zu unterstreichen, gibt er nachträglich noch den Mord an Adolf Hennies zu – einen der drei Fälle, in denen er freigesprochen worden war.

Der Arzt Schackwitz wird gefragt, der, außer Lange und Rätz, Haarmann am besten kennt: Ach, das ist wieder mal ganz typisch! Wir hatten oft den Eindruck, daß Fritze Felddienstübungen mit uns veranstaltete!

Auch Lange und Rätz selbst werden bemüht, nachdem der berühmte Mörder auch noch 36 Seiten an Oberstaatsanwalt Wilde und den Gefängnisgeistlichen Hauptmann geschrieben hat; sie, immerhin, reagieren sachlicher. Man wird das alles, sagen sie, sehr gründlich prüfen müssen.

Am 10. Februar reicht Rechtsanwalt Lotze für Grans erwartungsgemäß einen Wiederaufnahmeantrag ein. Und drei Tage danach erklärt der Generalstaatsanwalt in Celle, er werde eine Umwandlung des Todesurteils gegen Grans in eine lebenslange Freiheitsstrafe befürworten.

Hervorragend! sagt Lange in der Hardenbergstaße. Das erspart uns vielleicht einiges.

Diese verdammten Schlaumeier! sagt Sebastian in der Friesenstraße.

Warum? fragt Berta, die gerade mal da ist.

Weil sie glauben, daß sie, wenn das Todesurteil vom Tisch

ist, so oder so nicht noch mal gegen Grans verhandeln müssen und die Sache auf die Weise erledigen können. Denn falls sie verhandeln müssen, brauchen sie Fritz als Zeugen. Und dann können sie ihn immer noch nicht köpfen!

Den Eltern ist die Situation im Moment nicht so klar. Hannovers Oberbürgermeister persönlich wird als Erwerber der vorgesehenen Erbbegräbnisstätte in Erscheinung treten, sagt man Meldau und Huch, wo immer diese Stätte sein wird; selbst der etwas nörglerische Meldau hält das für eine gute Geste. Überdies wird als Termin für die »Beisetzung der Gebeine« nach einigem Hin und Her endgültig der 21. Februar, 16.30 Uhr, anberaumt. Und nach noch mehr Hin und Her findet sich auch, nach einer weiteren Friedhofsbegehung mit Meldau und Huch, eine endgültige Stelle: Ein Erbbegräbnis in der Abteilung 49 D, das sich, in der Ausdehnung von 4,64 mal 2,62 Metern, über die Grabstellen 189 bis 192 erstreckt.

Über der jetzt amtlichen Zusage, die Stadt werde alle Kosten tragen und einen würdigen Sarg besorgen, überhören Huch und Meldau anscheinend zwei eher ernüchternde Mahnungen: zum einen, präzisiert das Stadtfriedhofsamt, sei das alles keine Erbbegräbnisangelegenheit, sondern lediglich die »Zurverfügungstellung eines Platzes zur Beisetzung einiger Leichenreste«. Zum anderen, einen Grabstein werde man gewiß erst nach Vorlage (und Genehmigung) entsprechender Zeichnungen errichten dürfen, und er dürfe auf jeden Fall bloß mit den Namen der Opfer beschriftet sein.

Ja, ja, ja! sagt Huch ungeduldig. Die Teilnehmer der Besprechung wissen bis zuletzt nicht, ob er begriffen hat, was ihm hier zugemutet wird.

Friedhofsverwalter Kühne, der Beamte, der hier die Hauptlast trägt, wird jetzt angewiesen, seine Anlage um 15 Uhr zu schließen und an alle Zugänge einen Mann in Friedhofsdienstkleidung als Wache zu stellen. Die Stadtdruckerei stellt 150 Eintrittskarten her, die zur Verteilung Frau Marie Huch ausgehändigt werden. Außerdem trifft Kühne folgende logistische Vorbereitungen:

Die letzte beziehungsweise vorletzte Beerdigung an diesem Tag findet um 14.30 Uhr statt; um diese Zeit sind schon zwei Polizeizüge im Eingangsbereich des Friedhofs auf Posten. Zusätzlich sorgt eine Abteilung berittener Schutzleute auf der Stöckener Straße dafür, daß niemand über die Mauer klettert. Die Eingänge werden nicht bloß von Friedhofsbeamten, sondern ebenfalls von bewaffneten Männern bewacht. Männer der hannoverschen Sicherheitspolizei säumen die Wege von der Kapelle zum Grab und das Grab selbst.

Es kann losgehen. Ein Haarmann-Akt mehr.

Bis zur Beerdigung der traurigen Reste ereignen sich noch drei interne Dinge. Richard Huch und Ferdinand Meldau, der den Opfer-Vater Georg Witzel vertritt und in letzter Zeit gemeinsam mit Huch sowieso die meisten Verhandlungen geführt hat, werden zu neuen Elternsprechern gewählt. Aus Berlin hört man interessiert, der preußische Justizminister werde von seinem Begnadigungsrecht für Haarmann keinen Gebrauch machen: Aussagen Haarmanns für einen eventuellen neuen Grans-Prozeß könnten ja auch verlesen werden. Eine Konferenz aller zuständigen Sicherheits- und Justizinstanzen jedoch kommt zu dem für die Kripo unangenehmen Ergebnis, daß eine Hinrichtung Haarmanns vor dem Beerdigungstermin der Opfer aus technischen Gründen keinesfalls zu schaffen ist.

Ein Kreuz trotz allem noch, bis der Pastor an diesem 21. Februar, einem besonders grauen Tag, endlich ein letztes Kreuz schlagen kann. Der Herr behüte unseren Eingang und Ausgang, er erhebe sein Angesicht über uns und gebe uns Frieden. Aber bis dahin ist für Dr. Beimes, den Chefseelsorger der Gartenkirche, noch einiges zu tun. Und er wird es tun in Sorge und voller Verantwortung.

Die Kapelle ist dicht gefüllt; gewiß ist keine der ausgegebenen Karten verfallen. Paul Sebastian, Heinrich Rätz, der sich natürlich ebenso wie Hermann Lange im Hintergrund hält, und auch Georg Koch und Frau haben mühsam Platz gefunden; kann ja sein, daß vielleicht doch ein Stückchen Hermann dabei ist, hat Georg Koch zu Sebastian gesagt. Er sieht unentwegt auf den Sarg, seine Frau senkt den Blick.

Schwarzlackierte Kiefer, von Palmen und Lebensbäumen eingerahmt. Anfangs leises, später lauteres, dann aufbrausendes Orgelspiel, frei präludiert.

Und schon jetzt das erste Schluchzen.

Beimes legt seiner Predigt den bekannten Psalm 62 zugrunde: *Meine Seele ist stille zu Gott, der mir hilft!* Aber, erklärt er, so manche Mutter hielt uns Geistlichen da in der Not entgegen: wo blieb denn Gott in der Zeit, in der er dieses geschehen ließ, und in der schrecklichen Ungewißheit – wo hat er denn da geholfen? Eine rhetorische Frage natürlich, denn die Antwort, die liege immer bei IHM allein. Das Weinen wird lauter – wird häufiger. Beimes knüpft an die Grubenkatastrophe in Dortmund an, die gerade geschah: am 11. Februar starben auf der Zeche »Minister Stein« 136 Bergleute unter Tage. Aber dort seien die beklagenswerten Opfer wenigstens ja noch auf dem Ehrenfeld der Arbeit gefallen, während hier ruchlose Mörderhand blühendes Leben vernichtet hat, und deshalb, ja, deshalb sei die Tragik hier noch größer. Es ist uns wirklich nur eines geblieben: im Göttlichen den nötigen Trost zu suchen.

Das Übliche bislang, denkt Paul. Aber dann wird es ernst, dann wird Dr. Beimes seinem Ruf, er sei ein reichlich orthodoxer Pastor, voll gerecht. Die jungen Toten seien nicht nur wegen ihres qualvollen Endes zu beklagen, sondern auch, weil sie in einer Zeit erwachsen wurden, in der alles aus den Fugen ging, in der die Macht der bösen Vorbilder wirkte und in der Gott vergessen war. So richte er an Mütter und Väter die Mahnung, sich nicht dumpfer Verzweiflung hinzugeben, sondern das Kreuz auf sich zu nehmen. Alle müßten helfen, daß solche furchtbaren Vorkommnisse sich nicht wiederholen, alle müßten beitragen, daß rasch wieder eine gesunde Atmosphäre in unser Vaterland einziehe.

Nach dem jetzt wieder leisen Orgelspiel »Jesus, meine Zuversicht« heben Beerdigungsunternehmer August Battermann und fünf stämmige schwarzgekleidete Mitarbeiter den Sarg auf und tragen ihn, gefolgt von den Leidtragenden, den langen, langen Weg an das ausgehobene Grab. Es ist mit abgeschlagenen Tannenzweigen ausgekleidet.

Beimes spricht ein Vaterunser, als der Knochensarg tief in die Erde gelassen wird; dann werfen die Angehörigen ihre Schaufeln Erde auf den Sarg, so viele, daß die Grube am Ende bereits halb voll ist. Ein gemeinsamer, riesiger Kranz der Eltern wird hingelegt. Und unendlich viele kaum kleinere Blumenkränze mit weißen Schleifen.

Aber kein einziger Kranz von der Stadt, in der dies alles geschah! bemängelt eine zornige Mutter. Und sie spricht auch bereits davon, daß der »Pfaffe« keine Trauer-, sondern eine Strafpredigt gehalten habe.

Die Beisetzung verlief ohne Zwischenfälle, in ruhiger und würdiger Form! kommentiert tags darauf der »Hannoversche Kurier«. Der »Volkswille« aber ist anderer Ansicht – *Alle Wunden, die das Verbrechen, die Tortur der Vernehmungen und des Prozesses den Anverwandten geschlagen haben, wurden neu aufgerissen durch die von einer mittelalterlichen Weltanschauung diktierten Worte der Predigt!* Beimes ließ, so das Blatt, sogar *die Anschauung durchklingen, die auch den Toten Schuld beimessen will!*

Beimes sagt dazu dann nichts mehr. Vielleicht schweigt er in der Tat ein bißchen zu spät. Und Lange ist hochzufrieden, daß die Polizei zwar zu Pferde erschienen ist, aber sich wenigstens diesmal nicht aufs hohe Roß gesetzt hat.

Der Schauplatz verlagert sich abermals, von Stöcken in den Justizpalast; das Leben geht weiter, immer noch auch Fritz Haarmanns Leben. Aber man gönnt es ihm von Tag zu Tag weniger und hält die Entlastungsaktion für Grans inzwischen doch eindeutig für einen Versuch, Zeit zu schinden – Zeit zumindest, sich noch besser auf seinen Tod vorzubereiten.

Es entsteht, stillschweigend, eine Koalition derjenigen, die immer noch allen Grund haben, sich vor dem Massenmörder mehr zu ängstigen als vor dem Teufel. Ihr einziger Vorteil liegt darin, daß den Teufel spitzfindige juristische Argumente wahrscheinlich gar nicht kratzen könnten, während gegen den Massenmörder auf diese Weise Stimmung gemacht werden kann. Etwa so:

Haarmann-Richter Böckelmann erklärt sich gegenüber dem Präsidenten des Oberlandesgerichts Celle dahingehend, auch er sei der Ansicht, man könne Haarmann so gründlich vernehmen, daß seine leibliche Anwesenheit im Zeugenstande eines eventuellen neuen Grans-Prozesses nicht mehr erforderlich sei. Oberstaatsanwalt Wilde weist ergänzend darauf hin, daß eine zu lange Aussetzung der Vollstreckung womöglich Unruhe in der Bevölkerung hervorrufen würde; er läßt geschickt durchblicken, es sei bereits unerträglich, daß der Verbrecher noch während der Beisetzung der Opfer lebte, und immerhin habe ein Beamter, der in anderen Sachen in Berlin war, das beunruhigende Gerücht mitgebracht, eine Begnadigung des Massenmörders werde dort inzwischen zumindest nicht mehr völlig ausgeschlossen. Unerträglich übrigens, so Wilde, sei die Situation gerade für die Polizei.

Bei der Polizei wird inzwischen nahezu gebetet, der Störenfried und Unruhestifter Haarmann, eine ständige Gefahrenquelle einerseits für die allgemeine Reputation, zum anderen aber auch für manchen wackeren Beamten direkt, möge endlich diese Welt verlassen. Nachrichten aus Kreisen der verbündeten Justiz stehen hoch im Kurs und haben bis zum Präsidenten Dringlichkeitsstufe eins. Klar haben wir Mist gemacht, meint so mancher. Aber bloß Lange, Rätz und einige wenige andere, eben nicht der Polizeipräsident, kennen die Geschichte mit den Totenschädeln in Haarmanns Zelle, und das ist, nach wie vor, der springende Punkt. Gerade weil der Polizeipräsident nichts davon weiß, ist es ja so schwierig, ihn an der Kandare zu halten. Bloß, weshalb soll er's wissen? sagt sich der Oberbeamte Hermann Lange, nach wie vor stur und notfalls bis in den Tod der getreue Diener seines Staates und zudem Pragmatiker – eine für ihn selbst in dieser Situation nicht ungefährliche Mischung.

Justitiell muß sich, zuständigkeitshalber, dann noch der

Generalstaatsanwalt in Celle äußern, ehe der Justizminister sich endgültig entscheidet. Nicht bloß die beklagenswerten Eltern der Hingemordeten, äußert sich der General, sondern auch fast alle Kreise der Bevölkerung hätten kein Verständnis dafür, daß im Falle Haarmann der Gerechtigkeit nicht endlich freier Lauf gelassen würde; damit schließt er sich der Meinung seines hannoverschen Statthalters vollinhaltlich an. Und der Minister, wiederum, folgt dem Generalstaatsanwalt; die junge deutsche Republik hat eine der politisch wichtigsten Spielregeln, die des Populismus, rasch gelernt.

Am 4. April 1925 wird *Euer Hochwohlgeboren*, der »General« in Celle, wie am Ende doch kaum anders zu erwarten war, gebeten, das »Erforderliche« zu veranlassen. Um das vorzeitige Bekanntwerden der Vollstreckung zu vermeiden, ist auf jeden telegrafischen Schriftwechsel zu verzichten. Die Aktion der Enthauptung ist dem Magdeburger Scharfrichter Carl Gröpler, dem »roten Richter«, zu übertragen. Es ist zu beachten, daß zur Hinrichtung niemand Zutritt erhält, der auf das Sensationsbedürfnis der Leute berechnete Nachrichten an die Presse geben könnte. Die vorgeschriebene öffentliche Bekanntmachung der Vollstreckung ist auf die lokalen Zeitungen zu beschränken. Zusatz des für Hinrichtungen zuständigen Berliner Ministerial- und Reichsgerichtsrats Fritz Hartung: Laut Übereinkunft mit dem Ministerium für Wissenschaft, Kunst und Volksbildung sind Haarmanns sterbliche Überreste den Berliner Anatomen Krause und Kopsch auszuhändigen, da Haarmanns Angehörige auf die Herausgabe der Leiche verzichtet haben. Zu der Leichenbesichtigung sind überdies zwei prominente Göttinger Pathologen hinzuzuziehen.

Die Gerechtigkeit, was soll man sagen, steht endgültig in den Startlöchern und wartet auf den Signalpistolenknall, der den Ein- und Auslauf freigibt.

Am frühen Abend des 14. April, Punkt 18 Uhr, wird Haarmann in einen Besucherraum geführt, wo ihn »seine« Staatsanwälte Wilde und Wagenschieffer erwarten. Wilde begrüßt ihn gemessen und teilt ihm ernst mit, er werde nunmehr in genau zwölf Stunden hingerichtet. Haarmann nimmt es zu Wildes großer Erleichterung mit Fassung auf: er sehe seine schweren, großen Sünden ein und wolle willig sterben.

Später, als die Staatsanwälte weg sind, kommt Schackwitz in Haarmanns im Erdgeschoß gelegene Zelle. Morgen werde geköpft! sagt Haarmann hektisch.

Schackwitz nickt. Er weiß es. Er weiß, daß Scharfrichter Gröpler mit seinen Gehilfen und der Fallschwertmaschine, der Guillotine, in Hannover eingetroffen ist und das Gerüst wie einen überdimensionalen Märklin-Baukasten zusammensetzt. Er schlägt Haarmann vor, eine Zeit bei ihm zu bleiben, und Haarmann stimmt zu. Im Grunde müßte Schackwitz lediglich kurz vor der Exekution ärztlich feststellen, daß der Delinquent »hinrichtungstauglich« ist. Aber man ist ja Mensch und als solcher auch neugierig. Schackwitz fühlt Haarmanns Puls: mit 80 Schlägen in der Minute normal.

Es werden Haarmann auf seinen Wunsch hin eine große Portion gekochter Schinken und drei Harzer Käse mit Brot hingestellt, die er, wie Schackwitz und die beiden Haarmann beobachtenden Gefängnisbeamten registrieren, mit bestem Appetit verzehrt. Dazu trinkt er Bohnenkaffee, und nachher raucht er eine Zigarre – die erste von insgesamt noch sechs in dem ihm verbleibenden Leben. Man biete ihm, in Maßen natürlich, Alkohol seiner Wahl an, aber er lehnt ab. Er will frisch bleiben für den großen Moment.

Er bleibt wach die Nacht über, und nach Mitternacht geht Schackwitz, und Pastor Hauptmann kommt. Haarmann bittet ihn um das Abendmahl, das himmlische in diesem Fall, das er offenbar tiefgläubig zu sich nimmt und das ihm wohltut. Noch mehrmals bittet er den weißhaarigen Geistlichen, mit ihm zu beten, und die Beamten falten die Hände mit, sobald Haarmann und der Pastor sie falten. Und als es bereits auf den Morgen zu geht, wird ihm auch dieser Wunsch erfüllt: er darf seine Zelle zum vorletzten Mal verlassen und duschen, auf daß, wie er sagt, alle, die sich später mit ihm beschäftigen müssen, sich mit einem reinen Körper beschäftigen können.

Die Gefängnisbeamten schauen auf die Uhr. Haarmann ist in Anstaltshosen und frischem weißen Hemd zurückgekehrt; er ist unruhiger als noch kurz zuvor, nun doch innerlich erregt und gerührt. Wilde erscheint letztmals und fragt Haarmann, ob er noch etwas zu seinen Straftaten sagen möchte. Haarmann sagt, er wolle nun seinen letzten schweren Gang gehen und als aufrechter Mann sterben. Dann allerdings fügt er, plötzlich nahezu panisch, hinzu, man müsse Grans leben lassen – sein Widerruf sei wirklich die Wahrheit.

Die Kavalkade verläßt die Zelle. Die Kavalkade, stumm, erreicht den abgeschlossenen, von keiner Seite her einzusehenden Gefängnishof. Dort sind, dunkel gekleidet, vierzig Personen versammelt, darunter Lange, Rätz, Schackwitz, die Anatomen von zwei Universitäten, zwei Richter, ein Protokollführer, ein Dutzend angesehene Bürger der Stadt. Jenseits der Mauern gehen wenige frühe Passanten ahnungslos über die Alte Celler, die Leonhardt- und die anderen umliegenden Straßen.

Was Wunder, Haarmann wiederholt sich natürlich gelegentlich in diesen allerletzten Minuten. Schwer, wirklich schwer sei das, was ihm jetzt bevorstehe, denn er müsse seine große Schuld sühnen – er müsse!

Er sieht mit weit aufgerissenen Augen auf die blitzblanke Fallschwertmaschine, als ihm der Oberstaatsanwalt noch einmal vorliest, was er längst kennt: den Urteilstenor des Schwurgerichts und den Beschluß des Berliner Ministers, daß ein Begnadigung abgelehnt wird.

Auf ein Zeichen des Oberstaatsanwalts hin gehen Gröpler und seine Helfer auf Haarmann zu. Haarmann mahnt scherzhaft zur Vorsicht, als sie ihm behutsam das Hemd öffnen. Er sagt Worte, die er wohl auswendig gelernt hat.

Er stehe hier, schwer belastet, aber gehe mit Freude auf dieses Schafott. Er habe alles gesagt und stehe jetzt schon vor Gottes Angesicht, wo kein Lügen mehr helfe. Gleich werde er seine geliebte Mutter wiedersehen. Man möge es jetzt kurz machen, er habe jahrelang gelitten.

Gröpler und seine Mannschaft schnallen ihn auf die Guillotine. Sie ziehen ihm sein offenes Hemd über die Schultern herunter. Haarmann sagt, nahezu schon aus dem Jenseits: *Auf Wiedersehen, meine Herrschaften!*

Plötzlich beginnt eine dünne Glocke zu läuten. Das letzte, was Haarmann wahrnimmt.

Preußens wahrhaftig berühmtester Henker, Franz Friedrich Carl Gröpler, löst den Sperrmechanismus. Vierzig ehrenwerte Bürger von Hannover und anderswo, jedoch weder der Geheimrat Schultze noch eine einzige Dame darunter, sehen zu, wie das Blut herausschießt, als Haarmanns Körper an der vorgesehenen Stelle durch das herabsausende Fallschwert direkt unter dem Kinn zerschnitten wird, mit einem einzigen Streich, wie bei Gröpler zu erwarten. Und als der Kopf in den Auffangbehälter fällt, sagt, sozusagen, nicht einer hoppla.

Eine Weile dauert's auch, bis es jemand sagt, bis aus dem Fallschwert, für die Polizei, ein Damoklesschwert wird. Zuerst hat der Geistliche Hauptmann ein sehr, sehr nachdenkliches Vaterunser gesprochen, und alle, wirklich alle haben die Hände gefaltet.

Die Eintragung ins Sterberegister der Stadt Hannover erfolgt umgehend unter Nr. 799/25. Ins geheime Hinrichtungsregister des Ministeriums, das seit 1921 geführt wird, wird die Exekution Haarmanns als Fall Nummer 8 eingetragen, als zweiter von zwei Fällen des Jahres 1925. Und bekanntgemacht wird es auch, ordnungsgemäß: der Kaufmann Fritz Haarmann, er ist nun tot. Der Oberstaatsanwalt, gez. Dr. Wilde. Damit hat es sich dann – scheinbar.

Der hannoverschen Justiz, aber auch der Polizei, die bei allen Ereignissen um Haarmann automatisch ins Gerede kommt, gereicht zunächst ein anderes trauriges Ereignis zum großen Vorteil. Wenige Wochen vor Haarmanns Hinrichtung ist Reichspräsident Ebert überraschend gestorben, und wenige Tage nach Haarmanns Hinrichtung hält der Nachfolgekandidat in Hannover eine spektakuläre Wahlrede – Paul von Hindenburg, selbst ein Bürger dieser Stadt. Neun Tage später wird der Kandidat der Rechten tatsächlich gewählt; Haarmann und sein Ende sind wenigstens vorübergehend in den Hintergrund gerückt, die fetten Überschriften haben andere Inhalte.

Eine Atempause, mehr nicht. Und Oberinspektor Lange weiß es, einmal mehr und nach wie vor, am besten.

Paul Sebastian hat den greisen Paul, den Sieger von Tannenberg, nicht gewählt, und Georg Koch, soweit er weiß, ebensowenig. Hannover hat, als eine von wenigen deutschen Städten, den Marschall von nebenan durchrasseln lassen.

Koch gibt sich auffällig gleichgültig, was das Schicksal des Mannes betrifft, der Hermann auf dem Gewissen hat, wenngleich er doch eigentlich zufrieden sein müßte. Viel mehr, registriert Paul, viel mehr als alle anderen Opfer-Eltern ist er daran interessiert, daß endlich alles, ALLES auf den Tisch kommt. Die ganze sogenannte Polizeischeiße, wie er das nennt. Aber ein Weilchen, das weiß auch er, wird er noch warten müssen.

Bereits am Tag nach der Exekution hat sich Geheimrat Schultze besorgt erkundigt, ob denn auch alles »ordentlich« und mit rechten Dingen verlaufen sei. Wilde kann ihn beruhigen: der Mörder starb gefaßt, der Mörder starb ruhig. Er hätte, wie gesagt, hinzufügen können: sein Proband starb glücklich, zumindest in dem frohen Bewußtsein, er habe es endlich, endlich hinter sich.

Aber dann kommt, endlich, das dicke Ende. Eins von mehreren. Einer hat in der Tat hoppla gesagt. Einer hat Unrat gewittert und sich gefragt, ob er ihn nicht zu spät gewittert hat: Friedrich Hartung, der Leitende Beauftragte für das gesamte Hinrichtungswesen in Preußen, dem größten Lande des derzeitigen Deutschen Reiches.

Als alles vorüber war, hat sich zur allgemeinen Verblüffung herausgestellt, daß die Leiche Haarmanns ohne Kopf nach

Berlin gelangt ist; der ist, wie auch immer, in Göttingen, angeblich hat ihn Professor Lochte mitgenommen. Man kann alles, meint Hartung verbittert, noch so genau regeln, irgend etwas geht doch immer schief! Und nun wird Hartung aktiv. Es kostet ihn zwar einige Mühe, bis die Göttinger sich bereit erklären, wenigstens Haarmanns Gehirn nach München zu schicken. Aber sie tun es, was sollen sie machen, wenn auch mit langen Zähnen.

Und warum München? wird Hartung gefragt.

Es gibt keine eindeutige Antwort. Warum nicht München? Es muß ja nicht Osnabrück sein.

Warum München? wiederholt hartnäckig der Beamte der hannoverschen Staatsanwaltschaft. Warum überhaupt, nachdem alles seinen geordneten Gang gegangen und Haarmann bis auf den Kopf vom Erdboden verschwunden ist?

Schließlich läßt Hartung zumindest durchblicken, daß ihm dieses merkwürdige Kopf-Theater zu denken gegeben und er nur deshalb den Entschluß gefaßt hat, den ihm bekannten Münchner Professor Kraepelin zu bemühen.

Emil Kraepelin, mit 69 ein todkranker Mann, weiß, daß er selbst nicht mehr lange zu leben hat. Er ist ein gleichermaßen besessener wie umstrittener Psychiater und Hirnforscher, der keine Kompromisse kennt. Und so, schließlich, kommt der Tag, an dem er den Hannoveranern klipp und klar das Ergebnis der von ihm und seinem Kollegen Professor Spielmeyer vorgenommenen Untersuchungen mitteilt, dringlichkeitshalber per Telegramm.

Fritz Haarmanns innere Schädelhaut, die Dura mater, war an mehreren Stellen mit dem Hirn verwachsen; er mußte also irgendwann in seinem Leben eine Hirnhautentzündung durchgemacht haben, die »bekanntlich« zu schweren Wesensveränderungen führt. Und vielleicht auch zur Epilepsie.

Im Klartext: Friedrich Heinrich Karl Haarmann war, Ernst Schultze hin und Alex Schackwitz her, nachweislich eben doch geisteskrank, hebephrenisch-schizophren, schwachsinnig oder was immer man diagnostizieren könnte, wenn man noch diagnostizieren könnte.

Damit müssen die Hannoveraner fortan leben: daß sie mit an Sicherheit grenzender Wahrscheinlichkeit einen Mann guillotiniert haben, den – im Zweifel für den Angeklagten – sie als schuld- beziehungsweise zurechnungsunfähig gar nicht guillotinieren durften. Denn er wußte nicht, was er tat.

8. Eine Frage der Kosten

Bauen Sie sich doch ein Hermanns-Denkmal!

Der eilige Sebastian wird noch im Frühjahr 1925 von einigen wichtigen Verbindungen abgeschnitten. Kriminaloberinspektor Hermann Lange, der in dieser Zeit Kriminalrat wird, hegt den dringenden Verdacht, daß es im Präsidium jemanden geben muß, der Informationen unbefugt weitergibt. Näheres weiß er zwar nicht, sorgt aber dafür, daß mehrere Verdächtige auf Posten abgeschoben werden, auf denen sie keinerlei wichtige Interna erfahren und insofern auch nicht verpfeifen können. Damit hat der erfahrene Fuchs und Kriminalist Paul Sebastians Quelle trockengelegt.

Lange hat mehr denn je allen Grund, das eigene Haus sauberzuhalten: die große Abwehrschlacht, der sich die Polizei stellen muß, ist seiner Überzeugung nach nicht mehr zu vermeiden. Und Paul zuckt die Achseln: ein so heißes Eisen wie Haarmann, sagt er seinem Freund Georg Koch, wird er sowieso nie wieder anfassen.

Koch sagt, auch er habe andere Sorgen. Er habe sich immer wieder angeboten, eine Funktion in der Opfer-Eltern-Gemeinschaft zu übernehmen. Aber offenbar lege niemand besonderen Wert auf seine Mitarbeit, und das gebe ihm doch zu denken.

Im Juli dieses Jahres wird dem Stadtfriedhofsamt in Hannover ein Antrag auf Errichtung eines Grabmals vorgelegt, dem eine Skizze des Steinbildhauers Franz Baeger aus Herrenhausen im Maßstab eins zu zehn beiliegt. Baeger, der bei der Auftragserteilung spontan den Gedanken an einen Flügelaltar aus Granitstein hatte, hat den Antrag mit unterschrieben – im Namen der Eltern und Angehörigen der Haarmann-Opfer, gemeinsam mit dem inzwischen selbst als Eltern-Sprecher tätigen Werkmeister Georg Witzel. Als erfahrener Steinmetz kennt er die für eine Grabstelle dieser Größe amtlich vorgeschriebenen Höchstmaße und überschreitet sie nur um läßliche fünf Zentimeter nach oben. Der Wert des Bauwerkes wird zum jetzigen Zeitpunkt auf 2000 Mark geschätzt.

Witzel schreibt zugleich auch an den Magistrat. Er bitte, nach Aufstellung des Grabsteins eine Einfriedung sowie eine gärtnerische Gestaltung vornehmen zu wollen. Aber bis dahin ist noch ein weiter Weg und vorrangig folgendes Problem zu lösen: *Da die Kosten des Grabsteins nicht von allen Angehörigen bestritten werden können, unter ihnen Witwen und zudem solche sind, denen es nicht möglich ist, den Anteil, der sie trifft, zahlen zu können, bitten wir um einen Erlaß der auf dem Grabstein ruhenden Luxussteuer!*

Als erstes werden die Akten herangezogen. Die sterblichen Überreste der Haarmann-Opfer sind gleich nach der Trauerfeier unter der Nummer 152/Stöcken in das Beerdigungsbuch eingetragen worden, wird festgestellt. Da der Sarg die Höhe von 0,75 Meter überstiegen hat, sind Mehrkosten in Höhe von 50 Prozent angefallen. Zusammen mit der Rechnung des Begräbnisunternehmers sind die Kosten aus einem Sonderfonds des Magistrats bezahlt worden – es hat also alles seine Ordnung gehabt, und eigentlich ist dieser Denkmalswunsch durchaus verständlich.

Das Friedhofsamt steht den Wünschen der Eltern abermals aufgeschlossen gegenüber. Die Friedhofsgebühr und die Kosten für die gärtnerische Herrichtung über 700 Mark sollten tatsächlich erlassen werden, schlagen die Beamten dem Magistrat vor; die Luxussteuer ist ohnehin gleich aus der Welt. Friedhofsamt und Magistrat gemeinsam indessen schütteln den Kopf, als Frau Josephine Witzel einen von ihrer Seite aus endgültigen Textvorschlag für die Grabinschrift nachreicht.

Jünglinge, kaum der Schule entwachsen,
rein wie die Lilie,
riß ein entarteter Kreis
fort euch aus sittlichster Bahn.

Also, so nicht! sagt der für das Friedhofswesen zuständige Senator. Man muß die Wunden ja nicht schon wieder aufreißen.

Schmerzen, Liebe und Tränen
geweint von Vätern und Müttern
um den gemordeten Sohn,
schufen dies steinerne Bild.

Gut und schön, erklären die erfahrenen städtischen Eschatologen, aber warum denn unbedingt GEMORDET?

Nimmer kehret ihr wieder,
ihr fandet ein grausames Ende
durch ein Werkzeug,
das Henker und Massenmörder zugleich.

Das versteht ja nun überhaupt keiner mehr, sagen einige der Experten. Andere dagegen meinen, man verstehe es nur zu gut. Denn genau das sei dieser Text: ein Schlag ins Gesicht jedes Menschen, der für die öffentliche Ordnung zuständig ist.

Der Textvorschlag wird nach endlosen und zum Teil unter Ausschluß der Öffentlichkeit geführten Diskussionen kategorisch abgelehnt. Das Stadtfriedhofsamt jedoch bleibt der heimliche starke Verbündete der Eltern.

Bürgervorsteher Oberstleutnant von Wolf erkundigt sich in scheinbarer Harmlosigkeit nach dem Stand der Dinge und läßt immerhin durchblicken, er werde sich in dieser Angelegenheit mit der kommunistischen Magistrats-Fraktion anlegen, die dafür ist, die gesamten Grabkosten zu übernehmen. Gartendirektor Kube schlägt darauf unverblümt vor, wenigstens die Pflegekosten für immer zu übernehmen, weil – eine einleuchtende Begründung – *bei der Eigenart des Falles nicht eine einzelne Familie zur Unterhaltung der Grabstätte herangezogen werden kann und daher die Befürchtung besteht, daß bald ein*

Verfall eintreten und damit ein unwürdiger Zustand für die Umgebung geschaffen würde.

Josephine Witzel macht im Auftrag der Eltern und ihres Mannes einen neuen Vorschlag hinsichtlich der Inschrift:

*Die Rache ist mein!
(Eventuell: Spricht der Herr!)*

Außerdem betont sie, die Eltern bestünden unbedingt auf dem Wort GEMORDET anstelle von bloß GESTORBEN über den Namen der Söhne. Und in dieser Situation kann auch Kube ihr und ihrem mittlerweile hinzugekommenen Mann nicht mehr helfen: er diktiert dem in einer so heiklen Sache dazugezogenen Protokollführer, er habe *den Anwesenden nochmals wiederholt, daß jeder Versuch, anderes als die Namen der Opfer auf jenen Stein zu schreiben, absolut überflüssig wäre.*

Das sagen Sie! sagt Georg Witzel erregt. Sie wissen doch genau, was passiert ist! Was die Polizei für Mist gebaut und wie die Justiz uns behandelt hat! Im Prozeß vor allem!

Kube, in dieser Situation auf Geheiß von ganz oben starr wie selten, diktiert weiter: *Als im Laufe dieser Unterredung das Ehepaar Witzel versuchte, Anklagen gegen die Polizei und die Staatsanwaltschaft zu erheben, lehnte der Gartendirektor jede weitere Erörterung der Angelegenheit ab.*

Dann bleibt alles erst einmal liegen. Die Politiker sollen und müssen sich entscheiden. Und damit tun sie sich, wie man weiß, in aller Regel erstaunlich schwer.

Die andere Bühne, auf der immer noch das Trauerspiel Friedrich Haarmann aufgeführt wird, sind wieder mal das Gefängnis und der Justizpalast. Hier ist, verständlicherweise, das Publikumsinteresse größer.

Hans Grans kriegt um diese Zeit, um die Jahresmitte 1925, aus eher nichtigem Anlaß Streit mit seinem Verteidiger Lotze und nimmt sich, ein Glücksfall für ihn, wie er rasch merkt, dessen angesehenen Kollegen Dr. Hans Teich als neuen Anwalt. Da sich Teich in den komplexen Fall zuerst einlesen muß, was einige Zeit in Anspruch nimmt, geht es auch hier nicht recht voran, und überdies ist auch die Justiz unlustig: man könne ja ein Verfahren über das Strafmaß führen, die Frage Todesstrafe oder nicht Todesstrafe, aber muß denn wahrhaftig diese ganze Scheußlichkeit noch mal verhackstückt werden? Dann jedoch greift, einmal mehr, das Berliner Ministerium für Justiz ein: Ja, es muß!

Das hannoversche Schwurgericht bereitet den Grans-Prozeß, was manchen verwundert, unter demselben Vorsitzenden Böckelmann vor, der den Angeklagten schon einmal auf das Schafott schicken wollte. Und wieder vertreten auch die Herren Wilde und Wagenschieffer die Anklage, die seinerzeit, vor mehr als einem Jahr, die Todesstrafe gegen Hans Grans beantragt hatten. Grans kann sich also schon jetzt auf einiges gefaßt machen, Monate, bevor es losgeht.

Wieder wird es Herbst, wieder wird es Winter, wieder feiert die Welt Weihnachten. Die Welt ist auch im siebten Jahr nach dem Ende des Völkermords nicht in Ordnung, und vor allem die Deutschen haben Grund zum Stöhnen: nach wie vor gibt es gleich im neuen Jahr 1926 Massenentlassungen, Parteienhader und, wen wundert's, deutliche rechtslastige Tendenzen in der Bevölkerung.

Georg Koch kommt eines Abends zu Paul und sagt, er habe am Abend zuvor einen Opfer-Vater auf der Straße getroffen, rein zufällig, an den Namen könne er sich gar nicht mal erinnern; jedenfalls habe der Mann eine recht seltsame Bemerkung fallenlassen.

Welche denn? fragt Paul. Er kennt die Angewohnheit seines Freundes, Aussagen, die ihm wichtig sind, mit einer dramatischen Kunstpause einzuleiten.

Die Zahl 27 sei nicht durch zwei teilbar, habe der Mensch gesagt, erklärt Koch. Stell dir vor! Es gibt doch, mit Hermann, 28 Opfer!

Das könne man so und so sehen, sagt Paul. Er werde gelegentlich mal mit dem Apotheker Huch reden, der sei ja immer noch der Vernünftigste.

Mach das! meint Koch. Huch habe ja wirklich das Herz auf dem rechten Fleck. Wirklich ernsthaft besorgt ist Koch trotz allem immer noch nicht.

Und dann Dienstag, der 12. Januar 1926. Bereits um zwei Uhr morgens bildet sich vor dem Gericht eine lange Schlange von Menschen, die Eintrittskarten für den heute beginnenden Prozeß gegen Grans ergattern wollen; das Interesse an Haarmann und dessen mörderischen Ausläufern ist ungebrochen oder wieder jäh aufgeflackert. Sebastian und Koch allerdings sind zu Hause geblieben. Dafür sieht man mehrere andere Opfer-Eltern im Zuschauerraum.

Es zeigt sich, daß Teich nicht nur ein guter Verteidiger, sondern auch ein guter Stratege ist: er setzt es durch, daß noch vor der Vernehmung von Hans Grans zur Person der Oberstaatsanwalt die Robe ausziehen und etwas indigniert in den Zeugenstand treten muß.

Ob es wirklich zutreffe, daß Haarmann unmittelbar vor der Hinrichtung erklärt habe, Grans sei unschuldig? will Richter Böckelmann wissen.

Wilde sagt ja, ohne zu zögern. Er darf wieder auf seinen angestammten Platz zurückkehren. Er hat anderes, wichtigeres Material, hat er schon vor Wochen durchblicken lassen. Teich und Grans jedoch haben ein, wie jeder begreift, erstes wichtiges Scharmützel gewonnen. Es darf, wenngleich ausschließlich aus ihrer Sicht, gehofft werden.

Grans, der Komplize und Mordhelfer Fritze Haarmanns – einmal mehr, wenngleich die Anklage der Anstiftung zum Mord und der Beihilfe anscheinend nicht mehr ganz so blutig ernst genommen wird. Grans erzählt sein Leben, einmal mehr, ohne sichtbares Gefühl, im blauen Anzug, inzwischen im 25. Lebensjahr. Grans erzählt, wie er Fritze Haarmann 1919 kennengelernt hat, seinerzeit im schlimmen Hunger-

und Schieber-Herbst. Und Grans sagt klipp und klar und immer wieder: Wahr und wahrhaftig, er habe in all den folgenden Jahren, bis 1924, Haarmann nie junge Leute zugeführt, damit der sie umbringe! Wahr und wahrhaftig, er habe auch nie Leichen bei Haarmann gesehen, geschweige denn, daß er geholfen habe, sie zu verstecken!

Der erste Prozeßtag dient den Parteien häufig dazu, ihre Claims abzustecken. Hermann Lange, ebenso wie Heinrich Rätz für die nächsten Tage selbst als Zeuge geladen und deswegen im Saal unerwünscht, hat einen Mitarbeiter inkognito an der Verhandlung teilnehmen lassen.

Was war interessant für uns?

Grans, sagt der Spion, ist ein harter Brocken. Er bleibt, stur bis zum Gehtnichtmehr, bei folgender Aussage: Schon anno 1919 haben die Leute gesagt, der immer schnieke angezogenen Haarmann sei Mitarbeiter der hannoverschen Polizei, wenn nicht sogar selbst Polizist.

Da werde er ja wohl leider recht haben, sagt Lange lakonisch. Bis dahin, immerhin, ist es wirklich nicht sein Problem. Und er ahnt auch, daß es nicht das Problem dieses Prozesses ist. Daß Haarmann Polizeispitzel war, kann Hans Grans weder be- noch entlasten. Entscheidend dürfte es, gerade für ihn, Hermann Lange, sein, wie die Polizei den Spitzel Haarmann nach dessen Ergreifung behandelt hat. Beziehungsweise, wie hartnäckig das Schwurgericht bohren wird.

Der nächste Tag, Mittwoch, ist selbst für Mitte Januar sehr kalt. Zunächst ist es im geheizten Saal, demselben wie dreizehn Monate zuvor, eher langweilig. Aber dann schrillen bei dem Beobachter der Polizei plötzlich sämtliche Alarmglocken, wenn auch nicht ganz unerwartet.

Das Schwurgericht kann nicht anders. Es beschließt, nach längeren Diskussionen mit den Staatsanwälten und dem Verteidiger, die Beweisaufnahme auch auf die Anschuldigungen Haarmanns gegen die Polizei auszudehnen. Nur weil er gewaltsam dazu gezwungen wurde, hat Haarmann ja gesagt, habe er Grans mit reingezogen.

Nonsens! sagt Lange, ehrlichen Herzens. Aber Nonsens, der so brisant ist wie Dynamit. Sie haben Haarmann zwar ganz sicher nicht deshalb »gewaltsam« traktiert, um Grans mit aufs Schafott zu kriegen. Gleichwohl, traktiert HABEN sie Fritze; nicht wegen Grans, sondern damit endlich das eigene Geständnis kommt und es endlich vorbei ist mit diesem Alptraum vom Massenmorden.

Dritter Tag. Donnerstag. Über Hannover liegt überraschend eine fast 20 Zentimeter hohe Schneedecke, Böckelmann aber beginnt pünktlich wie immer auf die Minute. Scharenweise erscheinen die sogenannten Hörensagenzeugen, wie schon im Prozeß gegen Haarmann selbst, im Zeugenstand: Haarmann habe bei der und der Gelegenheit dies und jenes gesagt, Grans sei in dieser und jener Situation derjenige gewesen, der das Gegenteil behauptet habe.
 Unentschieden, soweit es die Polizei betrifft. Und auch aus der Sicht von Grans: auf solche Aussagen läßt sich weder ein Urteil gegen Hans Grans gründen noch eine Anklage gegen die Polizei bauen.
 Morgen indessen werden die Herren Lange und Rätz selber vom Schwurgericht erwartet. In dieser Reihenfolge – die beiden Männer, die im Juli 1924 einen Mord nach dem anderen aus Fritze Haarmann herausgeholt haben.
 Wie haben sie das geschafft bei dem verstockten Sünder?

Erst kommt einer an diesem Freitag, der selbst gerade wieder mal im Gefängnis sitzt und seine Aussagen aus dem Prozeß gegen Haarmann wiederholt: er habe »häufig« gesehen, daß Grans junge Leute vom Bahnhof abgeholt habe und mit ihnen in Richtung Altstadt, in Richtung Haarmann, davongegangen sei. Dieser Punkt indessen wird von Grans und seinem Verteidiger gar nicht mal ernsthaft bestritten; nur eben, es ist ein ziemlicher Unterschied, ob einer, in dem Fall Grans, seinem Freund nur ein »Liebchen« zuführt oder vorsätzlich ein Schlachtopfer – und ob er danach auch noch dieses Opfers Kleider haben will. Und das, letzten Endes, ist ja das, was Hans Grans im extrem dringlichen Interesse der Erhaltung seines Lebens mit dem Rücken zur Wand bestreitet.

Dann schließlich der Auftritt des Kriminalbeamten Lange. Er wird von Böckelmann freundlich begrüßt. Er hat im Krieg, als Offizier in Rußland und anderswo, sicherlich schon noch gefährlichere Situationen erlebt.

Lange erzählt, sachlich und souverän. Friedrich Haarmann habe, als er endlich gestand, im Grunde von Anfang an gesagt, der gute Hans müsse von seinen Morden gewußt haben. Und Grans sei im übrigen ja eigentlich erst auf eine besonders aufschlußreiche, eine total überraschende Aussage Haarmanns hin festgenommen worden: Grans, so Haarmann in einer seiner zahllosen Vernehmungen, habe ihn eines Tages aufgeregt als MÖRDER beschimpft. Und das habe Hans Grans ja wohl sicher nicht ohne einen triftigen Grund getan.

Verteidiger Teich hakt ein: Herr Kriminalrat Lange wisse doch bestimmt noch, wie dieses Gerede, das seit Jahren durch den Fall geistere, zustande gekommen sei. Haarmann sei zuvor, seinerseits sehr aufgeregt, mit einer Art Hirschfänger auf Grans losgegangen, und Grans habe ihn abgewehrt, und lediglich in dieser Situation sei, eigentlich verständlicherweise, dieses Wort MÖRDER gefallen – nur aus ihr heraus sei es erklärbar.

Er habe dies gehört, bestätigt Lange. Er will auch nach wie vor nicht den Kopf von Hans Grans, sondern, allenfalls, sein eigenes Fell teuer verkaufen. Mittlerweile geht es nicht mal mehr nur um den beinahe hoffnungslos beschädigten Ruf seiner Kriminalpolizei, sondern wirklich auch um ihn selbst.

Na also. Teich setzt sich.

Und nun die Kernfrage dieses Tages beziehungsweise dieses gesamten Prozesses, womöglich die über Leben und Tod. Friedrich Haarmann und die Polizei, die Geschichte einer normalen Vernehmung oder einer Folter-Orgie?

Nie wird einer erfahren, ob die Fragestellung des Vorsitzenden Böckelmann an den Zeugen Lange zufällig zustande kommt oder einer geheimen, einer unausgesprochenen Komplizenschaft entspringt. Ob sich Friedrich Haarmann, fragt Böckelmann nahezu beiläufig, jemals bei ihm, Lange, darüber beschwert habe, er sei mißhandelt worden?

Nein, sagt Lange.

Ob er, der Zeuge Lange, jemals die Spuren von Verletzungen bei Haarmann festgestellt habe?

Nein, sagt Lange.

Ob Haarmann jemals gesagt habe, er sei von den vernehmenden Beamten, den Herren Rätz und Reich, schlecht oder unkorrekt behandelt worden?

Nein, sagt Lange. In diesem Fall einiges mehr: Haarmann, im Gegenteil, habe immer wieder betont, die Behandlung durch die beiden Kollegen sei besonders menschenfreundlich und gut gewesen.

Ob er denn sonst gehört beziehungsweise gar gesehen habe, daß Rätz und/oder Reich den damals noch alles abstreitenden Massenmörder Haarmann mürbe zu machen versucht hätten, etwa durch den Entzug des Essens? Oder etwa durch den Entzug des Schlafens?

Lange schüttelt nachdenklich und nachdrücklich den schon grau werdenden Kopf. Nein, sagt er. Soll er wirklich sagen, daß er derjenige gewesen ist, der Haarmann die »Lichtköppe« bei Nacht in die Zelle stellen ließ und ihm damit den Schlaf entzogen hat?

Es erinnert an die nette Geste eines Boxers, der seinem gerade knockout gegangenen Gegner kumpelhaft auf die Schulter klopft: Nimm's nicht persönlich! Lange sagt aus, diesmal eindeutig zugunsten des Angeklagten, Haarmann habe immer wieder gesagt, für seine große Schuld müsse Hans Grans zwar ins Zuchthaus, aber auf gar keinen Fall unter das Fallbeil.

Grans dürfe noch nicht sterben, habe Haarmann gesagt – das, ganz im Sinne seines Vorgesetzten Lange, bestätigt anschließend auch der Zeuge Kommissar Rätz. Haarmann habe seine Hand genommen und fest gedrückt: Grans sei doch noch so jung. Und im Grunde habe Friedrich Haarmann ja wirklich nur behauptet, Grans habe ihm junge Menschen vorrangig zu geschlechtlichen Zwecken zugeführt.

Böckelmann: Ob er, Rätz, »in irgendeiner Weise« auf Herrn Haarmann eingewirkt habe?

Nein, sagt Rätz.

Ob er ihn ermahnt habe, die Wahrheit zu sagen?

Natürlich, sagt Rätz.

Direkt gefragt: ob ER denn den Massenmordverdächtigen jemals mißhandelt habe?

Nein, sagt Rätz. Niemals!

Ob er je gesehen habe, daß Haarmann von sonstigen Beamten mißhandelt worden sei?

Da läßt Rätz sich mehr Zeit, ehe er sagt, davon wisse er nichts – ehe er eine wirklich falsche Aussage vor dem Hohen Schwurgericht macht. Denn eine solche ist es: er, Rätz, weiß die Sache mit Langes »Lichtköppen« ja nun am besten. Wenn er es nicht weiß, wer sollte es sonst wissen?

Theodor Lessing ist wieder im Gerichtssaal, wenngleich nur als Zuschauer. Aber der Haudegen ist müde geworden. Er, der Jude, hat genug zu tun mit einem Disziplinarverfahren, das ihm die Arier wegen der Vorfälle im eigentlichen Haarmannprozeß in seinem Beruf als Hochschulprofessor angehängt haben. Als Lange und Rätz, nachdem sie von der Staatsanwaltschaft und vom Verteidiger noch ein klitzekleines bißchen in ein belangloses Kreuzverhör genommen worden sind, hocherhobenen Hauptes das Gericht verlassen, packt auch Lessing Papier und Bleistift zusammen und stapft durch den schon wieder matschig gewordenen Schnee nach Hause. Weder er noch irgend jemand sonst auf der Reporterbank hat Lunte gerochen. Falls Böckelmann Lunte gerochen haben sollte, zieht er gleichwohl, aus guten Gründen, nicht mal die Nase kraus.

Die Polizei hat gewonnen, aus ihrer Sicht und mit welchen

Mitteln immer. Lange und Rätz haben endgültig eine gemeinsame Leiche im Keller, aber sie sprechen heute nicht und wohl auch später nicht darüber. Nichts von der berühmten Szene im Kriminalroman, wo der brutale Captain den netten Lieutenant auf den Stufen des Gerichts nach einer haarsträubenden Falschaussage hinterrücks fragt, was denn wohl wäre, wenn sie immer die Wahrheit sagen würden? Und wo der nette Lieutenant wahrheitsgemäß erwidert: Anarchie, Captain!

Lange sagt nach wie vor auch dem Polizeipräsidenten keine Silbe über das, was passiert ist. Nur eins fällt auf: Langes Ton gegenüber dem noblen Herrn an der Spitze der Polizei ist fortan noch etwas bestimmter. Noch selbstsicherer, wie einige Insider registrieren.

Am 5. Prozeßtag in Sachen Grans, am Samstag, dem 16. Januar 1926, macht Verteidiger Teich Boden gut und sammelt Punkte, indem er den Kriminalen, der Grans 1924 festgenommen hatte, so in Widersprüche verwickelt, daß das Gericht ihm kein Wort mehr glauben mag. Daß Grans die Breecheshose des Haarmannopfers Hannappel, jenen Mantel mit Lederknöpfen des Mordopfers Hennies und einen Anzug des Mordopfers Wittig besaß, scheint urplötzlich keine entscheidende Rolle mehr zu spielen. Grans mag die Sachen ja tatsächlich von Haarmann gekauft oder eben geschenkt bekommen haben. Im Zweifel für den Angeklagten, in diesem Prozeß schließlich doch wie in allen Prozessen. Allen normalen, sozusagen.

Halbwegs fair sind am 7. Tag die hier als Zeugen vernommenen Haarmann-Gutachter Schultze und Schackwitz. Schultze meint, er habe während seiner wochenlangen Untersuchung zu Haarmann so gestanden, wie es jeder Arzt tun sollte, nämlich unbefangen und freundlich. Im übrigen habe Haarmann ihm, wenn er es recht bedenke, letztlich ohne jeden Zwang und jede Beeinflussung, gesagt, Grans habe ihm »seine« Jungen wahrhaftig nur zur sexuellen Freude zugeführt und sei liederlich und schlecht; nie, allerdings, habe er direkt erklärt oder auch bloß durchblicken lassen, Grans sei ein Mörder. Schackwitz fügt hinzu, Haarmann habe noch in den Stunden vor der Hinrichtung behauptet, Hans habe ihn immer »beschissen« und ausgenutzt, sei jedoch vor Gott unschuldig an den Morden. Es habe glaubhaft geklungen.

Das Plädoyer von Verteidiger Teich sei, notiert spontan der als Privatmann anwesende Berichterstatter Lessing, vor allem vor dem Hintergrund der staatsanwaltschaftlichen Schlußausführungen eine Oase in der Wüste des Verfahrens. Daß es Hans Grans dennoch kaum noch hilft, hat sich der Angeklagte nach Ansicht der meisten Prozeßbeobachter durch sein heillos arrogantes Verhalten selber zuzuschreiben: er fordert in seinen Schlußworten kategorisch seine Freisprechung und die restlose Wiederherstellung seiner Ehre. »Wenig später kassiert er zwölf Jahre Zuchthaus, nach Lage der Dinge beinahe die Höchststrafe, und fast zwanzig Jahre Ehrverlust; Theodor Lessing hat aus seinem Schicksal im Haarmann-Prozeß, dem Ausschluß aus dem Gerichtssaal, sichtlich nichts gelernt und stellt ungerührt fest: *Ein Justizmord ist begangen.* Dasselbe, was seinerzeit Iwan Katz gesagt hat.

Gleichwohl, Hans Grans verschwindet im Knast sowie, seine beste Lebenszeit lang, aus dieser Geschichte.

Nicht so Koch. Und ebenso nicht der eilige Sebastian. Ihnen stehen, nachdem scheinbar alles vorbei ist, einige ihrer bedrückendsten Stunden noch bevor.

Hannovers Friedhofswesen-Senator Engelke, ein promovierter, distinguierter Herr, hat die »Affäre Denkstein« inzwischen zur Chefsache gemacht und wird nicht müde, dem Stadtfriedhofsamt einzuhämmern, als Inschrift wirklich bloß die Namen der Opfer zuzulassen und alles andere abzuschmettern. Zwei Wochen nach dem harten Urteil gegen Hans Grans trommelt er so viele Magistratsmitglieder und Bürgervorsteher zusammen, daß definitive Beschlüsse gefaßt werden können, vor allem dahingehend, daß sich die Stadt endgültig und auf Dauer um die gärtnerische Gestaltung der Grabstätte kümmern, aber auf gar keinen Fall die Grabmalgebühr übernehmen wird. Wie sich herausstellt, ist das Ganze im Grunde bloß ein Denkzettel für die verhaßte kommunistische Fraktion, die alles zahlen wollte; weitere drei Wochen später nämlich wird per Verwaltungsbeschluß klammheimlich genau das getan, was die Linken gefordert hatten.

Alex Schackwitz reist in diesen Monaten durch die Lande und hält vor forensisch-psychologischen und anderen ehrenwerten Gesellschaften einen nahezu dreistündigen Vortrag mit Lichtbildern über den Fall Haarmann. Er stochert dabei, gewiß zur Zufriedenheit seiner Law-and-order-Zuhörer, immer noch in der alten Wunde herum und entschuldigt die Kriminalpolizei, der – frei nach Beckerath – nicht genügend »ausreichend individualisierte Vermißtenmeldungen« vorgelegen hätten, die Mordserie als Mordserie erkennen zu können. Es regt sich niemand mehr auf, auch wenn es noch so falsch ist. Die Polizei ist längst aus der Schußlinie.

Es hat sich, schlimm genug, ebenso niemand aufgeregt, als Landgerichtsrat Kleineberg in der angesehenen Deutschen Juristen-Zeitung über seine Erlebnisse als Beisitzer im Haarmann-Prozeß berichtet; nicht von ungefähr kam er dabei auf einige »Probleme der Zuchtwahl« zu sprechen, einer nach seiner Meinung vorrangigen Aufgabe des Staates im Interesse des Gemeinwohls. Der Stadtarzt von Leipzig, Medizinalrat Marloth, erläutert dann unaufgefordert, was der Haarmann-Richter damit gemeint haben mag: erstens die zwangsweise Sterilisation beziehungsweise Kastration in Fällen von schwerem Sadismus mit krankhaft erhöhtem Sexualtrieb, zweitens eine Umschau in Gefängnissen und Heilanstalten, um solche Fälle ausfindig zu machen. *Unter dem Druck und Eindruck der grausigen Haarmannaffäre* werde sich die deutsche Volksseele sicherlich zu einer solchen »Umschau« bereit finden.

Die Zeichen zeigen, deutlicher denn je, nach rechts. Umschau, sprich Selektion. Rechts jedenfalls kann, in diesem Klima, nur Sturm heißen.

Es gibt immerhin auch Erfreulicheres in jener Zeit, im kleineren Kreis. Paul überzeugt Berta, daß sie den kranken Enkel Albert adoptieren müssen, der, durch ein familiäres Unglück, von seiner Mutter allein versorgt werden muß; damit gibt es dann neun Kinder Sebastian, und nicht allzulange danach haben Paul und Berta zehn Kinder, weil es den nahezu fanatisch ordentlichen Paul gestört hat, daß Albert nach der Adoption einen anderen Hausnamen trägt als sein älterer Bruder. Aber es zeichnet sich, im kleineren Kreis, auch eine sehr unangenehme Entwicklung ab.

Im März 1926 erfährt Georg Koch, daß für den 1. April ein weiteres Grundsatzgespräch zwischen Friedhofsamt und Elternvertretern angesetzt worden ist, und diesmal geht er, heftig bedrängt von Paul, einfach hin. Er wird zwar zugelassen, im Grunde jedoch nimmt keiner Notiz von ihm.

Die alte Leier, man kann's kaum noch hören. Nur für Koch ist es relativ neu.

Es sei UNSER Fleisch und Blut, das man so unerhört dahinmordete! erklärt Richard Huch zum wiederholten Mal. Das Wort GEMORDET ist ein urdeutsches Wort und bezeichnet präzise jenen Tatbestand, um den es hier seit einem, ach was sag' ich, seit drei oder vier oder fünf Jahren geht.

Herr Huch, sagt einer der Beamten, meine Damen und Herren Eltern, wir drehen uns doch im Kreis. Es gebe auch in Hannover leider manche Stelle, an der einer ermordet und beerdigt worden ist; unser Stadtbild und vor allem die Friedhöfe seien gewiß nicht attraktiver, wenn überall dort auf die jeweilige Bluttat hingewiesen werde.

Er sei nach dem Krieg in Rouen in Frankreich gewesen, meint einer der Väter, da sei genau dort, wo die Jungfrau von Orleans verbrannt worden sei, auf das Ereignis hingewiesen worden.

Bekanntmachung.

Der Kaufmann **Fritz Haarmann** aus Hannover ist heute vormittag 6 Uhr hingerichtet worden.

Er ist durch rechtskräftiges Urteil des Schwurgerichts Hannover vom 19. Dezember 1924 wegen Mordes, begangen zu Hannover
im September 1918 an dem Schüler **Friedel Rothe**,
im Februar 1923 an dem Lehrling **Fritz Franke**,
im März 1923 an dem Lehrling **Wilhelm Schulze**,
im Mai 1923 an dem Schüler **Roland Huch**,
im Mai 1923 an dem Arbeiter **Hans Sonnenfeld**,
im Juni 1923 an dem Schüler **Ernst Ehrenberg**,
im August 1923 an dem Bürogehilfen **Heinrich Struß**,
im September 1923 an dem Lehrling **Paul Bronischewski**,
im Oktober 1923 an dem Arbeiter **Richard Gräf**,
im Oktober 1923 an dem Lehrling **Wilhelm Erdner**,
im Oktober 1923 an dem Schüler **Heinz Brinkmann**,
im November 1923 an dem Zimmermann **Adolf Hannappel**,
im Januar 1924 an dem Schlosser **Ernst Spiecker**,
im Januar 1924 an dem Arbeiter **Heinrich Koch**,
im Februar 1924 an dem Arbeiter **Willi Senger**,
im Februar 1924 an dem Lehrling **Hermann Speichert**,
im April 1924 an dem Lehrling **Alfred Hogrefe**,
im April 1924 an dem Lehrling **Wilhelm Apel**,
Ende April 1924 an dem Lehrling **Robert Witzel**,
im Mai 1924 an dem Lehrling **Heinz Martin**,
in der Nacht vom 25. zum 26. Mai 1924 an dem Reisenden **Fritz Wittig**,
im Mai 1924 an dem Schüler **Friedrich Abeling**,
im Juni 1924 an dem Lehrling **Friedrich Koch**,
im Juni 1924 an dem Bäckergesellen **Erich de Vries**,
zum Tode verurteilt worden.

Hannover, den 15. April 1925.

Der Oberstaatsanwalt.
Dr. Wilde.

(22) Die offizielle Bekanntmachung über die Vollstreckung des Todesurteils (oben), in der die 24 Namen der Jungen aufgeführt werden, deren Ermordung Haarmann nachgewiesen werden konnte. Links: Letzte »Lebenszeichnung« des Mörders: Einer der Zeichner hielt seine typischen Gesten im Gerichtssaal fest.

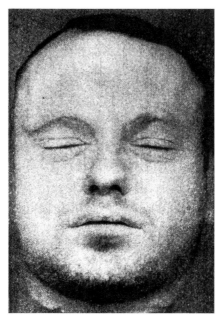

(23) Haarmanns heute noch aufbewahrter Kopf.

(24) Haarmanns »Verteidiger« Benfey.

(25) Zweiter Ankläger Wagenschieffer.

(26) Theodor Lessing, der berühmte Chronist des Falles Haarmann: seine respektlosen Berichte wurden ihm wenige Jahre später zum Verhängnis.

(27) Hans Hyan, Buchautor und einer der wenigen Reporter, die nach der Verhaftung Haarmanns sachlich über das Sensationsverbrechen berichteten.

(28) Grabstelle 49 D, 189–192: das Mahnmal mit 27 Namen auf dem Massengrab von Hannover-Stöcken. Es wird von der Stadt gepflegt, nachdem es angeblich schon lange nicht mehr von Angehörigen besucht wird.

(29) Der Bronze-Stein des Anstoßes: Alfred Hrdlickas »Haarmann-Denkmal«.

Rein wie die Lilie, nickt der Beamte. Er wolle nicht sagen, daß man die Opfer von Friedrich Haarmann kaum mit Jeanne d'Arc vergleichen könne, meine aber doch, es handele sich da einmal um ein welthistorisches, zum anderen aber eher um ein kriminelles Ereignis.

Der Fall Haarmann sei nicht nur kriminell, sondern ebenso historisch. Jetzt schon!

Schluß! Aus! Ende der Diskussion. Der Magistrat hat es so beschlossen, das Volk als Souverän, und der Wille des Volkes werde respektiert. Außerdem sei das alles ja auch eine Frage der Kosten, bei denen man den Eltern bereits recht erheblich entgegengekommen sei: 27 Namen, wie immer man sie, grabmalsmäßig, meißeln oder gießen werde, seien bestimmt schon nicht billig, und dann noch ein langer Spruch, fast ein Gedicht! Denn das »Gedicht« ist neuerdings auch wieder im Gespräch.

Eltern und Beamte gehen auseinander. Sie sind sich wieder keinen Schritt näher gekommen. Wie lange das noch gehen soll.

Im Hinausgehen hat Georg Koch einige jener Mit-Väter auf die Seite genommen, erzählt er Paul am Abend dieses für ihn jämmerlichen Tages, und hat sie endlich auf die Hörner genommen und direkt gefragt.

Erzähl mal, meint Paul. Obgleich er, seit er Kochs völlig verrutschtes, verknautschtes und verzweifelt graues Gesicht gesehen hat, weiß, was passiert ist.

Weshalb siebenundzwanzig? hat Koch gefragt.

Weshalb nicht? haben die Väter zurückgefragt.

Weshalb nicht achtundzwanzig?

Weil Haarmann in siebenundzwanzig Fällen angeklagt gewesen ist, deshalb.

Ja, aber weshalb dann nicht in vierundzwanzig? In drei Fällen ist Haarmann freigesprochen worden.

Aber wir haben uns nun mal entschieden, die drei dazuzunehmen! Der Hauptgrund dafür, daß die Eltern zu diesem Entschluß gekommen sind, die Namen jener betreffenden

Opfer mit aufzuführen, sind die Begründungen der Freisprüche – Hermann Wolf, zum Beispiel, da ist Haarmann der Tötung dringend verdächtig, und allein die letzte, die allerletzte Überzeugung seiner Täterschaft hat das verdammte Schwurgericht nicht zu gewinnen vermocht.

Und Hermann Bock?

Haarmann hat eine Aktentasche, die nachweislich dem Bock gehörte, nachweislich verschenkt. Haarmann ist auch in diesem Fall des Mordes besonders dringend verdächtig; weiß der Kuckuck, warum er gerade hier nicht seine fünfundzwanzigste Todesstrafe gekriegt hat.

Und Adolf Hennies?

Genauso – da steht die sogenannte Täterschaft Haarmanns ebenfalls nur »nicht restlos« außer Zweifel. Außerdem, Herr Koch, wissen Sie nicht, daß Haarmann diesen Mord Hennies sogar noch nachträglich gestanden hat?

Doch, ja. Koch erinnert sich. Ihr habt euch also effektiv entschlossen, auch die Namen in den freigesprochenen Fällen hinzuschreiben, aber meinen Hermann nicht?

Um was geht's hier eigentlich, Herr Koch?

Um ein Denkmal für ALLE Opfer!

Ja, aber es muß doch eine Grenze geben! Der Mord an Hermann Koch war nicht angeklagt! Bauen Sie sich doch Ihr eigenes Hermanns-Denkmal!

Aber Leute, ich habe das alles in Gang gebracht! Ich bin zu Sebastian gegangen! Ich habe Huch und Struß und wen nicht alles zu Sebastian geschleppt. Nur meinetwegen ist Sebastian zu Haarmann gefahren und hat ihm die ersten beiden Morde auf den Kopf zugesagt!

Ja, und? Was hat es gebracht?

Ja, verdammt, ist das denn Sebastians Schuld? Wer, bitte, beschimpft denn hier die Polizei, wenn nicht ihr – wir alle, mein' ich? Wenn die Polizei auf Paul Sebastian gehört hätte, könnten eure Kinder doch noch leben! Sebastians Material allein hätte für jede andere Polizei ausgereicht, diesen Haarmann zu überführen.

Es muß eine Grenze geben, Herr Koch!

Verdammt, ihr redet ja wie das Friedhofsamt! Der Staatsanwalt war doch einfach nur zu faul, meinen Hermann mitanzuklagen, aber dafür kann ich doch nicht büßen – er natürlich, meine ich, der Hermann! Und achtundzwanzig durch zwei, das sieht doch, wie heißt das, graphisch viel besser aus auf den beiden Flügeln des Denkmals!

Her Koch, zum dritten Mal: es muß eine Grenze geben! Wir haben es uns nicht leichtgemacht!

Da sagt Georg Koch, für ihn sei diese Grenze ein für allemal überschritten. Dann, sagt er, sei er grußlos und verzweifelt, mit sich, der Welt und seinen Schicksalsgefährten zerfallen, seiner Wege gegangen.

Ich muß dir was gestehen, sagt Paul. Ich habe neulich total vergessen mit Huch zu reden. Passiert mir selten – ich werde alt. Ich bin schuld an allem.

Koch starrt ihn an.

Ich könnte ein Glas vertragen, sagt er schließlich.

Paul holt die Bowle. Tut mir leid – prost!

Prost, sagt Koch. Es hätte auch nichts gebracht. Das sind alles Ignoranten und, und ...

Sag's ruhig, sagt Paul. Idioten! Aber ich eben auch!

Ohne rechten Auftrag, die Friedhofsverwaltung Stöcken nimmt eine Bepflanzung der noch grabsteinlosen Opfer-Gedenkstätte vor und regelt die Bezahlung der Kosten auf dem sogenannten kleinen Dienstweg. Ein Stöckener Beamter entdeckt eine Lücke im allmählich grotesken System: Damit er die Gärtner anweisen kann, über den Knochen der Haarmann-Opfer regelmäßig das Unkraut zu jäten, muß das Grab erst offiziell in eine Liste der stadtseits zu erhaltenden Gräber aufgenommen werden. Notabene, fügt er sichtlich erstaunt hinzu: Der Grabstein sei ja immer noch nicht gesetzt; was also, außer den Frühastern, soll hier eigentlich erhalten werden? Auf jeden Fall kommen im September 1926 Haarmanns Opfer tatsächlich in die amtliche Gräberunterhaltungsliste.

Und das Thema Denkmal, noch ohne Ende?

Franz Baeger hat den Flügelaltar längst fertig, weiß aber immer noch nicht, welche Inschrift er herstellen soll. Nachdem er sich die Mühe bereits einmal vergeblich gemacht hat, wird er den Teufel tun, sich das Werk nochmals vorzunehmen.

> *Jünglinge, kaum der Schule entwachsen,*
> *rein wie die Lilie.*

Er findet es schön. Aber da steht es nun monatelang auf seinem Werkhof herum und im Wege.

Und ob man's nun glaubt oder nicht, nicht nur ein Monat nach dem anderen, sondern das Jahr geht dahin über diesem absurden Streit und das nächste auch noch.

Mehrere Eltern sind gestorben, und jeder, der weniger ist und nicht mehr abstimmen und mitbestimmen kann, macht diesen Kampf schwerer. Beziehungsweise, er erleichtert es den Amtspersonen, ihre Argumente durchzubringen.

Denken Sie doch auch mal daran, daß wir ein Wallfahrtsort für Verrückte werden. Wäre das etwa im Sinn Ihrer lieben toten Söhne?

Die Angehörigen geben erst ihre Bastion HENKER ZUGLEICH, damit den ganzen Spruch, und schließlich völlig mürbe selbst das anklagende GEMORDET auf. Dafür »schenkt« man ihnen einen wenn auch kurzen Spruch über die Nur-Namen hinaus, und eines Tages überrascht einer jener Friedhofsmänner, die den Vätern und Müttern seit jeher am verständnisvollsten begegnet sind, die geschrumpfte Deputation der Trauernden mit jenem Spruch, den er gerade eben hingekritzelt hat:

> *Dem Gedächtnis unserer lieben*
> *von September 1918 bis Juli 1924*
> *verstorbenen Söhne.*

Da, endlich, nicken sie, einer nach dem anderen. Völlig mürbe. Ja und amen und in Gottes Namen.

Und dann, endlich, geht's schnell. Am 5. April 1928, beinahe auf den Tag genau vier Jahre nach dem Ende jenes 17jährigen Haarmann-Opfers Adolf Hogrefe aus Lehrte, trifft beim Friedhofsverwalter das alles und alle erlösende Schreiben ein:
Anweisung für den Friedhofs-Verwalter des Stadtfriedhofs Stöcken. Auf dem Erbbegräbnisse der Haarmann-Opfer ... kann ein Grabmal nach der beigefügten Zeichnung in einer Höhe von 2,00 m zur Aufstellung zugelassen werden. Gebühren frei. Lt. Verfügung vom 24. 7. 1925. Gepr. (unleserlich) Das Stadtfriedhofsamt. Gez. (unleserlich). Aber rechtsgültig durch das Sigillum der obersten hannoverschen Bestattungsbehörde.

Noch am selben Tag, als hätten alle in den Startlöchern gestanden, wird der steinerne Flügelaltar so auf seinen Platz gewuchtet, als müsse er dort für alle Ewigkeit stehen. Etwa ein Dutzend Eltern sehen mit feuchten Augen, aber nicht mehr laut schluchzend der Aktion zu. Franz Baeger leitet sein Unternehmen wie ein Feldherr. Am Rande der Szene stehen Georg Koch und Paul Sebastian. Sie gehören nicht mehr dazu. Georg Koch lädt, als alle weg sind und Baeger-Leute die letzten Zementspuren beseitigen, seinen Freund Paul in die nächste Gaststätte ein, wahrscheinlich das alte »Schweizerhaus« gegenüber vom Friedhofseingang. C'est la vie, sagt Paul; so große Sprüche klopft er, deutsch wie französisch, eigentlich selten. Und bestellt für Georg und für sich: zwei große Bier und zwei doppelte Korn.

Im Grunde ist die Geschichte damit zu Ende. Ich kann und ich will nicht behaupten, daß es das einzige Bier und der einzige Schnaps in Paul Sebastians Leben ist. Aber viel mehr als diese und noch die nächste Runde, die von Koch kommt, waren es ganz bestimmt nicht zwischen seinem zwölften und achtundsiebzigsten Lebensjahr.

Paul und Georg verlieren sich mehr und mehr aus den

Augen und dennoch nie aus dem Sinn. Aber können Freunde, die sich bloß noch in größeren zeitlichen Abständen sehen, nicht auch Freunde sein?

Sie können. Allerdings nicht, wenn sie sich – wie Hermann Georg Koch und Paul Sebastian – überhaupt nicht mehr sehen.

Epilog

Das Gipfeltreffen auf Wolke sieben

Im Spätherbst 1980 besuchte ein Friedhofsbeamter das Massengrab ohne den Namen HERMANN KOCH auf dem Stöckener Friedhof; mit dem habe ich angefangen, und dorthin will ich zurückkehren. Der Beamte stellte erschrocken fest, daß der Flügelaltar inzwischen doch umzukippen drohte, und die böse Schlagzeile *Haarmann-Denkmal erschlägt ahnungsloses Kind* vor Augen, gab er sofort Auftrag, das historische Monument neu zu fundamentieren. Das geschah, kurz vor Heiligabend, durch eine Firma Egon Schmidt in einer Tiefe von einem Meter.

Im Sommer darauf wanderte der Hannoveraner Christoph Veltrup durch seine Stadt, ein gutsituierter Neffe des vom »Onkel Fritz« getöteten Adolf Hannappel, und er stellte betroffen fest, daß auf einer kommunalen Festivität eine Haarmann-Bude »Gehacktes vom Jüngling« verkaufte. Er stellte hinzugezogene Polizisten vor die Wahl: entweder ihr räumt, oder ich miete mir einen Bulldozer.

Die Polizei räumte. Etliche Jahre danach wurde Veltrup zur Speerspitze all derjenigen, die gegen den nicht gerade billigen Ankauf des Haarmann-Kunstwerks Alfred Hrdlickas zu Feld zogen; hätte er eine Partei gegründet, ich wäre ihr beigetreten.

Irgendwann in diesen Jahren starb im angeblich gesegneten Alter von 94 Jahren Erna Koch. Sie war die Mutter des amtlichen Opfers Nummer 26, Friedrich Koch, und sie war, bis sie erblindete, offensichtlich die letzte, die regelmäßig Blumen nach Stöcken trug. Sie hatte zwei Söhne gehabt: außer Friedrich den um ein Jahr jüngeren Georg, der 1940 beim Einmarsch der deutschen Truppen in Paris als Kompanieführer von einem Resistancemann erschossen wurde. Und ihr Mann war schon 1931 gestorben, an einem Lungenleiden, das er sich bei der ergebnislosen, verzweifelten Suche nach seinem Sohn Friedrich 1924 zugezogen hatte.

Und so fort – tausendundeins Geschichten. Viele traurige, kaum fröhliche, aber immer menschliche Geschichten. Nur keine Liebesgeschichten? Doch, die gab's auch, drei sogar, aber das ist nicht unser Thema.

Räumen wir auf, wie Hermann Lange gesagt hätte. Was – und wer – steckt hinter diesem Monster-Fall? Wer – und was – war Friedrich Heinrich Karl Haarmann, der in seiner virulentesten Zeit mindestens 1,56 Jungen pro Monat umbrachte?

Sicherlich ein Sadist im klinischen Sinne: jemand, der durch die totale Beherrschung des Partners bis hin zum Tod die erwünschte Höchststufe seiner Lust erreicht, dazu ein süchtiger Sadist, jedenfalls mehr, als Ernst Schultze erkannt hatte, bei dessen Gutachten-Notizen sich Lessings Biograph Rainer Marwedel noch 1989 an den Kopf faßte.

Im Grunde aber, meine ich mit Schackwitz, war Fritze noch mehr: die zum Glück seltene Promenadenmischung eines Triebmörders, der zugleich Raubmörder ist, und umgekehrt. Einer, der dazu in einer irrealen, ungeordneten Zeit lebte, die für Psycho- und, wie's heute heißt, Soziopathen die reine Nährlösung war. Der, wir sahen es, mit einer Polizei zu tun hatte, deren Truppenführer und Indianer von der Alzheimerschen Krankheit heimgesucht zu sein schienen; allenfalls erklärt sich ihr Versagen dadurch, daß in der Kriegs- und Nachkriegszeit so mancher Polizist werden durfte, der es besser nie geworden wäre. Unfaßbar aber bleibt das Bemühen, den Fall Haarmann zu einer miesen, fiesen, zudem noch schwulen Proletarieraffäre herabzuspielen, die sie, bei Gott und dem Berliner Kriminaloberinspektor Kopp, nie war.

Hannover, das Sündenbabel der frühen zwanziger Jahre. Die einst so vornehme stille Residenz als Markt der Schieber und Gauner, Durchgangsplatz des Abschaumes aus Ost und West nach dem ersten verlorenen deutschen Weltkrieg. Der Reporter Hans Hyan schreibt noch vor Lessing vom *Hintergrund des Wahnsinns der Seelenvergiftung*, und Lessing sagt's einmal mehr am eindrucksvollsten: *Kein Baum, kein Wald rauscht durch diese Geschichte, keine Blume, kein Stern blicken tröstend darein ... An drei Stellen der Stadt erhob sich ein Gauner- und Prostitutionsmarkt sondergleichen, dessen die Behörden nicht mehr Herr wurden* – und vor allem waren es der Bahnhof und seine nähere und weitere Umgebung.

Das ideale Jagdrevier eines Werwolfs; es hat seine Hauptrolle gespielt in dieser Geschichte. Das Dorado der Unzucht, der weiblichen, aber beinahe mehr noch der männlichen. Einer von Lessing wiedergegebenen Zahl zufolge gab es 1920 in der Stadt 500 registrierte Strichjungen, und nahezu jeder fünfte Einwohner sei homosexuell gewesen; eine Schätzung, die, wie vieles bei Lessing, der sich angesichts seiner Weltschau oft ungern mit Kleinigkeiten abgab, unrealistisch erscheint. Der Tatbestand, immerhin, liegt vor: Sicherlich ist es kein Wunder, daß sich eine ganze Reihe der Haarmann-Opfer, Jugendliche ohne Perspektive, ihr Taschengeld als Amateur-Strichjungen aufbesserten.

Da, meine ich, deuten sich die wesentlicheren Hintergründe der Affäre Haarmann an, deren Protagonist bis zum Beginn des Mordens ein gar nicht mal so bescheidenes heterosexuelles Dasein führte. Viele, die der Rattenfänger sich holte und umbrachte, dachten nicht daran, daß sie ihm »zu Willen« sein sollten; die Mehrzahl derer, die es wußten, dachten ans Geld und die Zigaretten, die er ihnen gab. Und das, wiederum, ärgerte die, die es »mit ansehen mußten« – die oft Älteren, die oft allzu Rechtschaffenen, die von gestern und leider wohl auch die von morgen. UND DIE VON DER POLIZEI HANNOVER DER FRÜHEN ZWANZIGER JAHRE: ich glaube zwar an eine leider weitverbreitete kollektive Dummheit, aber eben nicht an einen derart kollektiven Alzheimer beziehungsweise Intelligenzdefekt. Ob's Wickbold, Lanzendorfer, Rätz, Knitta, Lonski, Willi Müller oder sonstwer war, ob's einige oder mehrere waren, weiß ich nicht. ABER ES SOLL MIR HEUTE KEINER MEHR ERZÄHLEN, ES HABE KEINER WISSEN KÖNNEN, DASS FRITZE HAARMANN STRICHJUNGEN MORDETE UND

DABEI, ZWANGSLÄUFIG, DIE MENGE ZUFALLSOPFER
FAND.

Zehn, zwölf Jahre vor Hitlers fürchterlicher Machtergreifung. Zehn, zwölf Jahre vor Hitler dieses Zuschauen und Gewährenlassen von Amts wegen, denn eindeutig darauf läuft es hinaus. Der millionenfach furchtbarere Massenmörder, er muß auch noch her.

Haarmann war kein Vorläufer Hitlers, in der Hinsicht ist er tatsächlich unschuldig, und Hitler hat gewißlich Haarmann nicht nachgeahmt. Schuldig aber sind die anderen, die angeblich Guten, die das vorgeblich Böse bekämpfen, es ausrotten zu müssen glaubten – das Böse mit Stumpf und Stiel. Denn ein Faktum, sichtbar wie bei wenigen Kriminalgeschichten unseres Jahrhunderts, läßt sich kaum wegdiskutieren: die gnaden- und grenzenlose Mißachtung einer ganzen Menschengruppe, hier der Schwulen, anderswo der »rassisch Minderwertigen«, durch die von der Polizei und dann noch der Justiz verkörperte Obrigkeit. Deren maßgebende Vertreter haben ja nicht allein den Werwolf vernichten, sondern am liebsten gleich den ganzen Nachtwald ausbrennen wollen, in dem er hauste. Die Probleme der Zuchtwahl vom Standpunkt des Gemeinwohls aus, laut Haarmann-Richter Kleineberg; von daher, was immer wieder behauptet, immer belächelt wurde, ist der Fall des Werwolfs von Hannover eben doch in Richtung Euthanasie und Auschwitz auch ein präfaschistisches Wetterleuchten.

Räumen wir auf. Eine zierliche Frau, Christine Pozsar, Nervenärztin in Göttingen, hat sich 1994 gewissenhaft die Mühe gemacht, die Beurteilung Haarmanns durch den Göttinger Nervenarzt Schultze neu zu prüfen. Ihr Urteil ist knapp, kühl, knallhart und letztlich doch wieder nahezu kameradschaftlich verständnisvoll: Haarmanns mutmaßlich pathologischen Persönlichkeitsmerkmale wurden womöglich verstärkt durch ein hirnorganisches Leiden, und Schultze hätte wenigstens an die erhebliche Einschränkung der Steuerungsfähigkeit denken müssen. Sein Gutachten entspricht nicht den

»Standards«, aber wie hätte es das denn können angesichts dessen, daß diverse diagnostische Methoden erst Jahrzehnte später in unsere Kliniken kamen?

Christine Pozsar erwähnt die von Schultze »nie wirklich zur Kenntnis genommene« Todessehnsucht Haarmanns. Schultze, sagt sie, hat nie erkannt, daß Haarmann, als dann der Kopf fiel, »seinen Kampf letztendlich gewonnen hat«.

Räumen wir auf, ein für allemal auch damit: hat Haarmann das Fleisch der Opfer verkauft, verschenkt oder aufgegessen oder nicht? Der Autor Christian Spiel, der sich mit dem Buch *Menschen essen Menschen* vor längerem mehr als bloß die Brötchen verdiente, macht sich's einfach: *Ohne schädliche Folgen verzehrten – wie Demeter die Pelops-Schulter – die Kunden jenes hannoverschen Metzgermeisters Fritz Haarmann menschliches Fleisch;* wie er an den Blödsinn mit dem Metzgermeister kommt, weiß ich nicht. Auch Kinder in ihrer Unschuld wissen heute noch, daß er es getan hat, wenn sie ihr *Warte, warte nur ein Weilchen* singen, und wahrscheinlich haben sie in der Sache sogar recht.

Friedrich Haarmann hat von Kindheit an alles zu Geld gemacht, was sich zu Geld machen ließ: geraubte bronzene Grabfiguren, die Kleider und Schuhe seiner Opfer sowieso. Er war das Zerteilen toter Hasen und Hühner ebenso gewohnt wie das transportgerechte Zerstückeln von Leichen – er träumte noch in den letzten Wochen seines Lebens davon, mit seinen Memoiren ein Vermögen zu scheffeln; auch das eine Ware. Zugleich war er, seltsam genug, einer derer, die dauernd um Liebe und Freundschaft buhlen. Weshalb sollte er ausgerechnet in jenen Hungerjahren davor zurückgeschreckt sein, sein Einkommen auch kannibalisch aufzubessern und sich zudem durch scheinbar generöse Geschenke lieb Kind zu machen?

Dazu dieser Verdacht, mehr nicht; eine Vermutung, die ich womöglich sogar mit Ernst Schultze teile. Es gibt keine plausiblen Gründe dafür, daß Haarmann bis zuletzt bestritt, den Jungen Koch getötet zu haben – außer dem, daß er es wirklich nicht getan hat, und dagegen spricht alles. Oder aber, eben aus diesem Grund: könnte Hermann Koch, auf dem Höhepunkt der Not in Deutschland, einer derer gewesen sein, die Fritz Haarmann tatsächlich gegessen hat? Womöglich der einzige? Nach dem er es niemals wieder getan hat?

Räumen wir auf mit den Schicksalen derer, die die Rollen der Guten und Bösen spielten. Der Jude Hans Teich, der Grans vor dem Henker rettete, flüchtete 1934 vor den Nazis und ist, um 1937, im marokkanischen Tetuan verschollen. Mit dem Anwaltskollegen Benfey, Haarmanns sogenanntem Verteidiger, wurde zu seinem 60. Geburtstag angeblich ein makaberer, jubelnd belachter Scherz getrieben: ein grinsender Postbote brachte dem Manne, der nicht zwangsläufig zu den besten zehn Millionen Anwälten des Jahrhunderts gehörte, das Telegramm *Glückwunsch aus der Hölle von Fritz Haarmann ohne Kopf*. Der KP-Abgeordnete Katz, der den Prozeß *eine elende Komödie* genannt hatte und das Urteil bekämpfen wollte, kam nicht dazu: er wurde kurz danach wegen interner Querelen aus der KPD ausgeschlossen, überlebte Auschwitz und starb in relativem Wohlstand hochbetagt in Lugano. Ministerialrat Hartung, der Haarmanns Ende verwaltungsmäßig abwickelte, hat in seinen Erinnerungen geschrieben, die Exekution dieses augenscheinlich Schuldunfähigen habe »dazu beigetragen, mein Bedenken gegen die Todesstrafe zu verstärken«; das Wort »Justizmord« vermied er – das kam, wenngleich das Kraepelin-Gutachten offenbar verschwunden ist, als preiswerte journalistische Pointe in die Welt. Einem Rufmord fiel Regierungsdirektor Weiß zum Opfer, ausgerechnet derjenige, der die Haarmann-Kripo so massiv verteidigt hatte: er wurde, nachdem er noch Polizeipräsident geworden war, Zielscheibe einer ersten antisemitischen Goebbels-Kampagne und 1933 ins Exil gejagt. Und ein nackter, eiskalter Mord im Namen einer Clique, die wenige Jahre später Deutschland selbst war, war die Erschießung des am Ende aus allen Ämtern gejagten Theodor Lessing durch Nazi-Killer 1933 im Exil in Marienbad.

Was wurde aus Grans? Er kam nach seiner Verurteilung ins Zuchthaus Celle, und da ihm die Untersuchungshaft nicht angerechnet worden war, hätte er bis 1938 sitzen müssen. Vorher jedoch, nachdem sich dem Vernehmen nach selbst der Dichter Ringelnatz vergeblich um seine Freilassung bemühte, kam er ins KZ Sachsenhausen, Bezirk Potsdam, und frei kam er als »Krimineller« erst 1946. Man gab ihm einen neuen Namen, und der Strafverteidiger Erich Frey, der Haarmann mal vertreten sollte und ein paar recht umstrittene Fakten in den Fall gebracht hat, behauptete, er sei danach Werkmeister in einer südwestdeutschen Großstadt gewesen. Wahrscheinlich ist es, daß er bis 1974 einen Kiosk in Hannover besessen hat, in der Südstadt oder in Ricklingen; angeblich blickte er aus seinem Fenster auf ein Schild METZGEREI HAARMANN. Aber es ist unbewiesen, und ich will's auch nicht mehr beweisen.

Schließlich die Hauptfiguren. Kommissar Heinrich Rätz, einst das As der Kriminalen von Hannover, der freundliche Bär aus Grimmen, geboren am 12. September 1884, wurde bloß 58 Jahre, 10 Monate und 27 Tage alt; er war nie der Gesundeste, wohnte zuletzt Schulenburger Landstraße, nahe der aktuellen Justizvollzugsanstalt, und starb am 8. August 1943. Die letzte Ruhestätte, neben seiner Frau, fand er in der Strangriede, auf dem Friedhof St. Nikolai, Abteilung B I 1074, 513/514. Seine Grabstelle besteht noch.

Adolf Hermann Lange, der Mann mit dem rücksichtslosen Willen zur Beendigung der Massenmordserie, der als Volksschüler offenbar nicht erster Mann der Kriminalpolizei werden konnte, wurde gleich anno 1933 von Hannover nach Bielefeld versetzt; von dort kam er nach Magdeburg, wo er geboren wurde und 1937 mit 60 in Pension ging. Schon 1939 aber wurde er reaktiviert und sollte die Polizei in Königsberg auf Vordermann bringen, lehnte jedoch ab und kam nach Erfurt, wo sie den Kriminalrat noch zum Regierungsrat machten. Er war nie PG, traute Hitler nicht über den Weg und verbrachte das 62. bis 67. Lebensjahr in möblierten Wohnungen, weil seine Frau nicht dauernd – und nun noch ein weiteres Mal – umziehen mochte.

Hermann Lange verschlug es 1945 in den Bayerischen Wald am Großen Arber, und von dort ging er zu Fuß zu seiner Familie zurück in die Gegend Magdeburg. Von dort ging er, lange vor dem Mauerbau, nochmals nach Bielefeld und landete letztlich, aus familiären Grunden, im bayerischen Regensburg. Frau Lange war damals sehr krank, und das Ehepaar zog in eine Altenwohnung im Rotkreuzheim Rilkestraße.

Lange blieb aktiv in mancherlei Hinsicht. Er schrieb Gutachten, sozusagen, über Ex-Kollegen, die politisch womöglich nicht so sauber wie er geblieben waren, und er verfaßte kurz und bündig seine Memoiren und übernahm darin alle Verantwortung, *damit die von Haarmann gebeutelten Hannoveraner eines Tages doch wieder als anständige Kerle dastehen*. Aber seine Erinnerungen waren, weil Hermann Lange endlich »alles« sagte, vielleicht zu brisant: keiner wollte sie in eine in jenen Tagen vorbereitete »Sammlung interessanter kriminalpolizeilicher Lehrfälle« aufnehmen; sie blieben verschollen, bis ich sie, ganz unten in einem Konvolut, im Niedersächsischen Hauptstaatsarchiv entdeckte. Wichtiger noch als all dies war etwas anderes: Hermann Lange, sagt die Familie, war ein echter Bilderbuch-Opa.

Seine Ehefrau überlebte ihn trotz ihrer Krankheit um fünf Jahre und wurde in Ansbach begraben. Hermann Lange starb mit 84 Jahren zum Frühlingsanfang 1962 und wurde auf dem Evangelischen Zentralfriedhof zu Regensburg, Abteilung E 90, beigesetzt. Seine mittlerweile ebenfalls hochbetagte Schwiegertochter pflegt das Grab mit Liebe.

Und wie erging es dem eiligen Sebastian, der als erster, als allererster in den Sumpf stieg?

Anders. Ganz anders.

Am 9. Oktober 1943, beim großen Luftangriff auf Hannover, wurde das große Haus Friesenstraße 21 zerbombt – ein

Porzellanzuckertopf aus dem Bowlengeschirr war alles, was erhalten blieb. Paul schaffte es, seine Familie im Viertel zu halten, und bekam eine Wohnung in der Boedekerstraße zugewiesen, nahezu um die Ecke. Und da wohnten sie, über den großdeutschen Zusammenbruch hinaus.

Eines Tages jedoch, noch in den Vierzigern, kam's heraus, daß Paul inmitten seiner zahlreichen Lieben anscheinend doch immer ein gejagter Mensch gewesen war. Er wolle endlich Ruhe haben, erklärte er seiner dominierenden Frau Berta, die auch diesmal Verständnis hatte, und so zog er von ihr weg in eine kleine Wohnung in der Bütersworthstraße im selben, in seinem Viertel. Aber jeden Nachmittag kam er, darauf bestanden beide, zum Kaffee und zum Schwätzchen, bis er dann ins Krankenhaus kam.

Er hatte sein Lebtag nie einen Arzt besucht, aber im Juli 1950 plötzlich war es soweit: er fühlte sich nicht gut, sagte er, genaugenommen gehe es ihm miserabel. Der Arzt steckte ihn mit »Kreislaufbeschwerden« sofort ins Hospital; es dürfte aber mehr – und Schlimmeres – gewesen sein.

Ein letztes Mal, an dieser Stelle, der Vergleich zwischen Paul Sebastian und Philip Marlowe – er drängt sich auf, meine ich. Das Ende ihrer Fälle war oft bitter gewesen, für den eiligen Sebastian, als er Georg Koch für immer aus den Augen verlor, für den Schachspieler Marlowe, als er aufs Dach des Headquarters stieg, weit ins Land sah und Velma, Velma, Velma, die Frau, die ihm fehlte, trotzdem nicht sah. Und bitter und einsam war beider Ende.

Er sehe ihn *immer auf einer einsamen Straße,* sagte Chandler über Marlowe, *in einsamen Räumen, verwirrt, und doch nie ganz geschlagen; aber er würde es ja nicht anders haben wollen.* Paul Sebastian wurde drei Tage nach der ersten und einzigen Krankenhauseinlieferung seines Lebens in ein einsames, kahles Sterbezimmer geschoben, und Fragen stellte sich manch einer, der ihn kannte, allenfalls erst später – die etwa, ob der eilige Sebastian vielleicht zeitlebens hinter einer Fata Morgana hergeeilt war, der nicht existierenden Tür zu einer besseren Welt.

Paul Sebastian fand, scheinbar, seine letzte Ruhe auf dem Friedhof Seelhorst, einer der größten hannoverschen zentralen Begräbnisstätten im Süden der Stadt, in einem Reihengrab Abteilung 26 c Nummer 3. Der 17. Juli 1950, eben zwei Wochen nach seinem 77. Geburtstag, morgens Punkt 10 Uhr: Berta, Albert, seine Schwiegertochter Anna und die engsten Verwandten gaben ihm ein letztes Geleit, und um elf saßen sie alle, in memoriam Paul, bei einem Gläschen Erdbeerbowle. Auch die um einiges ältere Berta im übrigen überlebte ihren Mann um mehrere Jahre und wurde 1954, mit 87, nicht allzuweit von Paul in der Abteilung 9, Nummer 1251, beerdigt. Als auch sie verstorben war, sagte der Sohn und Enkel Albert wehmütig, brach die bis dahin immer noch intakte Großfamilie Sebastian definitiv auseinander.

Dann noch das. Paul hatte bis zuletzt arbeiten müssen, da er nie geklebt hatte und niemals Rente bekam, und so geschah es, daß nach seinem Tod mehrere Fälle noch nicht abgeschlossen waren. Seine Tochter Gertrud jedoch, Buchhalterin, hatte die Gewissenhaftigkeit ihres Vaters geerbt, hängte ihren Job an den Nagel und brachte alle Fälle zu Ende. Und berichtete ihrem Neffen und Bruder Albert, daß Vater doch gewußt hatte, was sie alle wußten, angeblich nur er nicht, und wie sehr er darunter gelitten hatte in der einzigen Zeit, in der auch er nichts anschaffen konnte – daß Berta direkt nach dem Zweiten Weltkrieg nur deswegen tagelang im Bett geblieben war, damit die anderen ihre paar Gramm Brot unter sich aufteilen konnten. Wo die Liebe hinfällt. Manchmal fragt man sich, wie die Leute das schaffen.

Sowie das allerletzte in Sachen Paul: ganz hatte er doch noch nicht den Frieden gefunden. 22 Jahre später, 1972, wurde sein Reihengrab aufgehoben, und als man es, wie es heißt, neu belegte, erhielt es eine neue Nummer 838. Beim erneuten Ausheben der Grube wurden noch ein paar verwitterte Knochen des eiligen Sebastian gefunden, wie sich ein betagter Friedhofsgärtner erinnert; und was tut ein Totengräber in derartigen nicht seltenen Fällen?

Pauls letzte zufällige Überreste wurden an Ort und Stelle

einen halben Meter tiefer in den Lehm verbuddelt, jetzt für ewig und alle Zeit. Obenauf kam ein älteres Ehepaar mit dem Namen Louis und Marion. Und deren Familie deckte darüber eine Marmorplatte mit der Inschrift GENESEN.

Aber stimmt das denn nach all diesen unsäglichen Helden- und Schandtaten?

Theodor Lessing hatte anfangs 1925, als alle, auch Haarmann, noch lebten, eine Vision. Er hatte die schlimme Vision, nach der Hinrichtung von Haarmann UND Grans finde man einen Brief von Haarmann, in dem zu lesen stand, er habe schreckliche Rache genommen – Rache an dem einzigen, den er liebte, der ihn nicht lieben konnte und den er deshalb durch falsche Anschuldigungen getötet habe. Zum Glück wenigstens für Grans kam es ja anders.

Meine Vision, am Ende dieser Niederschrift, ist freundlich. Sie sitzen auf Wolke sieben, der eilige Paul, der nun endlich Zeit hat, und Lange, und Rätz. Und womöglich ja auch Georg Koch. Also daß wir uns da unten zwar mal gesehen, aber nie gekannt haben! sagt Hermann Lange zu Paul Sebastian. Im Grunde jammerschade. Und womöglich sagt er es auch mit einem Seitenblick auf Georg Koch.

Rätz, immer der Juniorpartner, hört nur zu.

Wollen wir nachkarten? fragt Sebastian. Das Spiel noch mal spielen, wirklich das Elend wieder aufführen?

Ein bißchen ja, sagt Lange.

Und? Wo hast du deine Seelenschmerzen, die man, frei nach Ludwig Thoma und Weiß Ferdl, auf Wolke sieben nicht haben darf?

Die Freiheit der Willensentschließung eines Beschuldigten darf, sagt Lange, nicht beeinträchtigt werden durch Mißhandlungen, Ermüdung, Quälerei und was nicht alles. Steht so in der Strafprozeßordnung. Verabschiedet 1877, dem Jahr, in dem ich geboren wurde.

Ja. Und?

Mißhandelt worden ist Haarmann durch Wickbold und Lanzendorfer und wahrscheinlich noch einige andere. Ermüdet – Rätz weiß das am ehesten – haben wir ihn vor dem Geständnis Abend für Abend, Nacht für Nacht bis zum Gehtnichtmehr. Die Quälerei mit den rotäugigen »Köppen« in der Zelle, den erleuchteten Schädeln, bis er im Gegengeschäft alles oder fast alles zugab – also, leicht ist mir das sicher nicht gefallen. Aber sobald ich darüber nachdachte, daß wir ihn laufenlassen müßten, damals, als wir noch nichts gegen ihn hatten – mir sind die Haare zu Berge gestanden.

Du hättest ja mein Dossier lesen können, sagt Paul.

Verdammt, ich hatte es nicht! Weiß der Henker, wer da alles getuscht und gelogen hat.

Vor ein paar Jahren ist in Deutschland ein möglicher Massenmörder tatsächlich freigesprochen worden, meint Sebastian nachdenklich, auch hier oben stets über irdisches Wirren und Irren auf dem laufenden. Das Schwurgericht hat es abgelehnt, seine Geständnisse zu verwerten, weil sie durch Ermüdung und was nicht alles zustande gekommen seien.

Haarmann wäre nie freigesprochen worden, sagt Lange, unsere sogenannten Sachbeweise hätten eines Tages ausgereicht. Bloß, die Frage ist, ob sie damals schon ausgereicht hätten; ob Haarmann nicht Gelegenheit gehabt hätte, noch mehr Jungen umzubringen. Und natürlich war das Geständnis immer die Krone des Beweises und wird's bleiben.

Sebastian sagt: Jeder macht Fehler. Ich hätte 1921 gleich zum Staatsanwalt gehen sollen, eben doch. Und 1924, im Frühjahr, notfalls mit Gewalt mit dir; insofern tut's mir doppelt leid, daß wir nie geredet haben.

Ich habe sehr, sehr viele Fehler gemacht! sagt Rätz. Sein einziger Beitrag zum Thema.

Hinterher aber auch einiges wieder gut! sagt Lange sofort tröstend. Der große Gleichmacher und Emanzipator und Bilderbuch-Opa. Sagt aber auch gleich, daß er immer noch fest daran glaube, Haarmann habe nicht dreißig und vierzig, sondern über hundert totgemacht.

Ich, merde, sagt der ehemals so eilige Sebastian, wünsch' mir nur, daß irgendwann alles rauskommt. Auch die Lichtköppe mit den roten Augen. Weshalb muß einer erst tot sein, um die zu kapieren?

Der am 5. Dezember 1959 in dem Dorf Esperke bei Neustadt am Rübenberge gestorbene Koch aber, womöglich, sagt: Er finde das ganz in Ordnung. *Rübe ab* muß ja nicht unbedingt sein, aber wenn man sich vorstellt, was Haarmann mit unseren Kindern gemacht hat, fällt's schwer, sich über ein paar so alberne Kinkerlitzchen aufzuregen. Er, der ja gar nicht Georg hieß, sondern als Hermann Heinrich Friedrich Ludwig Karl ins Sterberegister eingetragen wurde, er, Koch, hätte die Lichtköppe höchstpersönlich installiert, selbst dann, wenn er gewußt hätte, daß der in einen Lichtkopp verwandelte Schädel von Hermann dabeigewesen wäre.

Hermanns Denkmal. Muß man sich mal vorstellen: das grausige Mahnmal sieht auf den *Henker und Massenmörder zugleich*. Eine Zeitlang wenigstens: Hermanns Denkmal.

Dann gehen sie alle zum täglichen Hosianna-Singen und zum Manna-Essen oder sonstwohin, etwa zum Nektar-Trinken. Aller Tage Abend. Aber womöglich gibt's im Himmel nicht mal Erdbeer-, ersatzweise Pfirsichkonservenbowle.

Danksagung

Ich danke von Herzen Liselotte Lange und, in memoriam, Albert Sebastian.

Ich danke, in alphabetischer Reihenfolge, Franz Nitschke, Marieanne Poprawa, Anna Sebastian, Käthe Stolze, Christine Maria und Christoph Veltrup sowie Martha Wilson – allen Zeugen, auch denen, die aus sicherlich guten Gründen nicht genannt werden möchten, ohne die dieses Buch kaum möglich gewesen wäre. Den alten Herrn damals vom Friedhof Stöcken habe ich nie wieder gesehen – dennoch, ich danke ihm für den Anstoß, den er mir gab.

Ich danke, ebenfalls alphabetisch, Jost Bauer-Tertius, Heinrich Bergel, Rolf Bossi, Dirk Cieslak, Isabella Claßen, Wolfgang Dittrich, Ursula Eichelberger, Gerhard Haase, Peter Heidenreich, Werner Heine, Gunter Heinz, Ina Heuer, Rainer Hoffschildt, Hans-Bernd Kaufmann, Hans-Jürgen Kernchen, Alfred Klaus, Katja Königes, Günter Köster, Gisela Marx, Manfred Reinke, Gerd Schmidt, Peter Schulze-Rohr, Hans Wagner, Maria Wego, Ursula Winter, Eduard und Sabine Zimmermann und auch hier manchem Ungenannten.

Ich danke dem Niedersächsischen Hauptstaatsarchiv zu Hannover, der Niedersächsischen Landesbibliothek, dem Stadtarchiv und den Stadtbüchereien Hannover, dem Historischen Museum am Hohen Ufer, der Zentrale für Berufsinformation der Polizei Niedersachsen, dem Landeskriminalamt Nordrhein-Westfalen, der Polizeigeschichtlichen Sammlung der Polizei-Führungsakademie sowie den Bibliotheken des Bundeskriminalamts, des Landtags Niedersachsen und des niedersächsischen Justizministeriums, ferner der Deutschen Staatsbibliothek Berlin, der Deutschen Bibliothek Frankfurt, der Bibliothek im Griepe-Haus zu Bad Bevensen, dem Grünflächenamt Hannover und der Theatergruppe Lubricat in Bremen.

Mein besonderer Dank gilt Dietlind Kaiser, Christina Deniz, Valérie Vauzanges und Michael Schweins für Lektorats- und Verlagsbetreuung. Ausdrücklich danken möchte ich Rainer Marwedel, dem Biographen, Herausgeber und Nachlaßverwalter Theodor Lessings. Zwar erwies sich der von ihm gewissenhaft wie immer weitergegebene Hinweis, wesentliches Gerichtsmaterial befinde sich unter der Bezeichnung SM, SECRETE MANUSKRIPTE, in der Preußischen Staatsbibliothek Berlin, als nicht zutreffend; jenes Kürzel SM steht, wie die Deutsche als Rechtsnachfolgerin der Preußischen Staatsbibliothek mitteilte, lediglich für das in diesem Fall nicht sehr besondere SONDERMAGAZIN. Aber auf eine Art, die nur er und ich kennen, brachte Marwedel mich auf die Fährte, an deren Ende ich das fand, was ein Reporter für Gold hält.

F. W.

Bibliographie

Niemand, der über Friedrich Haarmann berichtet, kommt ohne die Katalog-Nummer 864 a des Niedersächsischen Hauptstaatsarchivs zu Hannover aus – einen Karton, der das kiloschwere »Krankenblatt Friedrich Haarmann« der Landesheil- und Pflegeanstalt (heute Landeskrankenhaus) Göttingen, Presseberichte sowie nahezu alle noch erhaltenen Polizei- und Gerichtsakten enthält. Abgerundet wird dieses Material durch meist rudimentäre, detailliert fast unaufzählbare Unterlagen zahlreicher, vor allem norddeutscher Polizei- und Justizbehörden, Archive, Pressearchive sowie folgende Druckwerke und Manuskripte.

Anonym: Der Haarmannprozeß in Hannover. Anerkannt beste Wiedergabe der Verhandlung. Berlin 1925.
Anonym: Die Polizei im Fall Haarmann, ein Wort pro domo. Die Polizei 1925.
Anonym: Haarmann vor dem Schwurgericht. Hannover 1925.
Anonym: Haarmann, der 24fache Mörder, vor dem Schwurgericht. Hannover 1925.
Anonym: Irrenhaus oder Schafott? Die Wahrheit über den Massenmörder Haarmann aus Hannover. Stuttgart 1924.
Anonym: Was man sich in Hannover erzählt. Der Fall Fr. Haarmann als Massenmörder. Hannover 1924.
Anonym (Katz, Iwan): Zum Fall Haarmann. Hannover 1924.
Baum, Vicky: Es war alles ganz anders. Berlin 1962.
Bossi, Rolf: Plädoyer für Haarmann. Die Welt 1974.
Brauer, Peter: Der Fall des Massenmörders Haarmann in sexualpathologischer Sicht. Hannover 1924.

Büsch, Otto (Hrsg.): Historische Prozesse der deutschen Inflation. Berlin 1978.

Bultmann, Ingo, Neumann, Th., Schiecke, J. (Hrsg.): Hannover zu Fuß. Hamburg 1989.

CHRONIK 1918–1926. Dortmund 1989.

Cieslak, Dirk: Still mit irren Händen. Bremen 1991.

Claßen, Isabella: Darstellung von Kriminalität in der deutschen Literatur, Presse und Wissenschaft. Frankfurt 1988.

Dannowski, Hans Werner: Die Kirche im sozialen Umbruch der 20er Jahre, dargestellt am Fall Haarmann. Hannover o. J.

Döring: Wiederaufnahme und Strafvollstreckung. Juristische Rundschau Berlin 1927.

DWASA – Das wachsame Auge sieht alles. Erste Hannoversche Kriminal- und Detektivzeitung. Hannover 1921/1922.

Eissler: Arbeiterparteien und Homosexuellenfrage. Berlin 1980.

Engelmann, Otto: Massenmörder Fritz Haarmann. Polizeipraxis. Hannover 1950.

Frei, Bruno: Haarmann. Die Weltbühne 1924.

Frey, Erich: Ich beantrage Freispruch. Hamburg 1958.

Giesemann, Horst: Vor 60 Jahren starb in Hannover Friedrich Heinrich Karl Haarmann unter dem Fallbeil. Norddeutsche Familienkunde. Neustadt/Aisch 1985.

Gorny, Christian – s. Meter.

Gundolf, Hubert: Verbrecher von A–Z. Hamburg 1966.

Hagemann: Verschiedene Kapitalverbrechen. Deutsche Juristen-Zeitung 1925.

Hamann, M.: Geschichte des Niedersächsischen Hauptstaatsarchivs. Hannover 1988.

Hartung, Fritz: Jurist unter vier Reichen. Köln o. J.

Heldt, F. W.: Haarmann, der unscheinbare Massenmörder. Elite. Hamburg 1974.

Heindl, Robert: Der Berufsverbrecher. Berlin 1927.

Hentig, Hans v.: Zwei Morde auf kannibalistischer Grundlage. Kriminalistik 1957.

Herbertz, Richard: Verbrecherdämmerung. München 1925.

Hirschfeld, Magnus: Warum Haarmann mordete. Neue Berliner Zeitung 1924.
Hoffschildt, Rainer: Fritz Haarmann. Olivia. Hannover 1992.
Hrdlicka, Alfred: Das Gesamtwerk Druckgraphik. Wien 1989.
Hrdlicka, Alfred (Schurian, Walter Hrsg.): Von Robespierre zu Hitler. Die Pervertierung der Revolution. Hamburg 1992.
Hyan, Hans. Massenmörder Haarmann. Berlin 1924.
IKAROS: Der Fall Haarmann. Berichte und Enthüllungen. Hannover 1989.
Jameson, Egon: Wenn ich mich recht erinnere. Berlin o. J.
Katz, Iwan: s. Anonym.
Kaus, Otto: Der Fall Haarmann. Die Weltbühne 1924.
Kleineberg, Julius: Der Fall Haarmann. Deutsche Juristen-Zeitung 1925.
Kleinschmidt: Haarmann-Prozeß und kriminelle Leichenzerstückelung. Die Polizei 1925.
Köhn, G.: Das schräge Hannover. Hildesheim o. J.
Kütemeyer, Wilhelm: Der Massenmörder Haarmann – Aufklärung über den größten Mörder des Jahrhunderts. Hannover 1924.
Lange, Hans Otto: Rote Reihe Nr. 4. Hannover 1960.
Lange, Hermann: Erinnerungen. Unveröffentlicht.
Lessing, Theodor: Haarmann – Die Geschichte eines Werwolfs. Ausgabe Frankfurt 1989.
Lessing, Theodor: Wortmeldungen eines Unerschrockenen. Ausgabe Leipzig 1987.
Liang, Hsi-Huey: Die Berliner Polizei in der Weimarer Republik. Berlin 1977.
Marloth: Die Verhütung schwerster Sexualverbrechen. Deutsche Juristen-Zeitung 1925.
Marwedel, Rainer: Theodor Lessing. Frankfurt 1987.
Meter, Peer, Gorny, Christian: Haarmann. Hamburg 1990.
Michling, Horst: Sein Urteil fiel im LKH. Göttinger Jahresblätter 1984.
Mostar, H., Stemmle, R. A. (Hrsg.): Jahre des Schreckens. München 1967.

NAZ-Redaktion: Der Haarmann-Prozeß. Hannover 1924.
Neumann, Thomas – s. Bultmann.
Quinche, Eugene: Haarmann le boucher de Hanovre. Paris 1925.
Riese, Walter: Das Triebverbrechen. Bern 1933.
Rischbieter, Henning: Hannoversches Lesebuch. Hannover 1978.
Röhrbein, Waldemar: Hannover so wie es war. Düsseldorf 1990.
Saldern, Adelheid v. (Hrsg.): Stadt und Moderne. Hannover in der Weimarer Republik. Hamburg 1989.
Schiecke, Jutta – s. Bultmann.
Schlesinger, Paul – s. Sling.
Schomberg, Carl: Aufklärung über den Massenmörder Haarmann in Hannover. Hannover 1924.
Schurian, Walter – s. Hrdlicka.
Schweder, Paul: Ein deutscher Pitaval. Hamburg 1961.
Seitz, Volker: Warte warte nur ein Weilchen. Alltag zwischen Hindenburg und Haarmann. Hamburg 1987.
Sinn, Dieter: Das große Verbrecher-Lexikon. Genf 1984.
Sling (Schlesinger, Paul): Der Angeklagte – Gericht über den Massenmörder Haarmann. Vossische Zeitung Berlin 1924.
Spiel, Christian: Menschen essen Menschen. München 1972.
Stemmle, R. A. – s. Mostar.
Thiele, Hans-Günter: Menschen, Mörder. Fischerhude 1978.
Wagner, Joachim: Strafprozeßführung über Medien. Materialen zur interdisziplinären Medienforschung. Baden-Baden 1987.
Wego, Maria: Wertvoll, weil einziges Stück und Akten nicht mehr vorhanden. Archiv für Polizeigeschichte 1991.
Weinert, Erich: Das Zwischenspiel. Berlin 1950.
Weiß, Bernhard: Der Fall Haarmann. In: Archiv für Kriminologie. Leipzig 1924.
Wilson, Colin: Encyclopaedia of Murder. London 1961.
Wirth, Ingo: Tote geben zu Protokoll. Berlin 1988.

Bildquellenverzeichnis

(11) oben rechts, aus: Chronik 1924, Chronik-Verlag, Harenberg Kommunikation, Dortmund, 1988.
(4), (20) aus: Göttinger Jahresblätter
(15) Privatbesitz Werner Heine, Langenhagen
(2), (3) unten, (8), (9), (11) unten links, (12), (21), (26) Historisches Museum, Hannover
(28) Mit freundlicher Genehmigung der Landeshauptstadt Hannover, Stadtvermessungsamt
(16), (17), (18), (19), (22) unten, (24) Niedersächsisches Hauptstaatsarchiv, Hannover
(10), (11) oben links, Mitte links, Mitte rechts, (22) oben, (23), (25) Polizeidirektion Hannover, Polizeigeschichtliche Sammlung Niedersachsen
(29) Mit freundlicher Genehmigung des Sprengel Museums, Hannover, © Alfred Hrdlicka, Wien
(1) Stadtarchiv, Hannover
(13), (14) Ullstein Bilderdienst, Berlin
Alle übrigen Bilder aus Privatbesitz

Clive Barker

»Ich habe die Zukunft des Horrors gesehen, sie heißt Clive Barker.« Stephen King

»Er gehört zu jenen literarischen Ausnahme-Talenten, die anspruchsvoll schreiben und packend unterhalten.«

FRANKFURTER ALLGEMEINE ZEITUNG

Außerdem lieferbar:

Das Tor zur Hölle
»Hellraiser«
01/8362

Cabal
01/8464

Jenseits des Bösen
01/8794

Gyre
Heyne Jumbo 41/35

Heyne Jumbo 41/49

Wilhelm Heyne Verlag
München

John Saul

Entsetzen... Schauder... unheimliche Bedrohung... Psycho-Horror in höchster Vollendung. »Ein Schriftsteller mit unfehlbarem Gespür für Gänsehaut.« DETROIT NEWS

01/9092

Außerdem erschienen:

Blinde Rache
01/6636

Wehe, wenn sie wiederkehren
01/6740

Das Kind der Rache
01/6963

Höllenfeuer
01/7659

Wehe, wenn der Wind weht
01/7755

Im Banne des Bösen
01/7873

Zeit des Grauens
01/7944

Bestien
01/8035

Teuflische Schwestern
01/8203

Prophet des Unheils
01/8336

Wehe, wenn Du weggehst
01/8437

In den Klauen des Bösen
01/8673

Schule des Schreckens
01/8762

Wilhelm Heyne Verlag
München

Whitley Strieber

Das Fremde ist mitten unter uns – packende Horrorromane von unheimlicher Faszination. »Wir werden Wahrheiten über uns entdecken, die jeden von uns für alle Zeiten verändern werden.« Whitley Strieber

01/8786

Außerdem lieferbar:

Katzenmagie
01/7666

Die Besucher
01/7789

Der Kuß des Todes
01/7828

Die Kirche der Nacht
01/7888

Wolfsbrut
01/8076

Todesdunkel
01/8179

Transformation
01/8385

Majestic
01/8477

Billy
01/8661

Wilhelm Heyne Verlag
München

Desmond Bagley

»Bagley kennt sich aus in der Kunst des Thrillers, er beherrscht atemverschlagend dieses Umkippen vom locker hingeblätterten Understatement ins Stakkato des Entsetzens.«

FRANKFURTER ALLGEMEINE ZEITUNG

01/8378

Außerdem erschienen:

Der goldene Kiel
01/6456

Die Erbschaft
01/6529

Die Täuschung
01/6799

Der Transport
01/6944

Schneetiger
01/7958

Torpedo
01/8038

Blindlings
01/8171

Kidder
01/8256

Wilhelm Heyne Verlag
München

Colin Forbes

"Kein anderer Thrillerautor schreibt wie Colin Forbes!"
SUNDAY TIMES

Target V
01/5314

Tafak
01/5360

Nullzeit
01/5519

Lawinenexpreß
01/5631

Focus
01/6443

Endspurt
01/6644

Das Double
01/6719

Die Höhe von Zervos
01/6773

Gehetzt
01/6889

Fangjagd
01/7614

Hinterhalt
01/7788

Der Überläufer
01/7862

Der Janus-Mann
01/7935

Der Jupiter-Faktor
01/8197

Cossack
01/8286

Schockwelle
01/8365

Incubus
01/8767

Feuerkreuz
01/8884

Wilhelm Heyne Verlag
München

Peter Straub

Geheimnisvolles Grauen beherrscht seine spektakulären Horror-Romane. Ein Großmeister des Unheimlichen!

01/8603

Außerdem lieferbar:

Schattenland
01/6713

Julia
01/6724

Das geheimnisvolle Mädchen
01/6781

Die fremde Frau
01/6877

Wenn du wüßtest...
01/7909

Koko
01/8223

Stephen King/Peter Straub
Der Talisman
01/7662

Wilhelm Heyne Verlag
München